孙犁最喜欢的藏书票
孙晓玲提供

耕堂读书记

（上）

孙犁 著

百花文艺出版社
天津出版传媒集团

图书在版编目（CIP）数据

耕堂读书记(上下册) / 孙犁著. —天津：百花文艺出版社,2012.5(2023.4 重印)
ISBN 978-7-5306-6098-0

Ⅰ. ①耕… Ⅱ. ①孙… Ⅲ. ①读书笔记-中国-现代 Ⅳ. ①G792

中国版本图书馆 CIP 数据核字(2012)第 091435 号

耕堂读书记
GENGTANG DUSHU JI
孙犁 著

出 版 人：薛印胜
责任编辑：徐福伟
封面设计：郭亚非　　版式设计：郭亚红
出版发行：百花文艺出版社
地址：天津市和平区西康路 35 号　　邮编：300051
电话传真：+86-22-23332651（发行部）
　　　　　+86-22-23332656（总编室）
　　　　　+86-22-23332478（邮购部）
网址：http://www.baihuawenyi.com
印刷：天津新华印务有限公司
开本：787 毫米×1092 毫米　1/32
字数：224 千字
印张：14.875
版次：2012 年 6 月第 1 版
印次：2023 年 4 月第 2 次印刷
定价：99.00元（上下册）

如有印装质量问题，请与天津新华印务有限公司联系调换
地址：天津东丽开发区五经路 23 号
电话：(022)58160306　邮编：300300

一九七九年三月孙犁在天津多伦道寓所,时年六十六岁

一九八五年孙犁在天津多伦道寓所

目 录

关于《聊斋志异》

我读书很慢，遇到好书好文章，总是细细咀嚼品味，生怕一下读完。所以遇到一部长篇，比如说二十万字的书，学习所需的时日，说起来别人总会非常奇怪。我对于那些一个晚上能看完几十万字小说的人，也是叹为神速的。

《聊斋志异》这部小说，我不是一口气读完，断断续续读了若干年。那时，我在冀中平原做农村工作，农村书籍很缺，加上日本帝国主义的烧掠，成本成套的书是不容易见到的。不知为了什么，我总有不少机会能在老乡家的桌面上、窗台上，看到一两本《聊斋》，当然很不完整，也只是限于石印本。

即使是石印本的《聊斋》吧，在农村能经常遇到，这也并不简单。农村很少藏书之家，能买得起一部《聊斋》，这也并非容易的事。这总是因为老一辈人在外做些事情,或者在村里经营一种商业,才有可能储存这样一部书。

石印本一般是八本十六卷。这家存有前几本,过些日子,我又在别的村庄读到后几本,也许遇到的又是前几本,当然也不肯放过,就再读一遍。这样,综错回环,经过若干年月,我读完了《聊斋》,其中若干篇,读了当然不止一次。

最初, 我是喜欢比较长的那些篇, 比如《阿绣》、《小翠》、《胭脂》、《白秋练》、《陈云栖》等。因为这些篇故事较长,情意缠绵,适合青年人的口味。

书必通俗方传远。像《聊斋》这部书,以“文言”描写人事景物,在很大程度上,限制了它的读者面。但是,自从它出世以来,流传竟这样广,甚至偏僻乡村也不断有它的踪迹。这就证明:文学作品通俗不通俗,并不仅仅限于文字,即形式,而主要是看内容,即它所表现的,是否与广大人民心心相印,情感相通,而为他们所喜闻乐见。

《聊斋志异》,是一部现实主义的书。它的内容和它的表现形式,在创作中,已经铸为一体。因此,即使经过怎样好的“白话翻译”,也必然不能与原作比拟,改编为剧曲,效果也是如此。可以说,“文言”这一形式,并没有限制或损害《聊斋》的艺术价值,而它的艺术成就,恰好是善于运用这种古老的文字形式。

过去有人谈过:《聊斋》作者,学什么像什么,学《史记》像《史记》,学《战国策》像《战国策》,学《檀弓》像《檀弓》。这些话,是贬低了《聊斋》作者。他并不是模拟古人古书,他是在进行创作。他在适当的地方,即故事情节不得不然的场所,吸取古人修词方法的精华,使叙事行文,或人物对话,呈现光彩夺目的姿态或惊心动魄的力量。这是水到渠成,大势所趋,是艺术的胜利突破,是蒲松龄的创造性成果。

行文和对话的漂亮修词,在《聊斋》一书中是屡见不鲜的。可以说,非同凡响的修词,是《聊斋》成功的重大因素之一。

接受前人的遗产,蒲松龄的努力是广泛深远的。作为《聊斋》一书的创作借鉴来说,他主要取法于唐人和唐人以前的小说。宋元明以来,对他来说,是不足挂齿的。他的文字生动跳跃,传情状物能力之强,无以复加的简洁精炼,形成了《聊斋》一书的精神主体。

在哲学意义上说,内容决定形式,形式对内容又起很大的反作用,即是内容和形式的辩证统一。这一般非只就一部作品完成了它的创作形态以后而说的，是指创作的全部过程。一种内容可以有各种形式,有成功或失败的形式。决定艺术作品成功与失败的,是作家对这一内容的思想、体验、选择和取舍,即艺术的全部手段。

汉代是一历史内容。它有《史记》和《汉书》两种不同的形式,各有千秋。另外还有许多不能完整流传下来的汉书,不能流传,自然是一种失败。

同样,《聊斋》所写,很多内容,是古已有之的。神怪小说,在中国文学史上,是汗牛充栋的。但是蒲松龄在这一领域,几乎是一人称霸。

什么原因？我在陆续阅读这部小说的时候,不能不想到这个问题。

鬼神志怪书，晋及六朝已盛行。真正成为文学创作，则是唐开元天宝以后的事。著名的作家有沈亚之、陈鸿、白行简、元稹、李公佐等。这些作家的作品,都明显地影响了《聊斋》。

唐人小说,包括大作家韩愈和柳宗元的作品在内,在创作上形成一个新的起点,继往开来,为中国短篇小说开扩出一种全新的境界。

唐人小说的特点：

一、很多作品，写的是真人真事，为各个阶层、各种职业的平凡人物作传。在这些传记性的作品里，都有鲜明的典型环境和人物性格，表明深湛的哲学道理，生活的不可抗拒的规律。它不再侈谈神怪，也不空谈因果。

二、他们不再把“小说”当作奇怪见闻、游戏文章，轻率地处理。而是郑重其事，严肃周密地去进行创作。他们的作品都含有人生和社会的重大命题。他们的故事生动曲折，主题鲜明突出，人物活泼可爱。他们从简单重复的神奇怪异的小圈子里走出来，到现实社会生活中去。这一时代的小说，现实主义的内涵，特别突出显著。

三、唐代小说作者，也都是诗人，他们非常重视语言的艺术效果。在他们的散文作品里，叙事对话，简洁漂亮，哲理与形象交织，光彩照人。

这些特点，在宋元的同类作品中，逐渐减弱。一些作者，在小说中，有意卖弄才情，塞进大量无聊诗词，破坏小说的组织，使小说充满酸气。到了明末，好的传统可以说是消磨殆尽了。

《聊斋》一书，追溯唐人的现实主义源头，它把一束束春雨后的鲜花，抛向读者。

《聊斋志异》的现实主义成就，必然和作者的生活经历有关。据有关材料，蒲松龄的主要生活历程为：

一、明崇祯十三年，生于山东淄川县满井庄。

二、少有文才，但屡困场屋。

三、曾短期到江南宝应县任幕宾。

四、长期馆于同邑名人家。

蒲松龄在宝应县，只有一年多时间。他活了七十六岁，可以说，他整个一生是在故乡度过的。

农村是广阔的天地，人物众多，是文学创作取之不尽的最大最深的源泉，是民族历史文化的无尽宝藏，是国家经济政治最大的体现场所。所谓民间传说，民间故事，民间语言，对创作《聊斋》来说，都是宏伟的基础。蒲松龄这个生活根据地，可以说是长期而牢固的了。古今中外，凡是伟大的作家，没有不从农村大地吸取乳汁的。

在名人家坐馆，教授几个生徒，是很轻松的工作。他有充分的时间，从事采访、思考、观察和写作。鲁迅说：有闲不一定能创作，但要创作，则必须有一定的余闲。过于穷困，则要忙于衣食；过于富贵，则容易流于安逸。蒲松龄过的是清寒士子的生活，他兼理家务，可得温饱，因此，他可以专心著书。

到江淮旅行一次，对他创作也是有利的。往返途程，增加不少实际见闻，体验了各处风土人情，交了不少新的朋友，并收集到很多奇闻异事，作为他以后创作的素材。我们在《聊斋》中，常常见到一些江淮情景，就是此行的收获。

《聊斋》的题材，故乡的材料，占很大比重，包括历史传闻和亲身经历，他也从古代记事中取材，但为数不多。

蒲松龄在文学修养方面，取精用宏。中国的志异小说，有《太平广记》等专集，供他欣赏参考。但绝不限于此，他对于经史子集中的记事，无不精心研讨，推陈出新，汇百流为大海。

在技巧准备方面，他作了多方面的努力。据现有的材料，他曾写了文集十三卷；诗集五卷，又有续录；词集不分卷；杂著五册；戏三出；通俗俚曲十四种。

这些著作的总字数，大大超过了《聊斋》的字数，但总观一过，虽然都有独具风格的才情和内容，其成就皆不及《聊斋》。文绝一体，天才孤诣；参天者多独木，称岳者无双峰。蒲松龄倾其才力于一书，所遗留人间的，已号洋洋，我们还能向他多求吗？这些著作，对蒲松龄创作小说，都可以说是准备。

《聊斋》很多篇写了狐鬼，现实主义力量，使这些怪异，成了美人的面纱，铜像的遮布，伟大戏剧的前幕，无损于艺术的本身。蒲松龄所处的时代和社会，是很动乱和黑暗的，时代迫使作家采取了这种写法。作家在创作上，实际突破了时代和环境的樊篱。有很多作品，具备深刻的时代意义和社会意义，无情地对社会作了揭露和批判。他写的狐鬼，多数是可爱可亲近的。他把一些动物，比如狐、獐、猫、鼠；飞禽如鸽、鸲鹆、秦吉了；水族如鱼、蛙；虫类如蟋蟀、蝇、蝶，都赋与人的性格，而带有它们本身的生活特征。他对于植物，如菊、牡丹、耐冬的描述，尤其动人。他对于各种植物的生态，有很细致的研究。大如时代社会，天灾人祸；小如花鸟虫鱼，蒲松龄都经过深刻的观察体验，然后纳入他的故事，创作出别开生面、富有生机、饶有风趣的艺术品。在这部小说里，蒲松龄刻画了众多的聪明、善良、可爱的妇女形象，这是另一境界的大观园。

这是一部奇书，我是百看不厌的。而蒋瑞藻作《小说考证》，斥之为千篇一律，不愿再读。他所指盖为所写男女间的爱情以及女子之可喜可爱处。如此两端，在人世间实大同小异，有关小说，虽千奇百态，究竟仍归千篇一律，况《聊斋》所写，远不止此。蒋氏作考证，用力甚勤，而于文学创作，识见如此之偏窄，不知何故。

随着年龄和阅历的增长，我越来越喜爱那些更短的篇，例如《镜听》。同时，我也喜爱“异史氏曰”这种文字，我以为是直接承继了司马迁的真传。

蒲松龄也是发愤著书，终其生，他也没得见到他自己的辛勤著作印刷出版。

粗略地谈过这部名著，我们从作品和作家那里，能获得哪些有益的经验教训呢？

一九七八年七月二十三日

《红楼梦》杂说

清兵的入关,使中国封建社会的阶级关系,发生新的畸形的变化。民族压迫和阶级压迫交织在一起, 相互促进,广大农民所受的剥削和压榨,更加深重了。汉人变成了旗人的奴隶,原来的地主阶级,把所受旗人的剥夺,转嫁给他们的奴隶——农民。随龙入关的,数以百万计的控弦之士,连同他们为数众多的家属,不劳而食,拥有庄园、商业、作坊。

统一全国后,上层统治者中间的矛盾斗争,愈演愈烈,父子兄弟之间,倾陷残杀。因此,就愈严等级之分,上下之别,层层统制,互相监视。政治方面的这种风气,由宫廷而官场,由官场而散布于社会,形成观念和风习。

《郎潜纪闻》一书中记载:在这一时期,每年只京城一地,旗人的奴仆,因不堪虐待,自杀身死,申报到刑部的,就数以千计。其隐瞒不报,或贫病而死的,还不知有多少。这一广大的奴隶群,身价之低贱,命运之悲惨,走投之无路,已经可见一斑。

旗人除强占土地、房屋、财产以外,还将大量的奴隶,收入他们的府内。其中包括大量的男女小孩,多数是京畿一带农民的子女。

这些奴隶,也把他们的社会关系,生活习惯,民间语言,民间传说,带进宫廷、官府,如此就大大丰富了像曹雪芹这些人的生活知识和语言仓库。

清代统治者,原来也设想,就保持他们的无文化或低文化状态,并在汉民中也推行这种愚民政策,以弓马的优势,统治中国。但这是不可能的。文化对于人民,如同菽粟,高级的进步的文化,必然要影响低级落后的文化,而促使其进步,必然要像水向低处流,填补其空白区。

雍、乾时期,旗人的文化生活,逐渐丰富起来。皇帝三令五申,也阻止不住它的飞速发展。皇帝愿意他的旗下奴隶,继续练习弓马,准备为朝廷效力。(就像贾珍教训子弟那样。)限制他们与汉人文士交接往来,养成舞文弄墨的恶劣习惯。但他们却非要吟诗作赋,写字画画不可。他们不事生产，养尊处优，在中国文化的美丽奇幻的长江大河之中，畅游不息，充军杀头，也控制不住这种趋势。于是在很短的时间里，就出现了那么多的八旗名士。

这一部分人，对于他们面临的现实生活，政治设施，社会现象，有较深的观察能力和理解能力，也具备了一定的表现能力。而曹雪芹无疑是这些人中间的佼佼者。

当然，曹雪芹感受最深的，是他本阶级的飘摇以及他的家庭的突然中落。大家知道，在雍、乾两朝，像曹家这种遭遇，并不是个别少见，而是接踵而来，司空见惯的。雍正皇帝，以抄臣民的家，作为他主要的统治手段，并且直言不讳，得意洋洋，认为是一种杰作。他刻薄寡恩，利用奸民家奴，侦察倾陷大臣，用朱批谕旨，牵制封疆，用圣谕广训，禁锢人民思想，使朝野上下，日处于惊惶恐怖之中。曹家的亲友，就不断发生类似的飞灾横祸。

曹雪芹面对这种现实，他思考、探讨，并企图得到答案：什么是人生？人生为何如此？

他从现实生活中，归结出一个普遍的规律：生活在时刻变化，变化无常，并不断向相反的方面转化。决定人生命运的，不是自己，而是外界的一种力量。这种力量，有时可知,有时不可知。他痛感身不由主,“好”“了”相寻,谋求解脱,而又处于无可奈何之中。

在命运的轮转推移中,遭逢不幸,并不限于底下层,也包括那些最上层——高官命妇,公子小姐。曹雪芹的思想是入世的,是热爱人生的,是赞美人生的。他认为世界上有如此众多的可爱的人物和性格,他为他们的不幸,流下了热泪,以至泪尽而逝。

是的,只有完全体验了人生的各种滋味,即经历了生离死别,悲欢离合,兴衰成败,贫富荣辱,才能了解全部人生。否则,只能说是知道人生的一半。曹雪芹是知道全部人生的,这就是红书上所谓“过来人”。

历史上“过来人”是那样多,可以说是恒河沙数,为什么历史上的伟大作品,却寥若晨星,很不相称呢?这是因为“过来人”经过一番浩劫之后,容易产生消极思想,心有余悸,不敢正视现实。或逃于庄,或遁于禅,自南北朝以后,尤其如此。而曹雪芹虽亦有些这方面的影子,总的说来,振奋多了,所以极为可贵。

因此,《红楼梦》绝不是出世的书,也不是劝诫的书,也不是暴露的书,也不是作者的自传。它是经历了人生全过程之后,在丰富的生活基础上,产生了现实主义,而严肃的现实主义,产生了完全创新的艺术。

我们可以用陈旧的话说:《红楼梦》是为人生的艺术,它的主题思想,是热望解放人生,解放个性。

一九七九年二月四日重写

《庄子》

在初中读《庄子》,是谢老师教课。谢老师讲书,是用清朝注释家的办法。讲一篇课文,他总是抱来一大堆参考书,详详细细把注解写在黑板上,叫我抄录在讲义的顶端。在学校,我读了《逍遥游》、《养生主》、《马蹄》、《胠箧》等篇。

老实说,对于这部书,我直到现在也没有真正读懂。有一时期,很喜欢它的文字。《庄子》一书,被列入中国哲学的经典著作,当然是很深奥的。我不能探其深处,只能探其浅处。

我以为,庄生在写作时,他也是希望人能容易看懂容易接受的。它讲的道理,可能玄妙一些,但还不是韩非子所称的那种"微妙之言"。微妙之言常常是一种似是而非、可东可西的"大言",大言常常是企图欺骗"愚昧"之人的。

像《庄子》这样的书,我以为也是现实主义的。司马迁说它通篇都是寓言。庄子的寓言,现实意义很强烈。当然,它善于夸张,比如写大鸟一飞九万里。但紧接着就写一种小鸟,这种小鸟,“腾跃而上,不过数仞而下”,“翱翔蓬蒿之间”,描写得更加具体,更加生动活泼。因为它有现实生活的依据。因此我们看出,庄子之所以夸张,正是为了表现现实生活中的具体细节。在书中这种例子是很多的。他常常用人们习见的事物,来说明他的哲学思想。这种传统,从庄子到柳宗元,我以为是中国散文的非常重要的传统。

前些日子和一位客人谈话,涉及这方面的问题,简记如下:

客:我看你近来写文章,只谈现实主义,很少谈浪漫主义。

主:是的,我近来不大喜欢谈浪漫主义了。

客:什么原因呢?

主:我以为在文学创作上,我们当前的急务,是恢复几乎失去了的现实主义传统。现实主义是古今中外文学创作的主流,它可以说是浪漫主义的基础。失去了现实主义,还谈什么浪漫主义?前些年,对现实主义有误解,对浪漫主义的误解则尤甚,已经近于歪曲。浪漫主义被当成是说大话,说绝话,说谎话。被当成是上天入地,刀山火海,装疯卖傻。以为这种虚妄的东西越多,就越能构成浪漫主义。因此,发誓赌咒,撒泼骂街也成了浪漫主义不可缺少的东西。

我认为浪漫主义虽是文艺思潮史上的一种流派,作为创作方法,浪漫主义必须以现实主义为根基。浪漫主义是从现实主义的基础上升华出来,没有凭空设想的浪漫主义。海市蜃楼的景象,也得有特定的物质基础,才能出现。

客:我注意到,你在现实主义之上也不加限制词。这是什么道理?

主:我以为没有什么必要,认真去做,效果会是一样的。

我们读书,即使像《庄子》这样的书,也应该首先注意它的现实主义成分,这对从事创作的人,是很有好处的。从事哲学研究的人,着眼点可以不同,但也要注意它们反映的历史生活的真实细节,这才是真正的哲学基础所在。

我现在用的是王先谦的集解本,这是很好的读本。他在序中说:

余治此有年，领其要，得三语焉。曰：喜怒哀乐，不入于胸次。窃尝持此，以为卫生之经，而果有益也。

对于这种话，我是不大相信的，至少，很难做到吧！如果庄子本人能够做到这一点，他就不可能写出这样充满喜怒哀乐的文章了。凡是愤世嫉俗之作，都是因为作者对现实感情过深产生的。这一点，与“卫生”是背道而驰的。

这位谢老师，原是新诗闯将，自执教以来，乃沉湎于古籍，对文坛形势现状，非常茫然，多垂询于我辈后生。我当时甚以为怪，现在才悟出一些道理来。

一九八〇年一月

《韩非子》

在读高中一年级的时候，国文老师叫我们每人买了一部扫叶山房石印的王先谦的《韩非子集解》。四册一布套，粉连纸，读起来很醒目，很方便。

老师是清朝的一名举人，在衙门里当了多年幕客。据说，他写的公文很有点名堂。他油印了不少呈文、电稿，给我们作讲义，也有少数他作的诗词。

这位老师教国文，实际很少讲解。在课堂上，他主要是领导着我们阅读。他一边念着，一边说："点！"念过几句，他又说："圈！"我们拿着毛笔，跟着他的嘴忙活着。等到圈、点完了，这一篇就算完事。他还要我们背过，期终考试，他总是叫我们默写，这一点非常令人厌恶。我曾有两次拒考，因为期考和每次作文分数平均，我还是可以及格的。但给他留下了不良印象，认为我不可教。后来我在北平流浪时，曾请他介绍职业,他还悻悻然地提起此事,好像我所以失业,是因为当时没有默写的缘故。

其实,他这种教学法,并不高明。我背诵了好久,对于这部《韩非子》,除去记得一些篇名以外,就只记得两句话:其一是:“儒以文乱法,而侠以武犯禁。”其二是:“色衰爱弛。”

说也奇怪,这两句记得非常牢,假如我明天死去,那就整整记了五十年。

我很喜欢我那一部《韩非子》,不知在哪一次浩劫中丢失了,直到目前,我的藏书中,也没有那么一部读起来方便又便于保存的书。

老师的公文作品,一点印象也没有了,不知他从《韩非子》得到了什么启示。当时《大公报》的社论,例如“明耻教战”、“十年生聚,十年教训”等篇,那种文笔,都很带有韩非子的风格。老师也常常选印这种社论,给我们作教材,那时正值九一八事变之后。

老师叫我们圈点完了一篇文章,如果还有些时间,他就从讲坛上走下来,在我们课桌的行间,来回踱步。忽然,他两手用力把绸子长衫往后面一搂,突出大肚子,喊道:“山围故国——周遭在啊,潮打空城——寂寞回啊”,声色俱厉，屋瓦为之动摇。如果是现在，一定会引起学生的哄笑，那时师道尊严，我们只是默默地听着。有时也感到悲凉，因为国家正处在危险的境地。

以后，我就没有再读《韩非子》，我喜爱的是完全新的革命的文学作品。

直到前些年，我孤处一室，一本书也没有了，才从一个大学毕业生那里，借来两本国文教材。从中，我抄录了韩非子的《五蠹》全篇和《外储说》断片。

韩非子的散文，时时采用譬喻寓言，助其文势。现实生活的材料，历史地理的材料，随手运用，锋利明快，说理透彻。实在是中国古代散文的奇观，民族文化的宝藏。

我目前手下的《韩非子》，是光绪元年，浙江书局据吴氏影宋乾道本校刻，后附顾广圻《韩非子识误》一册。

一九八〇年一月

曹丕《典论·论文》

除去诗，曹丕的散文，写得也很好。他的《典论》，虽然只留下一些断片，但读起来非常真实生动。例如他记郤俭等事，说：

> 颍川郤俭能辟谷，饵伏苓。甘陵甘始亦善行气，老有少容。庐江左慈知补导之术。并为军吏。初，俭之至，市伏苓价暴数倍。议郎安平李覃学其辟谷，餐伏苓，饮寒水，中泄痢，殆至殒命。后始来，众人无不鸱视狼顾，呼吸吐纳。军谋祭酒弘农董芬为之过差，气闭不通。良久乃苏。左慈到，又竞受其补导之术，至寺人严峻，往从问受。阉竖真无事于斯术也。人之逐声，乃至于是。

“逐声”就是庄子说的“吠声”,就是“以耳代目”,这种人有时被称为“耳食之徒”。他们是不进行观察,也不进行独立思考的。在我国,类似这种历史记载是很多见的。

这种社会现象,有时可形成一种起哄的局面,有时会形成一种持续很久的社会浪潮。当它正哄动的时刻,少数用脑子的人,是不能指出它的虚妄的,那样就会担很大的风险。因此,每逢这种现象出现,诈骗者会越来越不可一世,其“功业”几乎可以与刘、项相当。但总归要破灭。事后,人们回想当时狂热情景,就像是中了什么邪一样,简直不值一笑了。

考其原因:在上是封建专制,在下是愚昧无知。这两者又是有关联的。

他所记情状, 不是也可以再见于一千多年以后的社会吗? 历史长河,滔滔不绝。它的音响,为什么总在重复,如此缺少变化呢? 还有他遗令薄葬的文章,《典论》中记述青年时和别人比较武艺的文章,也都写得很好。

曹丕幼年即随魏武征讨,武攻文治,都有经验,阅历既多,所论多切实之言。这些方面,都非公子曹植所能及,被确定为世子,乃是理所当然的事。

他的《典论·论文》,是一篇非常完整,非常透辟,切合文章规律的文论。在这篇论文里，他提出了“文人相轻”这个道理，论列了当代作家，谈到各种文章体裁，提出了“文以气为主”的见解，成为不朽的名论。

创作者触景生情，评论家设身处地，才能相得益彰。曹丕先为五官中郎将，后为皇帝。他把同时代的作家，看作朋友，写起评论来，都以平起平坐的态度出之。所评中肯切实，功过得当。富于感情，低回绵远，若不胜任。《典论·论文》及《与吴质书》等篇，因此传流千古。及至后人，略有官职，便耀威权，所作评论，乃无价值。文人虽有时求助于权威，而权威实无补于文艺。

一九八〇年一月

陆机《文赋》

在中学时期,有两种古代文学形式,没有学好。一是楚辞;一是汉赋。一直到现在,总是对它们不太感兴趣,也不能得其要领。抗日时期,有一位姓梁的女孩子,从北平出来到解放区,就学于我教课的地方。她热情地送给我一本《楚辞》,是商务印的选本,我和女孩子同行,千里迢迢,把这本书带到延安,一次水灾,把书冲到了延河里,与其作者同命运。

司马相如、扬雄的赋,近年念了一些,总是深入不进去。才知道,一门功课,如果在幼年打不下基础,是只能老大徒伤悲的。

在读晋赋的时候,忽然发见陆机的作品,和我很投缘,特别是他的《吊曹孟德文》和《文赋》两篇。

《吊曹孟德文》,我记得鲁迅先生曾两次在文章中引用,可见也是很爱好的。

此文是陆机因为工作之便,得睹魏武的遗令遗物,深有感触而后作。事迹未远而忌讳已无,故能畅所欲言,得为杰作。但这究竟是就事实有所抒发,不足为奇;《文赋》一篇,乃是就一种意识形态而言,并以韵文出之,这就很困难。

中国古代文论,真正涉及到创作规律的,除去零篇断简,成本的书就是《文心雕龙》。《文赋》一篇,完全可以与之抗衡。又因为陆机是作家,所以在透彻切实方面,有些地方超过了刘勰。

这篇赋写到了为文之道和为文之法,这包括:作者的立志立意;为文前多方面的修养;对生活的体会感受;对结构的安排和文字的运用;写作时的甘与苦,即顺畅与凝滞,成功与失败。

自古以来,论文之作,或存有私心,所论多成偏见;或从来没有创作,识见又甚卑下,所论多隔靴搔痒之谈;又或本身虽亦创作,并称作家,论文反不能从实际出发,故弄玄虚,如江湖卖药者所为。徒有其名,而无其实。致使后来者得不到正确途径,望洋兴叹,视为畏途。像《文赋》这样切实,从亲身体验得来的文论是很少见的。这种文字,才不是欺人之谈。

前几年,我借人家的书,把这篇赋抄录一过。并把开头一段，请老友陈肇同志书为条幅。后因没有好的裱工，未得张挂。

一九八〇年一月

《颜氏家训》

一九六六年的春夏之交，犹能于南窗之下，摘抄《颜氏家训》，未及想到腥风血雨之袭来也。

我国自古以来的先哲，提到文章，都是要人谨慎从事。他们认为文章是“经国之大业，不朽之盛事”，是“轨物范世”的手段，作者应当“慎言检迹”而后行之。

在旧时代，文人都是先背诵这些教导，还有其他一些为人处世的教导，然后才去做文章的。然而许多文人，还是“鲜能以名节自立”，不断出乱子，或困顿终生，或身首异处。这是什么道理呢，难道文章一事，带有先天性的病毒，像癌症那样能致人死命吗？

南北朝的颜之推，在他的《家训》里，先说：“自古文人，多陷轻薄：屈原露才扬己，显暴君过；宋玉体貌容冶，见遇俳优”，接下去列举了历代每个著名文人的过失，错误，缺点，遭遇。连同以上二人，共三十四人。还批评了五个好写文章的皇帝，说他们“非懿德之君”。他告诫子弟：

> 每尝思之，原其所积，文章之体，标举兴会，发引性灵，使人矜伐。故忽于持操，果于进取。今世文士，此患弥切。一事惬当，一句清巧，神厉九霄，志凌千载，自吟自赏，不觉更有旁人。加以砂砾所伤，惨于矛戟，讽刺之祸，速乎风尘。深宜防虑，以保元吉。

我当时读了，以为他说得很对。文字也朴实可爱，就抄录了下来，以自警并以警别人。

不久，文化革命起，笔记本被抄走。我想：造反派看到这一段，见我如此谨小慎微，谦虚警惕，一定不会怪罪。又想，这岂不也是“四旧”、牛鬼蛇神之言，“元吉”恐怕保不住了。但是，这场“运动”的着眼点，及其终极目的，根本不在你写过什么或是抄过什么。这个笔记本，并未生出是非，后来退还给我了。

林彪说，“损失极小极小，比不上一次瘟疫。”建安时代，曾有一次瘟疫，七子中的“徐、陈、应、刘，一时俱逝”，这见于魏文帝《与元城令吴质书》。他说，“昔年疾疫，亲故多离其灾”,这里的“离”,并不是脱离,而是被网罗上了。

我们遇到的这场瘟疫,当然要大得多,仅按四次文代大会公布的被迫害致死的名单,单是著名诗人、作家、批评家和翻译家,就有四十位!比七子中死去四子,多出十倍,可见人祸有时是要大于天灾了。

这些作家都是国家和人民多年所培养,一代精华,一旦竟无辜死于小人女子唇齿之间,览之无比伤痛。老实说,在这次文代大会山积的文件中,我独对此件感触最深。

魏文帝说:“何图数年之间,零落略尽……既痛逝者,行自念也。……所怀万端,时有所虑,乃至通夕不瞑。”

我们能够从这种残忍的事实中,真正得出教训吗?

窃尝思之:社会上各界人士,都会犯错误,都有缺点,人们为什么对“文人无行”,如此津津乐道呢?归结起来:

(一)文人常常是韩非子所谓的名誉之人,处于上游之地。司马迁说:“上游多谤议。”

(二)文人相轻,喜好互相攻讦。

(三)文字传播,扩散力强,并能传远。

(四)造些文人的谣，其受到报复的危险性，较之其他各界人士，会小得多。

《颜氏家训》以为文人的不幸遭遇，是他们的行为不检的结果，是不可信的。例如他说："阮籍无礼败俗"，"嵇康凌物凶终"，这都是传闻之词，检查一下历史记载，并非如是。《三国志》记载："籍口不论人过"；同书引《魏氏春秋》："康寓居河内之山阳县，与之游者，未尝见其喜愠之色。"两个人几乎都是谨小慎微的。

但终于得到惨祸，这也是事实。揽古思今，对证林、四之所为，一些文人之陷网罗，堕深渊，除去少数躁进投机者，大多数都不是因为他们的修身有什么问题，而是死于客观的原因，即政治的迫害。

我们的四十位殉难者，难道是他们的道德方面，有什么可以非议之处吗？

"四人帮"未倒之前，苦难之余，也曾默默仿效《颜氏家训》，拟了几条，当然今天看起来，有些不合时宜了：

(一)最好不要干这一行。

(二)如无他技谋生，则勿求名大利多。

(三)生活勿特殊，民食一升，则己食一升；民衣五尺，则己衣五尺。勿启他人嫉妒之心。

总之:直到今日,我以为前面所引《颜氏家训》一段话,还是应该注意的。

一九八〇年一月

《三国志·关羽传》

自《春秋》立法，中国历史著作，要求真实和简练。史家为了史实而牺牲生命，传为美谈。微言大义的写法，也一直被沿用。但是，读者是不厌其详的，愿意多知道一些。于是《春秋》之外，有三家之传，而以左氏为胜。司马迁参考《国语》、《战国策》等书，并加实地考察，成为一家之言的《史记》，对于人物和环境的描写，更详尽更广阔了。它适应了读者的需要，而使历史与文学，异途同归，树立了史学的典型，并开辟了文学的现实主义道路。

历史强调真实，但很难真实。几十年之间的历史，便常常出现矛盾，众说纷纭，更何况几百年之前，几千年之前？历史但存其大要，存其大体而已。

我国的历史，在过去多为官书，成书多在异代。这种作法，利弊参半，一直相沿，至于《清史稿》。

《三国志》在史、汉的经验基础上完成，号为良史，裴松之的注，实际起了很大作用。但历代研究者，仍以志为主据，注为参考。后来，历史演变为文学作品，则多采用裴注，因为这些材料，对塑造人物，编演故事，提供了比较具体生动的材料。

史书一变而为演义，当然不只《三国演义》一书。此外还有《封神演义》，以及虽不用演义标题，实际上也是演义的作品。

演者延也，即引伸演变之意。但所演变也必须是义之所含，即情理之所容。完全出乎情理之外，则虽是文学创作，亦不可取。就是说，演义小说，当不背于历史环境，也不背于人物的基本性格。

当然，这一点有时很难做到。文学的特点之一是夸张，而夸张有时是漫天过海，无止无休的。文学作品的读者，也是喜欢夸张的，常常是爱者欲其永生，憎者恨其不死。在这种形势的推动下，一部演义小说，能适当掌握尺寸，就很困难了。

《三国演义》一书，是逐渐形成的，它以前有《三国志评话》；还有多种戏曲。这部书的故事几乎是家喻户晓的，流传之广，也是首屈一指的。过去，在农村的一家小药铺，在城市的一家大钱庄,案首都有这一部“圣叹外书”。

在旧社会,这部书的社会影响甚巨,仁者见仁,智者见智。谋士以其为智囊,将帅视之为战策。据说,“满清”未入关之前,就是先把这部书翻译过去,遍赐王公大臣,使他们作为必读之书来学习的,其重要性显然在四书五经之上。

在陈寿的《三国志·蜀志》中,《关羽传》是很简要的:

关于他的为人,在道义方面。写到他原是亡命奔涿郡,与刘、张恩若兄弟,“随先主周旋,不避艰险”,终不负先主。

关于他的战绩,写到在“建安五年,曹公东征,先主奔袁绍,曹公禽羽以归,拜为偏将军。”写到他诛颜良,水淹于禁七军。

关于他的性格,写到诸葛亮来信说马超“犹未及髯之绝伦逸群也。”羽大悦,以示宾客。

关于他与同僚的关系,写到他与麋芳、傅士仁不和,困难时,众叛亲离。

关于他对女人的态度,本传无文字,裴注却引《蜀记》说:

曹公与刘备围吕布于下邳,关羽启公,布使秦宜禄行求救，乞娶其妻，公许之。临破，又屡启于公。公疑其有异色，先遣迎看，因自留之，羽心不自安。

关于他的应变能力，写到他因为激怒孙权，遂使腹背受敌，终于大败。他这一败，关系大局，迅速动摇了鼎足的平衡，使蜀汉一蹶不振，诸葛亮叹为“关羽毁败，秭归蹉跌”者也。

陈寿写的是历史，他是把关羽作为一个具体的人来写的。这样写来，使我们见到的是一个既有缺点，又有长处；既有成功，又有失败的活生生的人。我们看到的是真正的关羽，而不是其他的人，他同别的人，明显地分别开来了。我们既然准确认识了这样一个人，就能从他那里得到启发，吸取经验，对他发生真正的感情；有几分爱敬，有几分恶感。

《三国志评话》，关羽个人的回目有六。《三国演义》，关羽个人的回目有十，其中二十五回至二十七回，七十三回至七十七回，回目相连，故事趋于完整。

鲁迅先生在《中国小说史略》里谈及此书时，说：“至于写人，亦颇有失，以致欲显刘备之长厚而似伪，状诸葛之多智而近妖；惟于关羽，特多好语，义勇之概，时时如见矣。”

中国旧的传统道德,包含忠孝节义;在历史观念上,是尊重正统。《三国演义》的作者,以人心思汉和忠义双全这两个概念,来塑造关羽这个英雄人物,使他在这一部小说中,占有特别突出的地位。

于是,在文学和民俗学上,就产生了一个奇特现象:关羽从一个平常的人,变为一个理想化的人,进而变为一尊神。

这一尊神还是非同小可的,是家家供奉的。旧时民间,一般人家,年前要请三幅神像:一幅是灶王,是贴在锅台旁边的,整天烟熏火燎;一幅就是关老爷,他的神龛在房正中的北墙上,地势很好;一幅是全神,是供在庭院中的。这幅全神像,包括天地三界的神,有释、道、俗各家,神像分数行, 各如塔状。排在中间和各行下面的神像品位最高,而这位关羽,则身居中间最下,守护着那刻着一行大字的神牌,神态倨傲,显然是首席。

在各县县城,都有文庙和武庙。文庙是孔子,那里冷冷清清,很少有群众进去,因为那里没有什么可观赏的,只有一个孤零零的至圣先师的牌位。武庙就是关羽,这里香火很盛,游人很多,因为又有塑像,又有连环壁画,大事宣扬关公的神威。

关羽庙遍及京城、大镇、名山、险要,各庙都有牌匾楹联,成为历代文士卖弄才华的场所。清朝梁章钜所辑《楹联丛话》中,关庙对联,数量最多,有些对联竟到了头昏脑热,胡说八道的田地。

当然,有人说,关羽之所以成为神,是因为清朝的政治需要。这可能是对的。神虽然都是人造出来的,但不经政治措施的推动,也是行之不远的。

幸好,我现在查阅的《三国志》,是中华书局的四库备要本,这个本子是据武英殿本校刊,所以《蜀志》的开卷,就有乾隆皇帝的一道上谕,现原文抄录:

> 乾隆四十一年七月二十六日内阁奉
>
> 上谕:关帝在当时,力扶炎汉,志节凛然。乃史书所谥,并非嘉名。陈寿于蜀汉有嫌,所撰《三国志》,多存私见,遂不为之论定,岂得谓公?
>
> 从前曾奉
>
> 世祖章皇帝
>
> 谕旨,封为忠义神武大帝,以褒扬圣烈。朕复于乾隆三十二年,降旨加灵佑二字,用示尊崇。夫以神

之义烈忠诚，海内咸知敬祀，而正史犹存旧谥，隐寓讥评，非所以传信万世也。今当抄录四库全书，不可相沿陋习，所有志内关帝之谥，应改为忠义。第本传相沿日久，民间所行必广，难于更易。著交武英殿，将此旨刊载传末，用垂久远。其官版及内府陈设书籍，并著改刊此旨，一体增入。钦此！

这就不仅是胡说八道，而是用行政方式强加于人了。

至于在戏剧上的表现，关羽也是很特殊的。他有专用的服装、道具；他出场之前，要放焰火；出场后，他那种庄严的神态，都使这一个脚色神秘化了。

但这都是文学以外的事了。它是一种转化现象，小说起了一定作用。老实说，《三国演义》一书，虽如此煊赫，如单从文学价值来说，它是不及《水浒》，甚至也不及《西游记》的。《水浒》、《西游记》虽也有所本，但基本上是文学创作，是真正文学的人物形象。而《三国演义》，则是前人所讥评的“太实则近腐”，“七实三虚惑乱观者”的一部小说。

把真人真事，变为文学作品，是很困难的。我主张，真人真事，最好用历史的手法来写。真真假假，真假参半，都是不好的。真人真事,如认真考察探索,自有很多材料,可写得生动。有些作者,既缺少识见,又不肯用功,常常借助描写,加上很多想当然,而美其名曰报告文学。这其实是避重就轻,图省力气的一种写法,不足为训。

一九八〇年二月

《三国志·诸葛亮传》

本传与小说,出入较大的,还有诸葛亮。小说和戏剧上的诸葛亮,几百年来在群众中,形成了一个固定的形象,即所谓摇羽毛扇的人物。还影响了其他历史小说,几乎各朝各代,在争战交替之时,都有这样一个军师:《封神演义》的姜子牙,《水浒传》的吴用,瓦岗寨起义的徐茂功,明朝开国的刘伯温等等。

诸葛亮在本传里,是一个非常求实的人,是一个实干家。陈寿奉晋朝之命修《三国志》,蜀汉为晋之敌,但他对诸葛亮的评价,我以为还是很客观,实事求是的。他说:

> 然亮才于治戎为长,奇谋为短。理民之干,优于将略。

综览陈寿所记,诸葛亮的一生,功劳固然很大,失败和无能为力之处也不少。最后的失败主要是客观条件所致。诸葛亮的隆中对策,说孙权,前后出师表,高瞻远瞩,文词质朴,情真意诚,丁宁周至,感动百代,成为名文。他死以后,人民哀其处境艰难,大功未竟,敬仰他鞠躬尽瘁的精神。追思怀念,千古不衰。人民愿意看到他在文学艺术上的形象。但《三国演义》和一些戏剧,把这一人物歪曲了。

最失败的是把诸葛亮写成了一个非凡的人。把他写成了一个未卜先知,甚至能呼风唤雨,嘴里不断念念有词的老道,即鲁迅所说近于妖了。

诸葛亮在《后出师表》中,曾对后主反复说明,世事难以逆料,举出当时很多事例,完全是科学态度。

出现如此大的差距,原因是作者有意识把这样一个人物,塑造得更高大,不知不觉走到反面去了。作者对这一人物性格,并没有认真调查研究,作者的学识见解,都不足以创造这样一个人物形象。正如在《水浒传》里,他写在郓城县当一名书吏的宋江,写得很真实生动,到写当了水浒首领的宋江,他就无能为力了。因为他熟悉一个书吏,着实没有体验过一个水泊首领的生活,甚至见都没有见过。于是只能以主观想象出之。宋江和刘备,如出一辙。和他相反,《西游记》的作者写了猴、猪等怪,完全以写人的笔法出之,因此,猴、猪都具备了完整的性格。写唐僧亦如此,所以唐僧颇具人性。《聊斋志异》写狐鬼,成功之道亦在此点。凡是小说,起步于人生,遂成典型;起步于天上,人物反如纸扎泥塑,生气全无。

群众是喜爱英雄的,群众可以按照自己的形象,创造出一个神,但这个神对他来说,只能起到安慰的作用。群众有高级的心理、情操,也可能有低级的心理、趣味。人可以有作为人的本能,也可以有来自动物的本能。文学艺术,应该发扬其高级,摈弃其低级,文以载道,给人以高尚的熏陶。创造英雄人物,扬励高尚情操,是文学艺术的理所当然的职责。

其基础是现实的人和生活。

再现历史英雄人物,不是轻而易举的。作者除去学的修养,还要有识的修养,学识浅薄,如何创造英雄人物?在创作准备上,识力不高,则应辅之以学。如研究历史,考察地理民俗,采集口碑遗迹,像司马迁所做的那样。司马迁写了刘、项那样的英雄人物,全从周密的调查研究入手,然后以白描手法,自然出之。

如果不这样做,那么,创造英雄人物,反倒成了很容易的事。今天，在文学艺术中，假诸葛亮的形象，还是不少的。虽不羽扇纶巾，坐四轮车，但也多是口中念念有词，不断发誓赌咒，一言而天下定的。

一个作者，有几分见识，有多少阅历，就去写同等的生活，同类的人物，虽不成功，离题还不会太远。自己识见很低，又不肯用功学习，努力体验，而热衷于创造出一个为万世师、为天下法的英雄豪杰，就很可能成为俗话说的："画虎不成，反类其犬"。

一九八〇年二月

《曾文正公手书日记》

《曾文正公手书日记》共四十册,四函。宣统元年,上海中国图书公司石印。

前有王闿运序。

一九六二年春天,我寄寓北京锥把胡同河北省驻京办事处,有病不能上街,托张翔同志购得此书,还由中国作家协会开一证明,此盖内部掌握之书也。从书后印记看,此书来自济南,原来定价甚微,一至北京,则加价一倍以上。京师人物荟萃之地,物价亦必随之增长。

浏览一过,亦无甚可观。此人名重,然其书法,实不甚佳。为京官时,似甚用功,间有日课,崇尚理学,所作字或草或楷,并皆庸俗。从所记琐事中,可略见其为人。例如此人用一女婢,写信给他的父亲,声言此女极丑,这有什么必要?其九弟(即曾国荃)在他处寄居时,兄弟颇不和,涉及他的内人婢仆,他写信给家中,引咎自责,均属虚伪。居京官时,常为会馆办些公益事;乡人有婚丧,他去主事,利用这些机会,锻炼办事应对能力,则不无可取。文人厌俗,以致终生不堪任事负重,曾非文士,有这种见解,从小事做起,故以后能担当统治者委托给他的重任。

及至与太平天国作战,本想从日记中看到一些珍贵材料,然记载越发零碎,不得要领。此王闿运所谓,当时与彼共事者能知之,非后人所能知者也。

及任直隶总督,处理天津教案时,所记材料,有些可取。当时朝廷惧洋媚外,他奉旨做些不得人心之事,自叹为“伤天害理”,似尚有天良者。然天良自天良,倒行逆施的行动,并未稍减。

日记中,有当时灾区人肉价目表,读之令人心悸。

一九八〇年四月

《能静居士日记》

《能静居士日记》著者赵烈文，载中华书局出版的《太平天国史料丛编简辑》第三册，系节录。

赵烈文为曾氏兄弟幕宾，攻破南京时在场。所记甚为详细真实，是日记中的佳品。

如记曾国荃督战破城后，归来时的狼狈形象，以及随之而来的骄盈。正在关键之时，不听赵的进言，竟进房大睡其觉，致使李秀成率队，穿上清军服装，混出城去。如非农民告发，后事殊难定局。记城破之前，所有清军人员，不分文武，都预备筐笼箱箧，准备大发其财。报功封爵，多有假冒。记忠王被俘之初，曾国荃向之刀剜锥刺，以胜军之主将，对待败军之俘虏，竟如青皮流氓，报复私仇。并记在这种情况下，忠王的言词表现。又记，当一帮幕客去看被俘忠王，忠王竟向这些人谈起夜观星象等语。赵烈文等答以只要朝廷政治清明，动乱自然平息等语。读之，均不胜感慨。天朝以互相猜忌，自相残杀，遂使大业倾于将成，金田起义时灿烂众星，纷纷陨落。千百万农民战士，顿时风流云散，十四年争战经营，一旦土崩瓦解。狂澜既止，龙虎无据。忠王末路，哀言求生。此千古大悲剧，志士仁人，扼腕痛心，无可奈何者也。将革命大义，幻为私利者，当负此责乎？自我得之，自我失之矣。曾氏兄弟，侥幸成功，真如前人所谓：世无英雄，遂使竖子成名。

又如记曾国荃笼络士兵，为其效死。士兵负伤后，令其口嚼人参，然后将渣滓，敷于伤口。声言如此可以起死回生。以致湖南人参，被购一空，参价百倍高于人价。又记曾国荃得势后，如何搜刮财物，兼并乡里，大置田产，均系曾国藩亲口对赵烈文所谈。

看来，小人物的日记，比起大人物的日记，可看的东西就多了。这是因为小人物忌讳较少，也想存些史实，传名后世。

一九八〇年四月

《翁文恭公日记》

《翁文恭公日记》共四十册，涵芬楼影印。后有目次，始自咸丰八年，终于光绪三十年。末有张元济跋。

翁为两朝(同、光)师傅，官至大学士，入军机处。其父、兄均居政府、军事高位，侄子又中状元，门第显赫。又值国家动乱多变之秋，他的日记部头又如此之庞大，我买来时，是抱有很大希望的，而且逐年逐日读下去，及至终卷，失望得很。

比如当两个幼年皇帝的师傅吧，当时我想，他这个小学启蒙老师，和我在乡村私塾，所体验的教鞭生涯，恐怕有很大不同吧？结果，什么也看不出来。他每天进宫教学，有时只记“龃龉”或“大龃龉”，我领会就是教学很不顺利的意思。但究竟发生了什么故障，他从不具体说明。

他记得比较具体的是买字画，买字帖，吃鱼翅，送子侄入考场，替皇帝办山陵工程……这些琐事。甚至和一些重要人物的交往，他也不记。比如和康有为的认识交往，记得若有若无，在疑似之间。

对于政局的矛盾、困难，他自己的遭逢感受，也不记载。只是到了后来，废职家居，才有时透露一些恐怖埋怨之情，也非常隐晦。

从如此大人物的日记里，看不出时代的、政治的波浪起伏，实在使人感到遗憾。但他的行书小字，写得实在漂亮，读着空洞无物的日记，欣赏流畅秀美的书法，也算是收之桑榆吧。

张元济说他的日记，“小心寅畏，下笔矜慎”，并深以他的遭遇不及宋之司马、欧阳为恨。历史是不能如此比较的。同为皇太后，或为圣母，或为灾星，这只是客观事物的一个方面。这个方面，是不能孤立存在的。她们的存在，必有其历史的土壤、雨露、气候。大臣自身，即应列入以上三者之间，起到什么作用，是因“己”而异，因“人”而异的。并不能完全怪罪女人们。

我看此人，并非政治上的干材，也只是一个书生。凡是书生，当政治处于新旧交替转折之时，容易向往新者。而本身脆弱，当旧势力抬头，则易于馁败，陷于矛盾。古今如此。

我尚有燕京大学图书馆民国二十八年影印的《翁文恭公军机处日记》,共二册。所记更为简略,系备忘性质。

一九八〇年四月

《缘督庐日记钞》

《缘督庐日记钞》长洲叶昌炽著，王季烈辑，上海蟫隐庐石印，十六册两函。前有目录，始自同治庚午，终于民国丁巳。

叶昌炽是一个学者，他著的《语石》，是研究石刻的体裁很好，很有见解的书，商务印书馆列为国学基本丛书之一。他著的《藏书纪事诗》，搜采藏书逸事典故，甚为完备，诗亦典雅。这个人做学问的态度，是很严肃认真的。他代潘祖荫家编的丛书，校勘精细，惜字体太肥大，这恐怕和他的视力不佳有关。

他只是一名翰林，出任过学政，没有做过显要的官。

他的日记是摘钞，数量已经可观，但内容也是叫我失望的。他最有兴趣的，是经幢石刻。因此整部日记，几乎有一半篇幅，记的是购买经幢、考订经幢。他是金石家，把范围定得很小，很具体，因此研究成果，也特别精细。他是经幢的专门收藏家、鉴赏家、学者。在这一范围，可以说前无古人，后无来者。这种治学方法，是很值得学习的。

他也经历了清末民初的政治变革，但所记亦寥寥。如庚子事变，八国联军进京，他是目击者，所记一般，无可采择，甚为可惜。

这是一位保守派，对革命以后的社会生活，甚为不满。民国后，他还常穿戴翰林的服装，出门去给人家“点主”，遭到群众的围观讥笑，使他颇为难堪。可谓不识时务。

颇似一书呆子，然又自负知人之明。长沙叶德辉去与他联宗，遭到他的拒绝。据他说，是看到叶德辉的眼睛里，有一种不祥之光，断定他不得好死。不幸而言中，这倒使人不知他所操何术了。

日记抄得很工整，字体遒劲，也可作临池之用。

日记这一形式，古已有之，然保存至今者寥寥，每种篇幅，亦甚单薄。至晚清，始有大部头日记，最煊赫者为《越缦堂日记》。此记我未购买正本，只有《越缦堂日记补》十三册，及《越缦堂詹詹录》二册。后者为作者之侄所辑录，以事相系者也。

我尚有《湘绮楼日记》，为涵芬楼排印本，两函三十二册，印制甚精美。越缦所记，多京居琐事，可见此人生活、性情。但涂抹太多，阅读不便。其内容以读书记为最有价值，自由云龙辑出后，此记遂可覆瓿。湘绮为晚清诗文大作家，并经历过同、光以来国家政治变动，然从他的日记，实难看到重要史实，正像他自谦的，所记多为闾巷之事，饾饤之学，治学亦不及越缦堂之有统系。此外，新印的《林则徐日记》，文字简洁，记事真切，尚有可观。

日记，按道理讲，最能保存时代生活真貌，及作者真实情感。然泛览古人日记，实与此道相违。这是因为，人们虽然都知道日记对历史人生，有其特殊功能；但是，人们也都知道，这种文字，以其是直接的实录，亲身的记载，带着个人感情，亦最易招惹是非，成为灾祸根源。古今抄家，最注意者即为日记与书信。记事者一怕触犯朝廷，二怕得罪私人。古人谈日记之戒，甚至说："无事只记阴晴风雨。"如果是这样，日记只能成为气象记录。

可以断定，这些大部头的日记，经过时间考验淘汰，千百年后，也就所剩无几了。目前所以是庞然大物，只因为还是新出笼的缘故。

我一生无耐心耐力，没有养成记日记的良好习惯，甚以为憾事。自从读了鲁迅日记以后，对日记发生了兴趣，先后买了不少这方面的书。小本的尚有《郭天锡手书日记》，都穆《使西日记》，薛福成《出使四国日记》，潘祖荫《秦輶日记》，董康《东游日记》，赵君举《三愿堂日记》，汪悔翁《乙丙日记》、《寒云日记》等。最后一种，为袁世凯之二公子袁克文所作，阅后已赠送他人。

日记，如只是给自己看，只是作为家乘，当然就不能饱后人的眼福。如果为了发表，视若著作，也就失去了日记的原来意义，减低了它的价值。这实在是这一形式本身的一大矛盾。

六十年代初期，我曾向各地古旧书店，函购书籍，索阅书目，购买日记的人很少，所以容易得到。当然，如果细心钩稽，还可以得到一些有用材料。但我只是浏览，所获仅仅如上。

一九八〇年四月

清代文献(一)

《办理四库全书档案》陈垣钞出,前有民国二十三年王重民所写叙例,国立北平图书馆排印,线装二册。

办理四库全书,动议于乾隆三十七年,当时标榜的是"稽古右文,聿资治理"。要求各地"及时采集,汇送京师",首先购觅书籍的条件是:"历代流传旧书"。

紧接着,叫直隶、河南、山东三省,在"出产梨木之各州县,照发去原开尺寸,检选干整坚致合式堪用"的刊书梨板。

但是,圣旨传下去以后,将近一年的工夫,"曾未见一人将书名录奏,饬办殊为延缓"。申饬的口气还缓和,但点了近畿北五省,及"书肆最多之江浙地方"。要他们"恪遵前旨,饬催所属,速行设法访求,无论刊本钞本,一一汇收备采"。

第一次传下圣旨，居然没有一人应声，你以为那些督抚州县，竟敢这样玩忽法令吗？自然也不是他们能沉得住气。他们已经手忙脚乱，动起脑子来了。这对各级地方官来说，是一次硬任务，他们自然而然地感到大的压力。在异族统治之下，经历康、雍两朝，一沾文字、书籍上的事，他们是心有余悸的。但他们在这方面，也积累了一些经验，他们明白，这是扰民的勾当，也休想在这件事上贪赏求功，只求无过好了。先不要走在前头，那没有什么好处。看看别人怎么办，再说。

但是管理文化方面的官员，沉不住气，于是安徽学政朱筠，先报了一批书。

皇帝指出，也要"无关政要"的近代著作。对他老家奉天，却特别通融，说那里"风俗淳朴，本少著述"，不必再行访购，以致徒滋纷扰。

乾隆三十八年，根据朱筠的条奏，拟定了采访遗书的章程，首先校核《永乐大典》，辑录善本。并奉旨"将来办理成编时，著名四库全书"。

《永乐大典》，藏在皇宫，即使缺失一些，可从一些名人家借补。民间的书，还是上来得寥寥无几，且不过近人经解、论学、诗文私集数种。

乾隆三十八年三月二十八日,奉上谕:“此必督抚等视为具文,地方官亦必奉行故习,所谓上以实求,而下以名应,殊未体朕殷殷咨访之意”。“此必督抚等因遗编著述,非出一人,疑其中或有违背忌讳字面,恐涉于干碍,预存宁略勿滥之见。藏书家因而窥其意指,一切秘而不宣,甚无谓也。文人著书立说,各抒所长。或传闻互异,或纪载失实,固所不免,果其略有可观,原不妨兼收并蓄。即或字义触碍,如南北史之互相诋毁,此乃前人偏见,与近人无涉,又何必过于畏首畏尾耶!”

这一番话,不只有些提倡百家争鸣的气派,而且有点唯物辩证的历史观点了。但紧接着就说,如果你们再不紧办,“将来或别有破露违碍之处,则是其人有意隐匿收存,其取戾转不小矣”。

再一次点江浙诸大省的名,说那里著名藏书之家,指不胜屈。并“予以半年之限,……若再似从前之因循搪塞,惟该督抚是问”。

命令两江总督,江苏、浙江巡抚,向各书贾客书船,探索各大藏书家书籍流落何方。并称淮扬系东南都会,商人中颇有购觅古书善本者,而马姓家蓄书最富,派盐政李质颖查办。

已经接近勒索了。在这种官府追逼威胁下,江南藏书家恐怖起来。四月, 鲍士恭愿以家藏书一千九百余种,上充秘府。

奉上谕,进到之书,缮写后,发回原书。并命总裁,先编出一部荟要本,放在摛藻堂,供皇帝观览。

藏书家害怕,天一阁后人范懋柱等具呈,请"抒诚愿献"。奉上谕,"朕岂肯为之"。

七月,奉旨,调取各地学者邵晋涵、周永年、余集、戴震、杨昌霖来京,同司校勘。并封官许愿。

八月,嘉奖纪昀、陆锡熊,"二人学问本优,校书亦极勤勉。考订分排,具有条理;而撰述提要,粲然可观。均恩授翰林院侍读。"此为纪昀在这一工作中,崭露头角之始。

九月,调任一些过去犯过错误的学者,如翁方纲、刘亨地、徐步云在四库全书处工作,免其处分。

十月,责成校对工作。四库全书,每日可得四十余万字,设有分校官三十二员。日后,拟添派复校官十六员。

插曲:各地"捐献"书籍,正在热闹。有个山西人,名叫戎英,到四库全书处具呈献纳自己的作品:万年配天策一本及天人平西策一本。遂即成为犯人,原审讯人判他"因事生风，妄希耸听”，拟把他遣发乌噜苏木齐种地。奉旨，“将该犯家内，逐一严查”。这简直是自投罗网了。

乾隆三十九年八月初五日，奉上谕：“各省进到书籍，不下万余种，并不见奏及稍有忌讳之书。岂有裒集如许遗书，竟无一违碍字迹之理？况明季末造，野史甚多，其间毁誉任意，传闻异词，必有诋触本朝之语，正当及此一番查办，尽行销毁。……若此次传谕之后，复有隐讳存留，则是有心藏匿伪妄之书。日后别经发觉，其罪转不能逭。”

以后办理四库全书的重点，就转移到审查和销毁违碍之书上去了。

清代办理四库全书，今日平心论之，有功有过，应该说是功大于过。这一措施，是对中国文化的一次认真整理，其中包括政治上的清理。它对中国文化，当然是一次严重的创伤，但并不是毁灭，并非存心搞愚民政策。它主要还是要保存、整理、传播文化，并非不分青红皂白，全部横扫。它的整理工作，是经过周密计划，周密组织，投放的人力很大，持续的时间很长，督课甚严，赏罚甚明。它用的人员大都是有真才实学的，当时孚众望的，并由许多大员统领之。对于编辑、审查、校对、印刷、装订，都很考究，积累很多宝贵经验。武英殿袖珍版的活字印刷术，在中外印刷史上，都大放光辉。

即就销毁而言,在书籍中究系少数,并有抽毁、全毁之别。此外,销毁的根据,是违碍,是诋毁本朝。这种定罪法,还是有局限的,也可以说是具体的,这方面的书籍,也是有限度的。并非提出海阔天空的口号,随意罗织任何书籍者可比。所用的是行政办法,审阅者为学者,当然他们承天子之意旨,但也是经过反复研究讨论,然后才定去取。并非发动无知无识者,造成疯狂心理,群起堆书而拉杂烧毁之。

尝思书籍之危,还不在历史上的焚书禁书,以及水、火、兵、虫之灾。因为书是禁不住焚不完的,可收一时之效,过后被焚被禁的都会再出现。清朝禁书那么多,真正绝灭的很少。最危险的,是像林彪、四人帮所为,以“革命”为旗号,利用军事政治威力,迫使群众以无知为荣,与文化为敌。当然这种做法,也只能是收效一时,人民总是需要文化的,能够觉悟的。

历史文化,为民族之精英,智慧的源泉。封建统治者,狃于民可使由之,不可使知之的反动学说,错以为人民越愚昧,越好驱使,越能战斗,进而迷信愚民政策,妄图毁灭历史文化, 以延长其个人统治。把人民赶进黑暗的闸门,把学者挤到万丈的深渊,如此做法,其结果是毁灭一个民族的自尊心、自信心,是毁灭民族的创造力和战斗力。因为文化长期落后,锁国政策破灭,一旦接触外界进步文化,就不能抵御,就迷信崇拜,不能与之较量、战斗。雍、乾两朝大兴文字之狱,快一时之意,其实已使国家元气大伤,统治能力,也迅速走向下坡路,几代以后,即不能存其国家。然在当时,这两位皇帝还被誉为英明之主,这真是天知道了。

一九八〇年五月

清代文献(二)

鲁迅先生在《买小学大全记》那篇文章中,称赞了过去故宫博物院出版的《清代文字狱档》。由于他的启发,我也买到了一部,共九册。六十年代初,我在北京参观了一次关于曹雪芹的展览,会上也陈列了这部书以表明当时文禁之严。但是,我仔细观察,它所陈列的,只是第九册,虽然也叠放了九本。因此想到,这部书已经不容易得到了,所以视为珍秘。在十年浩劫中,此书也被抄去,我当时想,这个书名,恐怕有些犯禁吧,是否要追问:你为什么买这种书?其实,这是我神经过敏,想得太多了,它终于没有丢失。

它这次回到家来,因为我也有了一番亲身经历,就不太重视它,过去大部都读过了。回想一下,其中虽也有几件大案,够得上"文字之狱",但大多数却是小题大做。做文字的人,虽也充军杀头,妻子为奴,但那些文字,实在谈不上是什么著作。有的人，原来还是一番好意，想讨皇帝喜欢，得到一些名利的。他兴兴冲冲把文字呈上去以后，不知触犯了皇帝的哪条神经，龙心没有大悦，反而大怒。因此就把脑袋掉了，实在是"无意中得之"的。并且，也总是连累很多人，拖得长时间，案牍往返，天下不宁。如果当时这位作者，明达冷静一些，不财迷心窍，天下原可以平安无事的。

例如雍正初年的汪景祺《西征随笔》案，当时皇帝看得很重，此书抄获以后，御笔在书的首页批注：

> 悖谬犯乱，至于此极！惜见此之晚，留以待他日，弗使此种得漏网也。

汪景祺的结局是：

> 立斩枭示。其妻子发遣黑龙江，给与穷披甲之人为奴。期服之亲兄弟亲侄，俱著革职，发遣宁古塔。其五服以内之族人，见任及候选候补者，俱著查出，一一革职，令伊本籍地方官约束，不许出境。

《西征随笔》这本书,故宫博物院先在《掌故丛编》连载,页码独自起讫,以备读者将来折出自订成书。还附有许宝蘅写的一篇前言,不过是告诫后人:“君子其亦知所鉴乎!”后来又出了单行本。我在旧书店得到一本,不知出自谁家,好像长期掷放在厨房里,烟熏火燎,灰尘藏于书内,我在修整时,为细尘所染,不适者数日,曾书于书皮志戒。

看过以后,是一本很无聊的小书。作者并非文人,只是一个破落子弟,性情狂放,行为卑劣,自己洋洋得意,形之文字,实际上有很多不通的地方。此人被皇帝定为大逆,是说他讥讪圣祖。实际上他只是道听途说,而且也谈不上是什么严重的讥讪。如果当时他只是写来自己看看,放在书包里,是不会出什么乱子的。糟糕的是他把这本书,送给了大将军年羹尧,是从年的家中查抄出来,其中有大拍年羹尧马屁的信、文章、诗词。

皇帝正要定年羹尧的罪,得到了这样一本书,就成为一个突破口,成了年羹尧“大逆五罪”的一条,叫做“见知不举”。

送给别人一本书,人家大概也没有看,促成了大案,死亡两家,对人对己,都可以说是大不方便吧!

年羹尧原是雍邸旧人，是清世宗的心腹、走狗。在雍正初年，皇帝忙于兄弟间的斗争，西南一带也不平稳，年羹尧的官职，急遽上升，一直到“抚远大将军、太保、一等公、川陕总督”。

在这一期间，红极一时的年羹尧，确如汪景祺所颂扬的。“阁下以翼为明听之才，当心膂股肱之任，君臣遇合，一德一心。”《掌故丛编》后来改名为《文献丛编》，在第一辑，刊有《年羹尧奏折》一束，第一折为奏谢貂皮褂等物，折后附有雍正皇帝朱谕：

> 实尚未酬尔之心劳历忠四字也！我君臣分中，不必言此些小。朕不为出色的皇帝，不能酬赏尔之待朕；尔不为超群之大臣，不能答应朕之知遇。惟将互相……勉，在念做千古榜样人物也。

在这一束奏折里，主要是答谢皇帝的“宠颁”。其中有鹿尾、袍褂、茶叶、西洋规矩、东珠、珐琅双眼翎、鸟枪、平安丸、天王补心丹、自鸣表等贵重物品。可见君臣之间，不只推心置腹，雍正皇帝对年羹尧的关怀，真是无微不至了。

及至几个兄弟先后被迫害致死，西南一带也稳定下来，他对年羹尧的态度，就来了一个一百八十度。

据萧奭《永宪录》，最后是：议政大臣等，胪列年羹尧九十二大罪，请诛大逆，以正国法。

这九十二大罪，又分别归纳为：大逆之罪；欺罔之罪；僭越之罪；狂悖之罪；专擅之罪；贪黩之罪；侵蚀之罪；忌刻之罪。实际上有很多罪名，是强拉硬扯，随便上纲的。此案牵连的人很多，汪景祺并非知名人士，只是因为他这本书，才引起人们注意。

《文献丛编》还刊载了允禩允禟案。此案为清世宗剪除政治对手，颇为严重。允禩允禟，均系世宗兄弟。这一辑刊有牵连人犯穆景远(西洋人)、秦道然(礼科给事中)、何图(允禟亲信)、张瞎子等人的口供单。

第二辑刊有雍正四年四月上谕："允禟交与都统楚仲侍卫胡什里，驰驿从西安一路来京。"五月又命侍卫纳苏图至保定，传谕直抚李绂，令将允禟留住保定。李绂接此任务后，先后奏折九件，皆关允禟在保之事。

李绂身为封疆重臣，他接受的是一种非常严重、并非常不好掌握、不好处理的任务。如果不明皇帝内心本意，措置失当，或轻或重，均可招来杀身灭门之祸。好在李绂老奸巨滑，又深知雍正用心，没有大错，但也可从奏折中看出，他已经战战兢兢，神经紧张到几乎要失常之态。第一折奏报：

臣随飞檄密饬由陕至京沿途直隶州县各官，如遇允禟入境，即差员役密送至保，仍先行报臣等因去后。现在于臣衙门前，预备小房三间，四面加砌墙垣，前门坚固。至允禟至日，立即送入居住，前门加封。另设转桶，传进饮食。四面另有小房，派同知二员、守备二员，各带兵役，轮班密守。再允禟系有大罪之人，一切饮食日用，俱照罪人之例，给与养赡。

纳苏图回到雍正那里，说李绂有"便宜行事"的意思，李绂声称：

至于便宜行事，臣并无此语。原谓饮食日用，待以罪人之例，俱出臣等执法，非由上意耳。非敢谓别有揣摩，臣复折内，亦并无此意也。

读者注意:“便宜行事”四字,关系甚大。所以李绂赶紧声明。允禟至保定后,李绂对他的四名家人,采取了一些“想当然”的措施,稍为严了一些,雍正在他的第四件奏折后批道:

此必是楚宗(仲?)的疯主意,李绂你乃大儒封疆重臣,岂可听彼乱为,不自立主见,此事大错了。

第五折,李绂奏报允禟晕死后苏,这已经到了关键时刻,雍正皇帝在折上作了很多批注:

今日仍是此旨,便宜行事,则朕假手于大臣,如何使得?

又恐李绂失于右倾,乃批:

正为此恐非过则不及也!

又批:

即此朕意尚未定，尔乃大臣，何必悬揣？

又批：

凡有形迹、有意之举，万万使不得。但严待听其自为，朕自有道理，至嘱至嘱！

奉到如此明确的谕旨后，李绂自然心领神会。谕旨的妙处在于：不留形迹，严待听其自为。不久，允禟就拉起痢来，不再进小屋，只是在门口躺卧。也不再到转桶那里去取饭食，很快就"病故"了。李绂上报，奉朱批：

好好殡殓，移于体统些房舍。

像李绂这样的大官，所用幕宾，都是高手。密议后所拟奏折，处处小心试探，自己留有余地，得到朱批根据后，再采取相应行动。所以如此敏感性的事件，他居然做得称旨，后来得到好处。据《永宪录》，那位都统楚仲，过了几年竟得罪咎。雍正说，叫他去"带领"允禟，他竟"用三条链锁拿允禟"，并错传李绂要"便宜行事"。其实，楚仲何尝不也是一番用心,想得到皇帝欢心,但他究竟是一个粗人,做事留有痕迹。终于下场不佳。

以上这些出版物,所载虽系零碎档案材料,但究系确凿有据的历史。读中国历史,有时是令人心情沉重,很不愉快的。倒不如读圣贤的经书,虽都是一些空洞的话,有时却是开人心胸,引导向上的。古人有些经验,所以劝人读史读经,两相结合。这是很有道理的。

一九八〇年六月十一日

买《太平广记》记

我第一次买得的《太平广记》，是扫叶山房的石印本，共四函，三十二册。其中短缺两册，用两本《人海记》充衬着。书是从天津劝业场二楼藻玉堂买的，当时的掌柜，是滦县一带口音，他诚实地告诉了我这个情况，并说："闲看去吧，不好补。"

回到家来，把书装订整理了一下，也没有仔细读，就放起来。"文革"以后，所抄书籍发还，我把这部书，送给了韩映山同志。这部书，我买时价钱五元。

对于这部声名显赫的书，我有了这部残缺的石印本，还是不甘心，后来又在天津古籍书店和平路门市部，即过去的泰康商场楼下，买了一部小木板的《太平广记》，木夹，共八套，六十四册。书是山东开雕的，字体倒也清整，只是纸张不好，是一种很薄的黄色土纸，就像乡下用的烧纸。

前两册，还有些圈点、批注，是原阅书人做的，弄得纸面很不干净。书籍发还以后，这部书送给了李克明同志。其实这些同志，并没有版本之好，对于这些古董玩意儿，一定不会喜好的。这部书，我买时，价钱十八元。

这种小木板的《太平广记》，我还见过广东的一种刻本，虽系白纸，但字体漫漶过甚，还不及此本清晰。

买书的欲望，和其他欲望一样，总是逐步升级，得陇望蜀。我又托人民文学出版社，在北京旧书店觅购明刊影印本的《太平广记》。不久，书籍寄来，共十函，六十册，宣纸印刷，磁青书面，丝线装订，雍容华贵，不可言状。价一百元。据书店人称，茅盾同志亦在寻找此书，因我登记较早，故归我所有。此书抄家后，被列为珍贵二等，发还书籍时，示意我“捐献国家”，我当时答称，业务所需，不愿捐献，请按政策办事。执事者遂把书还我，书尚完好，只是碰掉几个骨签。

人民文学出版社排印的《太平广记》，我也买了一部，是一九六一年印本，纸张稍黑。近年我们排印的古籍，虽所据为善本，然因校对工作搞不上去，常常事与愿违，不能令人满意。

此外，在五十年代，天津僻静街道上，常有书摊，在北大关一胡同中，我曾见明刊本《太平广记》十余册，蓝色虎皮宣纸封皮。我有洁癖，见其上有许多苍蝇粪，犹豫未买，遂为会文堂主人买去，失之交臂，后颇悔之。会文堂在夫子庙街，主人为清朝一宦官，时常挟一青包袱，往来于早市冷摊，精于版本之学。

一九八〇年十二月

我的二十四史

一九四九年初进城时,旧货充斥,海河两岸及墙子河两岸,接连都是席棚,木器估衣,到处都是,旧书摊也很多,随处可以见到。但集中的地方是天祥市场二楼,那些书贩用木板搭一书架,或放一床板,上面插列书籍,安装一盏照明灯,就算是一家。各家排列起来,就构成了一个很大的书肆。也有几家有铺面的,藏书较富。

那一年是天津社会生活大变动的时期,物资在默默地进行再分配,但进城的人们,都是穷八路,当时注意的是添置几件衣物,并没有多少钱去买书,人们也没有买书的习惯。

那一时期,书籍是很便宜的,一部白纸的四部丛刊,带箱带套,也不过一二百元,很多拆散,流落到旧纸店去;各种二十四史,也没人买,带樟木大漆盒子的,带专用书橱的,就风吹日晒的,堆在墙子河边街道上。

书贩们见到这种情景,见到这么容易得手的货源,都跃跃欲试,但他们本钱有限,货物周转也不灵,只能望洋兴叹,不敢多收。

我是穷学生出身,又在解放区多年,进城后携家带口,除谋划一家衣食,不暇他顾。但幼年养成的爱书积习,又滋长起来。最初,只是在荒摊野市,买一两本旧书,放在自己的书桌上。后来有了一些稿费,才敢于购置一些成套的书,这已经是一九五四年以后的事了。

最初,我从天祥书肆,买了一部涵芬楼影印本的《史记》,是据武英殿本。本子较小,字体也不太清晰。涵芬楼影印的这部二十四史,后来我见过全套,是用小木箱分代函装,然后砌成一面小影壁,上面还有瓦檐的装饰。但纸张较劣,本子较小是它的缺点,因此,并不为藏书家所珍爱。很长一段时间,人们喜爱同文书局石印的二十四史,它也是根据武英殿本,但纸张洁白而厚,字大行稀,看起来醒目,也是用各式小木箱分装,然后堆叠起来,自成一面墙,很是大方。我只买了一部《梁书》而已。

有一次,天祥一位人瘦小而本亦薄的商人,买了一套中华书局印的前四史,很洁整,当时我还是胸无大志,以为买了前四史读读,也就可以了,用十元钱买了下来。因为开了这个头,以后就陆续买了不少中华书局的二十四史零种。其实中华书局的四部备要本二十四史,并不佳。即以前四史而言,名为仿宋,字也够大,但以字体扁而行紧密,看起来,还是不很清楚。以下各史,行格虽稀,但所用纸张,无论黑白,都是洋纸,吸墨不良,多有油渍。中华书局的二十四史,也是据武英殿本重排,校刊只能说还可以,总之,并不引人喜爱。清末,有几处官书局,分印二十四史,金陵书局出的包括《史记》在内的几种,很有名,我也曾在天祥见过,以本子太大,携带不便,失之交臂之间。

我的《南史》和《周书》,是光绪年间,上海图书集成印书局校印本,字体并不小,然字扁而行密,看起来字体连成一线,很费目力。清末民初,用这种字体印的书很不少,如《东华录》、《纪事本末》等。这种书,用木板夹起,文化大革命中,抄书发还,院中小儿,视为奇观,亦可纪也。

我的《陈书》是商务印书馆四部丛刊的百衲本。这种本子在版本学术上很有价值,但读起来并不方便。我的《新五代史》,是刘氏玉海堂的覆宋本,共十二册,印制颇精。

国家标点的二十四史,可谓善本,读起来也方便。因为有了以上那些近似古董的书，后来只买了《魏书》、《辽史》。发见这种新书，厚重得很，反不及线装书，便利老年人阅读。

这样东拼西凑，我的二十四史，也可以说是百衲本了。

一九八〇年十二月

我的书目书

要购买一些古籍旧书,书目是不可缺少的,虽不能说是指路明灯,总可以增加一点学识,助长一些兴趣。但真正实用的书目,也并不很多。解放初期,我是按照鲁迅先生开给许世瑛的书目,先买了一部木版四库全书简明目录,是在天津鬼市上以廉价买的,两函,共十二册。后来又买了四库全书总目,是商务印书馆的万有文库本,共四十册,在文化大革命中散失了。在动乱中,我丢失了不少书目书,其中包括印得非常豪华的西谛书目,以及四库简明目录标注这种很切实用的书。我一直很奇怪,为什么有人喜欢这种近于无用之物呢?过了好久,才领悟出来:原来这些书目,是和《辞源》、各种大词典一类工具书放在一起,抄家时捆在一起运出去了。到了什么地方,一定是有人想要那些《辞源》、词典,就把捆拆散了。因此那些书目,就堆落在地下，无人收拾，手扔脚踢，就不见了。书籍发还时，我开列了一张遗失书籍单，共近百册，还都是古旧书，颇引起一些人的惊异，问道：你平日记忆力那样坏，为什么对于这些破书，记得如此清楚？执事者倒也客气，回答说：你丢的那些书，我们的书堆里都有，就是上面没有你的图章。我平日买书很多，很少在上面打图章，也很少写上名字，当时好像就有一个想法，书籍这种东西，过眼云烟，以后不知落于谁人之手，何必费这些事呢？后来给我找来一本偶尔印有图章的《贩书偶记》，我一看已经弄得很脏，当场送给了别人，也就不想再去查寻这些书目了。

闲话少说，且说我那一部四库总目，是万有文库本，我还配购了查禁、抽毁、销毁书目。这种万有文库，无论从版式、印刷、纸张、装订上讲，都是既实用，又方便，很好的古籍读本。书籍印刷，正如一切文化现象，并不都是后来居上的，它也是迂回曲折的。至少在目前，就没有这样一种本子：道林纸印，线密装，封皮柔韧，字号行间，都很醒目，我现在用来补救的，是又买了一本中华书局影印的大本。姑无论这么一块长城砖头似的书，翻阅极为不便；又因为它是一页之上，分三栏影印，字体细密，亦非老年人轻易所能阅读。但我还是买了一本，炉存似火，聊胜于无。

总目学术价值很大，但并不是购置旧书的门径书。因为它所采用的版本，已经近于史书的艺文志，现在无从寻觅。其他一些古代公私书目，也是如此。比较实用的，则是四库简明目录标注，现在归上海古籍出版社印刷，很易得。我原有一本丢失了，又买了一本。它的好处是在各书的后面，都注明近代的版本。张之洞的《书目答问》，也有这个好处，且更简明。近年更有人辑录小说书目、杂剧书目，对于研究此道者，更为方便。

我有一部清末琉璃厂书肆编印的《书目汇刻》，正续两编，有当时出版的各种丛书的细目，很便查考。另有一部直隶津局运售各省书籍总目，是李鸿章当政时刻印的。据此，可以略知当时各省书局所印的书。还附有上海制造局所印的一些地理、数学、机械、化学方面的书籍目录，反映了当时崇尚新学的特点。并从价目上，可知当时印书用纸的名目，如官堆、料半宣、杭连、赛连、头太、毛太之类。

一九八〇年十二月

买《王国维遗书》记

一

一九八三年十月二十四日，金梅同志代购《王国维遗书》一部，共十六册，价二十六元。此书系上海古籍书店据商务印书馆原印本影印。

我在中学读书时，曾买商务排印本《宋元戏曲史》一本，系读王氏著作之始。稍后买《人间词话》，朴社所印。这些书都已于战乱中遗失。

进城后，为弥补此缺，先买《王国维戏曲论文集》一册，包括王氏戏曲研究著作八种，只缺《曲录》，中国戏剧出版社，一九五七年出版。后在北京东安市场旧书摊，见线装《王忠悫公遗书》十数册，因不知全否，且虑价昂，未敢问津而止。一九五九年，中华书局影印《观堂集林》出版，购买一部，共四册，也是根据商务所印全集本，但删去诗词杂文二卷，另加别集中考证文字二卷，以为“王氏所作关于古代史料、古器物及文字学、音韵学等重要论文，大体已包括在内”。

今查所删诗词杂文二卷篇目，不只诗词，有关王氏生平身世，思想见解，颇为重要，且与所作研究，所成学术，有密切关系，可以互相参稽；即杂文中，有很多篇，就是有关以上几方面的重要文章。我以为中华本《观堂集林》所以要删除这些文字，是在当时的极左思潮影响下，见到其中有些涉及逊清“帝室”的文字，认为是封建糟粕，不得不删。其实，研究王国维的东西，避开这些是不应该的，是不可能的。

另外，中华本的《观堂集林》，还删去了罗振玉和蒋汝藻的两篇序文，理由恐与上述同。但一部大书，缺少了序，一开卷便是光秃秃的正文，读起来是不方便的，也会减少兴味的。蒋序没有什么学术价值，罗序还是可以一读的。此外，中华本有断句，但水平不高，我能读断的，断者亦断；我不能读断的，断者亦阙如。如此，实可不断也。

此后，在我大买旧书的期间，又买到一本线装的《观堂外集》。薄薄一册，首列所译斯坦因《流沙访古记》，主要记斯氏攫取敦煌石室宝物经过。次为“丙午以前诗”。再次为“人间词”。系罗福成辑印于天津者。

因为早已购置了以上的书,这次再买遗书之前,曾有踌躇。以为所缺者,当系考古研究方面的专门著作,对自己用处不大,但窥全之念又甚切,终于买了。

二

我的藏书中,有一本罗振玉撰写的“丁戌稿”。其中有关王国维的文章共有四篇:《王忠悫公遗书序》,《海宁王忠悫公传》,《王忠悫公别传》,《祭王忠悫公文》。

《序》为罗氏所刊王氏《遗书》的序言,中记王国维佚事二则,以证明“唯公有过人之识,故其为学亦理解洞明”者。

《传》记王国维幼年聪明,“读书通敏……年未冠文名噪于乡里”,“再应乡举不中,乃致力于古诗文”,中日战役后,汪康年创办《时务报》,于上海,王国维为了生活,给他司书记。后罗振玉创东文学社,王往就读。后又由罗资助留学日本。因病归国,于南通师范学校主讲哲学、心理、伦理诸学科。成名后,在清学部总务司行走,历充图书馆编译,名词馆协修。辛亥革命,又东渡日本。在日本,初仍治东西洋学术,复从藤田博士治欧文及西洋哲学、文学、美术,尤喜韩图(王氏译音为汗德)、叔本华、尼采诸家之说。此时罗振玉认为尼采诸家学说,流弊滋多,劝他放弃所学,“反经信古”。王“闻而憬然自怼,以前所学未醇,取行箧《静安文集》百余册,咸摧烧之。”

我读到这里,有两种感想:一是罗振玉的复古思想,改变了王国维的学习进程。如果不是他这种倒退主张,王国维的学术道路,还可能向更新更进步的方向走去。应该说明,这时王国维是“携家相从”,在生活和别的方面,可能要仰仗罗振玉,所以他这样听从罗的话,并表现得这样坚决。二是,从这件事,我初步看出王国维的性格,有些病态,即所谓“狂易”,这对他后来的结束,是一脉相连的。

罗振玉接着叙述:“公居海东,既尽弃所学,乃寝馈于往岁予所赠诸家书,予又尽出大云书库藏书三十万卷,古器物铭识拓本数千通,古彝器及他古器物千余品,恣公搜讨,复与海外学者移书论学。”

后来王国维归国,给退位而仍僭居皇宫的溥仪,“供奉南书房”。“食五品俸,赐紫禁城骑马,命检昭阳殿书籍”。后来“值宫门之变,公援主辱臣死之义,欲自沉神武门御河者再,皆不果及。”

这又说明,在王国维自沉颐和园昆明湖以前,他已经有过这种表现了。然罗文述王之死因,有“今年夏南势北渐,危且益甚”语。“今年”,即一九二七年。则王之恐怖革命,促其自尽之说,亦为有因矣。

《别传》只有一个内容,就是介绍王国维的《论政学疏草》。这篇疏草表现了王国维对世界形势,中西政治文化及其效果的见解,看来非常重要。他认为“西人之说,大率过偏而失其中,执一而忘其余”。“与民休息之术,莫尚于黄老,而长治久安之道,莫备于周孔”。因而排斥新说,主张传统。但此疏是由罗振玉转述,意义恐还有些出入。

我想:这是给“皇帝”上言,王国维也得选择一些投合口味的话。又因为他的职务所在,他的立论,也必须设法维护皇家和自己的地位和利益。这些见解,不一定都是王国维当时心里的话,其中恐怕有很多矛盾,有很多他自己不能解脱的困难,这些都会加深他的痛苦,促进其死亡。

最有趣也最无味的,是最后一篇《祭王忠悫公文》。开头说:“海宁王忠悫公,既完大节,事闻,天子哀悼,群伦震动。其友罗振玉为位以哭,复至都门经纪其丧”。紧接着说,当年王国维如何“暗然无闻于当世”,罗如何“知为伟器,为谋月廪”。以后王“蔚然成硕儒”,两人一同“供奉南斋”,“十月之变”,如何“约同死”。罗振玉说:他自己“自甲子以来,盖犯三死而未死”。每次都有不死之由。这次老友故去,本应也决心死去了,又念:“公死,恩遇之隆,振古未有。予若继公死,悠悠之口,或且谓予希恩泽。”就是说,怕别人议论他,也想得到王国维死后的好处,所以又不死了。王国维得到什么好处呢?不过是流亡皇帝的“予谥忠悫,派贝子致奠,给陀罗经被,并赏银二千元治丧”而已。这真是不值一顾的“末世之荣”了。

对于罗氏,所知甚少,其于古籍文物,似亦颇有搜罗传播之劳绩。然读此文后,深感此公之无聊,扭捏作态,自忘其丑,虚伪已极,恬不知耻矣。

三

其实像罗振玉这样的人,无论如何,是不会自杀身死的。当时围绕着退位皇帝,分得一些好处的所有遗老遗少,都不会为了皇帝蒙尘而死去。但像王国维这样的书呆子却自杀了。在闹剧一般的,重温旧梦的肮脏一群中,增加了一点悲剧性质，直到现在还为一些崇拜王氏学术的人们所萦念。所念者自非仅是王氏的学术，也是他的天才横死的不幸了。

王国维的学问，在当时一辈人中，可以称得鸿博浩瀚。在阅历方面，他曾到日本留学，也能以英文译书报。对于国内外重大政治动向，也不是不关心，不了解，并非很闭塞的人。在当时，尤其是张勋复辟失败之后，就是一些粗野的军阀，无知的政客，都知道在中国再实现帝制为不可能。像王国维这样的知识分子，能以自己的生命，去殉烟消火灭的"清室"？王国维的死因很复杂，有时代环境的因素，但主要是他个人悲剧性的因素，即心理与病理的因素。

他的处境，充满矛盾。他的声名，毁誉交加。中国理学性命之说，西洋哲学唯心之论，深刻地，矛盾交织地，影响着他的人生观，使他产生了厌世思想，以死求得解脱的病态心理。

如果罗振玉所记述的都属实，那么罗振玉对王国维的识拔、资助、教诲，使他成为一个名副其实的"国学家"。但在政治上，却把他推到了一个死角，带到了一个绝境。平心而论，不能把过错，都推到罗氏的身上，王国维也有自己选择的余地,所以只能说是王氏个人的悲剧。

学识,学识。然有学者未必有识,有识者未必有学。这样的例子,是很多的。钻进一个小天地,研究一种学科,名声很大,自己就以为既有过人之学,就有过人之识,这是会害了自己的。说王国维很有学问,斯可矣,但如罗振玉所言。"唯公有过人之识,故其为学,亦理解洞明。世人徒惊公之学,而不知公之达识,固未足以知公。即重公节行,而不知公乃智仁兼尽,亦知公未尽也。"这就不是我所能相信的了。

人无学,仍可以操斧而作,荷耒而耕,阳光雨露,得其自然。有学而无识,则易矛盾百出,进退失据,心身交瘁。即如孔融与曹操论盛孝章书中所说的:"若使忧能伤人,此子不得永年矣!"王国维的悲剧,就在于他学问过深,识见太浅了。

王氏在学术成就上的特点,是深邃精密。其得力之处,从他个人来说,为旧学根柢很深,所见古代器物甚广;从他所处的时代说,则外来的一些科学知识,治学方法,也促进了他的成就;至于他在文艺评论方面的许多新的创见,除去外来影响,因为他本身是一位诗词作者,所以能谈出一些他人不能道出的新鲜道理来。

遗书洋洋大观，但为求全求大而辑入者亦不少，此乃历来编辑遗书的通病。我有兴趣也能读得懂的，不过还是早已购买的那些文艺方面的著作。过去想读而没有，存于遗书之中的是《静安文集》和《续集》。他的散文，明达而畅晓，不尚文采，而取准确翔实。这些作品，虽只占遗书的一小部分，但能读到，就算没有白买这部大著作了。

四

罗振玉在传中所记王氏之生平学历，与王氏所作“自叙”，无大出入。因知罗氏虽于文中掺杂一些自己对王的恩惠知遇，实系多年老友，知之甚深，所记材料，究比他人言者，为可信也。

王氏弃新学，专注旧学以后，认为“中国新发见之学问”有五项：(一)殷墟甲骨文字；(二)敦煌塞上及西域各地之简牍；(三)敦煌千佛洞之六朝唐人所书卷轴；(四)内阁大库之书籍档案；(五)中国境内之古外族遗文。其中除内阁大库文书，鲁迅曾著文证明并无多少希奇之物；古外族遗文，王氏知识不敷，两项并未做出多少成绩外，其他三方面,他都做出了出色的研究。过去,我曾慕名,用一百元高价,买了一部《流沙坠简》,序文、考释部分,系王氏手笔。我虽外行,也能看出王氏考证之严密,参稽之精确,叹为治学之道,无以复加,学问之通博充实,后难有继。

王氏对古代地理历史,特别是古代西北边陲的地理历史的研究,收获甚丰,为人推重,实际也受益于西洋历史科学。但他在后期,对西洋的自然科学,持菲薄态度。他说:“夫科学之所能驭者,空间也,时间也,物质也。人类与动植物之躯体也。然其结构愈复杂,则科学之律令,愈不确实。至于人心之灵,及人类所构成之社会国家,则有民族之特性,数千年之历史,与其周围之一切环境,万不能以科学之法治之。”对西方的历史科学,承认其进步,但贬低其效果。他说,“至西洋近百年中,自然科学与历史科学之进步,诚为深邃精密,然不过少数学问家,用以研究物理,考证事实,琢磨心思,消遣岁月斯可矣……亦犹富人之华服,大家之古玩,可以饰观瞻,而不足以养口体。是以欧战以后,彼土有识之士,乃转而崇拜东方之学术。”(以上引文均见《论政学疏草》)

王国维把自己用苦功研究的东西,看成是无补实际,脱离人民的东西,说明他不只对生活现实,失去信心;对他致力的学术，也失去信心了。而西人崇拜东方之论,也不过是当时守旧派的陈词滥调。“因为外国人也喜欢这个,所以我们就死抱住这个。”好像不是为了中国人而研究学术,反是为了外国人而研究学术了。

事实是,当清末民初,我国处在弱肉强食的悲惨时代,无论日本、英、美、法各国,都在一方面用军事力量侵略我们,又一方面掠夺、搜求、研究、赞美我们的“东方文化”。当时有识之士,洞察了帝国主义的阴谋,反其道而行之:吸收外国进步的,于我有用的东西,批判自己固有的,腐朽落后的东西,因而逐步摆脱了我们民族的困难处境。帝国主义的学者们,乃与当时的清朝遗老们一唱一和,这也是有其历史的必然性的。

五

王有一篇《文学小言》,凡十七条,说明其文学见解。他以为:文学起源于剩余精力,与儿童之游戏同。因此,文学无功利,文学无名利。景与情为文学二元素,文学作品为主客观之交代。他认为天才难产，天才多痛苦。“天才者，天之所靳，人之不幸也”。天才又须人格高尚，“济之以学问，帅之以德性”，才能产生真正的大文学家。文学家必须“感自己之感，言自己之言”，“感情真者，观物亦真”。

这些主张，有些来源于西洋唯心主义的文艺理论，有些是归纳出来的文学规律，有些则带有主观片面性。例如第十七条，王氏反对“以文学为职业”。以为“职业的文学家，以文学得生活；而专门之文学家，为文学而生活”。认为“以文学为职业，餔啜的文学也”。这真是本末倒置，闭着眼睛说话了。不先得生活，何以有文学？只是“为文学而生活”，生活得下去吗？人不餔啜，何以生存？莫非王氏主张文学只能是业余的吗？然其他职业，也都是为了餔啜。王氏写这篇文章时，职业作家尚少，不然会群起而攻之了。

王氏这些主张，亦运用在他的《人间词话》一书中，因脍炙人口，不论。他这些观点，来源于他当时正在热中的叔本华、尼采等人的唯心哲学。以为哲学、文学，都可以脱离社会、政治，而独立存在。是“不能以利禄劝”的，甚至可以与社会兴味“相刺谬”。这些主张，与王国维所处的现实生活，发生很大矛盾，造成他的很大痛苦。愈感到痛苦，他愈信奉这种学说，把叔本华等视若神明。王氏在很多文字中，谈到人生必然带来的种种痛苦，主张文学是解脱痛苦的一种方法，因而把文学的作用，降低到“消遣”两个字上。

这些见解，在当时的中国，不失为新鲜之物。加上王氏的文学知识，创作体会，相互生发，又运用到文艺评论上，他这些观点，很为人们乐于称道。

“五四”新文化运动以后，知识界渐渐对这些理论淡漠了。国内外现实主义的文学创作的大量涌现，辩证唯物主义的哲学思想的冲激，人们对他这种理论，就疑信参半了。

历来的唯心主义文学家，都强调文学家的主观的、意志的力量，都梦想把文学超驾于国家、社会、政治、法律之上，成为凌空天上的东西。结果只能造成文学和作家本身的悲剧。道理是很简单的：作家既不能脱离社会而存在，作品也只能在社会中生存。作家厌恶世俗，而作品必须从世俗中产生。世界上可能有人间天上的作品，但不会有人间天上的作家。

王国维理论上的这些主张，在他本身的创作实践中，就不能兑现。他当时的社会处境，使他不得不歌挽“太后”，不得不颂扬“相国”，不得不代别人捉刀，不得不为衣食屈膝。社会、政治，都要在他的作品中得到反映，打下历史的印记。

六

王国维在青年时期,接触了西洋哲学、文艺这一新天地,他表现了极大的学习热情。他研究哲学、美学、伦理学、遗传学。他发表对大学教育课程的意见,强调哲学、美学的重要。他一度醉心西洋的戏剧和史诗,认为中国不能与之伦比。并想有所尝试。这些文章,都有文采锋芒,充满热情和希冀。但因为生活道路的曲折变化,他后来竟把这些文章看成“不醇”,付之一炬。现在的《静安文集》及其续集,乃是其门人后来收集起来的。这使我们想起鲁迅记述章太炎对待早年作品的态度。这种心理,后人是很难理解的。清末民初,一些知识分子,最初对西洋文化,如饥如渴,如醉如狂,但过了不久,原来解放了思想的人,又退回到家门以内去了。又去抱残守缺,研究“国学”。有的虽成绩很大,但他们的名字,渐渐为青年人所遗忘。他们青年时期的奋发自强,热烈的追求和探索,也被他们自己抹杀了。写到这里,不禁叹息!历史前进的途径,有曲折反复,因而使人之思想行为,有曲折反复乎？抑或人的思想行为的反复，乃使历史的前行，迂回缓慢乎？驽钝如余，不得而知矣！

一九八三年十二月十七日下午四时改讫

买《魏书》、《北齐书》记

一

一九八〇年五月七日，沈金梅同志，从北京代购中华书局标点本《魏书》一部，计八册；《北齐书》一部，计二册。我的二十四史为“百衲本”，但非商务印书馆影印的百衲本，而是晚清以来，各书局各种版本的杂烩。善本甚少，阅读、贮存均不便。所缺数种，拟以标点本充之。今见此书，卷帙亦甚繁重，且有污损。今日修整，甚感劳顿。年已老，日后仍以少买书为佳也。

国家组织人力，整理标点二十四史及《资治通鉴》等书，传播文化，嘉惠后学，可以说是一种千古盛事。经过整理的二十四史，从方便阅读方面说，比以前各书局所出的石印本、铅印本要好得多。

但每部书前面的出版说明，却写得很是八股，盛气凌人。单纯以阶级斗争为纲，评价一部古书，不只有诬古人，也违反历史唯物、辩证唯物之义。标点本《魏书》，出版于一九七四年，出版说明，加入了批判“兴灭国，继绝世，举逸民”的内容。引用“语录”，也未免牵强附会。既然重印，批判一通之后，又不得不承认其多种价值，立论也就自相矛盾。当然，这种写法，自有其时代历史背景，作者的“局限性”，也可能为后世读者所谅解吧。

二

《魏书》号称“秽史”，初不知其秽在何处。是内容芜杂呢？还是所记多猥亵之事？读了一些篇章，发现《魏书》文字典雅，记事明断，虽不能说是史书中的上乘，但也很够一代文献资格，实在谈不上一个秽字。

《魏书》为魏收所总纂，他的传记，载在《北齐书》。

魏收，字伯起，巨鹿人。他生于宦家，十五岁学习作文。读书很用功，“夏月，坐板床，随树荫讽诵，积年，板床为之锐减”。他文思敏捷，“下笔便就，不立稿草”。但为人轻佻，绰号“惊蛱蝶”。奉使梁朝，竟然买吴婢入馆，遍行奸秽。因此，人称其才，而卑其行。

修魏史时，所引史官，都是依附他的人。有的并非史才，有的“全不堪编辑”。参加修史的人，自行方便，“祖宗姻戚，多被书录，饰以美言”。魏收是总编辑，并吹出大话：“何物小子，敢共魏收作色？举之则使上天，按之当使入地。”这就太不像话了。

当时言论，都说魏收著史不公平，皇帝“诏收于尚书省与诸家子孙共加论讨”。这场辩论，皇帝亲临，空气非常紧张。虽然表面上，魏收占了上风，告状的人，被定为“谤史”，“鞭配甲坊，或因以致死”。魏收也受到皇帝的责难，战栗不止。《魏书》也奉命“且勿施行，令群官博议”。于是“众口喧然，号为‘秽史’。”

后来，魏收又奉诏，对史书更加研审，颇有改正。但“既缘史笔，多憾于人，齐亡之岁，收冢被发，弃其骨于外”，这种结果，在历代史官中，恐怕是最不幸的了。

三

其实，魏收虽然监修《魏书》，大的关节，他是做不了主张,要看皇帝的意图的。但在一些不显著,不甚重要的地方,他还是可以施展才华,上下其手,或加美言,或加恶语的。这些地方,皇帝不一定留意去看,但所记的那些人,或那些人的子孙,是一定要看的,特别关心的。另外,给谁立传,或是不给谁立传;给谁立正传,或是给谁立附传;谁的文字长,谁的文字短,这都是是非所在,恩怨所系,编撰者和监修者,应当慎重从事,公平对待的。而像魏收这样的人,却是意气用事,很难趋于公平的。虽然史书要求秉笔直书,但因政治的要求,史官的爱恶,即使是良史,恐也难于达到真正的直。求其大体存实而已。特别是像《魏书》这部著作,修书与时代相近,魏、齐两朝相连,一些当事人的后代,都在朝中做官,就更注意其中的褒贬,因为这不只是祖先的名誉问题,也是现实的政治问题了。

魏收自视甚高,性又褊急,他的著述生涯,他的官运,也不是那么顺利的。他受过棰楚,皇帝在宴会时,还让大臣们,当面开他的玩笑,揭他的短处。有时皇帝高兴了,也当面夸奖他几句。说他有文才,说他比那些武将还有用处。甚至说:“我后世身名在卿手,勿谓我不知。”我们知道,魏、齐的那些皇帝,都是什么人物。在这种环境下,魏收能把这部著作,终于完成,也可以说是够坚韧的了。他所处的境地，皇帝给他的待遇，也不外是司马迁所叹息的“倡优畜之”而已。

这部《魏书》，虽被有恶名，然终不能废，也没有别人的著作，能把它代替。列于诸史之林，堂而皇之，不稍逊色。这是因为事过境迁，朝代更替，利害的关系，感情的作用，越来越淡漠了。谁好谁坏，都已经成为历史，甚至古代史，与读者任何人，都没有关联了。时间越久，史事无证，越没有别的书能代替它，它就越被读者重视，因为它究竟还是当时的人撰述的最可靠的材料。古书的神秘神圣之处，也就在这里。

四

魏收是很有文才的，他当时所作文、檄、诏、诰，为皇家起过很大的作用。齐文襄曾称赞他：“在朝今有魏收，便是国之光彩，雅俗文墨，通达纵横。我亦使子才、子升时有所作，至于词气，并不及之。”

温子升、邢邵，是魏收同时代的文士。他们各有朋党，互相拆台：

> 收每议陋邢邵文。邵又云："江南任昉，文体本疏，魏收非直模拟，亦大偷窃。"魏收乃曰："伊常于沈约集中作贼，何意道我偷任昉。"任、沈俱有重名，邢、魏各有所好。武平中，黄门郎颜之推以二公意问仆射祖珽，珽答曰："见邢、魏之臧否，即是任、沈之优劣。"收以温子升全不作赋，邢虽有一两首，又非所长，常云："会须作赋，始成大才士。唯以表章碑志自许，此外更同儿戏。"

祖珽话的意思是：看一个作家的高下，先要看他的师承。魏收的话，如果拿今天的情况来解释，就是：只能写些短小文章的人，算不得大作家，必须有几部长篇，才能压众。文人相轻，自古而然。如果生于同时，在一处工作，则相轻尤甚。因为这涉及到是否被天子重用，官品职位。想起来，这也很可悲，心理状态，几同于婢妾之流。

《北齐书》魏收传中，只保存了他的一篇赋，题为《枕中篇》。这篇文章，以管子的话"任之重者莫如身，途之畏者莫如口，期之远者莫如年。以重任行畏途，至远期，惟君子为能及矣"作为引子，说明"知几虑微，斯亡则稀。既察且慎,福禄攸归”的道理。文章虽然有些啰唆,但文词很漂亮。证明他的文才,是名不虚传的。但这篇赋,不常见于文学选本,可能是因为作者的名声不大好的缘故。传中说他硕学大才,但不能达命体道,“见当途贵游,每以颜色相悦”。这与他这篇文字所表达的思想,是很矛盾的。但又说他:“然提奖后辈,以名行为先,浮华轻险之徒,虽有才能,弗重也。”这就证明魏收这个人,性格言行,都是很复杂,很不一致的了。

五

文人处世,有个人的特征,有时代的样式。历代生活环境不同,政治情况各异,他们的作品,他们的作风,他们对生活的态度,他们理想的发生,都不会一样,都有时代的烙印。先秦两汉,盛唐北宋,号称太平盛世,文士众多,文章丰富。而南北朝、五代、南宋、明末之时,文人的生活处境及政治处境,就特别困扰艰辛。反映在他们处世态度和作品之中的,就很难为太平盛世的人民所理解。南北朝时期,是个动乱的时期,北朝文人很少,他们的生活,尤其动荡不安，流传下来的作品不多，但都深刻地反映了这种动乱。

我们今天谈论魏收，也不过就一篇简短的传记，零散的材料，勉作知人论世的试探，究竟有多少科学性，就很难说了。检藏书，李慈铭《越缦堂日记》，王鸣盛《十七史商榷》，赵翼《二十二史考异》，对魏收的《魏书》，均有评述。李氏认为像北齐的帝王，还知道重视文人的工作，重视历史的修撰，足见文章为经国之大业，即武夫出身者，亦不能漠然视之。这种感慨，是李氏的夫子自道，宦情的急迫表现。王氏所述，议论平和，他以为《魏书》之所以受人攻难，是因为后来几次有人想重修这部史书，既然想重修，就要宣扬原作的种种缺失。他并且说，魏收的著作，列之正史，并无愧色，可谓先得我心矣。赵氏在列举《魏史》的不公之处以后，又列举该书中的惊人直笔，这足见抹杀这部著作，把它笼统地称为“秽史”，是不应该的了。这部书，受这样不公正的待遇，不是著作本身的原因，而是当时及稍后的政治的原因。

魏收在《枕中篇》中说：

闻诸君子，雅道之士，游遨经术，厌饫文史。笔有奇峰，谈有胜理。孝悌之至，神明通矣。审道而行，量路而止。自我及物，先人后己。情无系于荣悴，心靡滞于愠喜。不养望于丘壑，不待价于城市。言行相顾，慎终犹始。

这些文字，可以说是闻道之言矣。然而魏收终于没有做到，或者说，他没有能完全做到。他的言行是不一的，他的希求是没有止境的。他的一些行为，是有违先哲的教导的。但究其原因，并非像标点本的前言，说得那样简单。有些事，是他应该做到的，这要由他负责任。有些事是当时政治不允许的，他不能去做；有些事是环境影响他，他顺应地去做了。然收究非完人，在文士中，也非敦立名节的人物，受到的一些责罚坎坷，可以说咎由自取。因此摘记其言行之显著者，使知其是非矛盾之处，以为借鉴焉。

一九八四年一月二十二日

买《饮冰室文集》记

一

我在保定求学时,最初见到的《饮冰室文集》,是精装两厚册,摆在书架上,就像两部大词典。我从来没有想购置这一部书,也没有想去读它。那时梁启超已经是过时的人物。历史上有些人物,不管他当时多么名声赫赫,叱咤风云,他的著作,能使洛阳纸贵,家喻户晓,字字句句,被人称作至理明言。一旦被认为过时,就会很轻易地被人遗忘,他的著作,也就会很随便地弃置在风尘之中。

梁启超在清末民初之际, 可以称得起举足轻重的政治人物。戊戌政变,康梁并称,袁氏帝制,为了不让他发表一篇《异哉所谓国体问题者》,馈送他十万元巨款,另附其他贵重礼物,他没有收。他的文章,也可以说是一字千金的了。但不到三十年，我上中学时，就只在课堂读过他一篇《小说与群治之关系》。此外，对于这位一代文豪，就非常漠然了。

那时，已是“五四”运动之后，思想界，已经有了新的潮流，新的代表人物，来吸引青年一代。

二

一九六五年春季，我终于购买了这部文集。这并不是我急于要读它，是我那时有些闲钱，想当藏书家。清人的文集，已购置多种，在章太炎之后，我就想到了梁启超。但买来的《饮冰室文集》，是中华书局的仿宋线装本，八十册，共十函。这样大部头的文集，在梁氏以前，没有见过。惮其浩瀚，一直没有动。经历浩劫，幸未损失，现在才有时间和心情，把它从头到尾翻阅了一遍。说是翻阅，就是未经细读，摘要看看的意思。

此本，民国十五年九月印行，标为“乙丑重编”。梁氏五十三岁以前文字，除专著外，都包括在内。

卷首有梁启超原序一篇，大意说：

有人想编他的文集，他说不好不好。他写文章，没有藏之名山，传之后世的意思。他写文章，是“应于时势，发其胸中所欲言”。可是，时势变化很快，“转瞬之间，悉为刍狗”。所以他写文章，只能披之报章，供一时的参考，起一时的作用，过后就拿它盖酱瓶好了。他说：“吾数年来之思想，已不知变化流转几许次。每数月前之文，阅数月后读之，已自觉期期以为不可，况乃丙申丁酉间之作，至今偶一检视，辄欲作呕，否亦汗流浃背矣。”但当编辑告他：“虽然，先生之文，公于世者，抑已大半矣。纵自以为不可，而此物之存在人间者，亦既不可得削，不可得洒，而其言亦皆适于彼时势之言也。”他也就答应了。

三

关于编辑文集，人们想法不一样，主张也不一样。梁启超的态度，我以为是诚恳的，实事求是的，合乎事理人情的。当然，文章选择，越严格越好，不只编者应该如此，作者本人更应该如此。胡子眉毛一把抓，不分糠秕粒实，一齐编进去，究竟不是好办法。即使现在印刷条件方便，贪多求大,对读者,对作者,都是不负责任的做法。古人的文集,流传至今,为什么都那样小,那样单薄?除去当时抄写印刻都不容易,主要是编选上的严肃认真。古人编订文集,都是先请信得过的师友,代为裁定。就是这样,经过历史长河的淘汰,还要有不少作品“散佚”,就是说,不大为后人欢迎,慢慢失传了。如果当时就拆烂污,其后果就更不堪设想。

以上是就严肃认真一方面说,但还有实事求是一方面。无论谁写的文章,都不会认为一定就是传世之作。另外,文章的作用,如不能于当时当地有利,更何望于千百年后有用?所以古往今来,应时之作,总是有的,而且数量是很大的。如果作者都悔其少作,一概摒而不录,不只抹杀了文章的当时功能,后世读者,又从何处考见当时的社会风貌、当时的文坛风貌?目前有些作者,为保持一贯正确之虚荣,清理前此所作之诨词,弄了半辈子文墨,只剩下薄薄一本书,这是不必要的,也是得不偿失的。所以说,梁启超后面表示的态度是好的,是合乎道理的。

人非圣贤,哪能一贯正确?写文章,也常有一时一地的情况,为公为私的目的,个人的私心杂念等等。如果出之坦率真诚,所有这些,并不一定影响文章的传世。相反,文章最怕虚伪掩饰，这种用心，才真正是文章传世的大敌大患。梁启超的文章，对于当时当地，是充满热情的，是全力以赴的。他的文章，行文流利，善于辩论，吸收外来的东西，迅速而虚怀，为国家国民设想，有由衷的热忱。虽都是过时的文字，有心人今天读之，还是会有所体会，并有所收益的。

四

全书共分五集：第一集戊戌以前作；第二集旅居日本时作；第三集归国后至欧战前作；第四集欧战和议以后迄民国十三年冬作；第五曰附集。

其中二集分量最大，文章最多，盖旅居国外，精力得集中使用。

梁氏著作宏富，除文集所收，尚有单行专著，如清代学术概论、墨子学案、中国历史研究法等，及未完成稿，共十八种。

他的研究方面，很是广泛，要之都是当时国家所需，国民所需，他认为亟需做的学问。其中包括：中国古代哲学、政治思想研究;外国哲学、经济、法制思想介绍;中国历史重要人物的传记;西洋思想家、政治家、爱国志士的传记;中国佛教的研究;各国政体国情的介绍;弱小民族亡国的惨史等等。

他主张开放,通商互利,提倡大量翻译外国书籍。他先后向国人介绍了斯宾那莎、卢梭、达尔文、孟德斯鸠、边沁、亚里士多德、康德等人的身世、学术和思想。

当时有些守旧派,害怕外国文化思潮,会冲垮了中国的固有文化。梁启超说,这是不用担心的,如果我们固有的东西,基础深厚,介绍进来的西洋文化,只会增加它的活气,激扬它的发展,绝不会动摇它。他热情地赞扬了严复的翻译工作,认为他国学基础深,所以外文也翻得好,并劝告所有的留学生向他学习。

五

他写的文章,发表在他主编的报纸上,都带有"政论"性质。他的犀利的文笔和善于辩难的文风,长期影响了以后中国报纸的社论和政论。但后人写的政论,说理明辩者有之，能像他那样富于感情的，就很少见了。他对国家民族充满了热情和希望，与当时一些悲观论者，吓倒在列强的坚兵利器之下相反，他认为中华民族有光荣的历史，是不断进化的，中国不是老大，而是少年。他为“少年中国学会”作序，用形象的笔法，把老年和少年作了对比的描述，真是神来之笔，使人读起来拍案叫绝。他参加讨论了人生观、生死观，他都是抱乐观、积极、科学的态度。他是一位伟大的热烈的启蒙者，主张教育是政治维新之本，他也屡次指出由于种种原因，造成的国民弱点，想尽一切办法措施，使之提高向上。

他的文章的最大特点，是感情丰富，不论长短文字，不管什么体裁，他一下笔就满带感情。他写作起来废寝忘食，能一连工作三十六小时。他在叙述弱小民族亡国惨状时，如同切肤身受，一往情深。使异域之人，百年之后读之，还声泪俱下。这种有感情的文章，是不会过时的。

然而，他并不是一个文学家，只能说是一个文章家、政论家或政治活动家。他认为只会吟风弄月的诗人，没有什么实际效用，讽之为“鹦鹉学士”，自身弃之不为。他提倡颜李学派，主张学以致用，重视行动和任事精神。

六

这一天才,也只是时代的产物,命定要随时代而消亡。他的中心政治思想是君主立宪,民权革命。当这一思想在广大人民头脑中沸腾之时,他能乘其兴会,翱翔天际,为人景仰。然而政治潮流,是不断前进的,辛亥革命,他已经有些落漠,当社会主义兴起,冲激中国思想界的时候,他的文章就黯然失色,再也没有过去的活力。对于政治思想上的一些辩论,他显得只有招架之功,没有还手之力。理屈词穷,悄然息影。

时势推移,年月无情。展读其书而念其人,于我心虽不无戚戚,然忆及海禁初开,国家危亡之际,仁人志士,爱国心切,忘我无私,声嘶力竭,又不胜其感激追慕之情也。

一九八四年五月十九日下午写讫

买《崔东壁遗书》记

一

崔述，号东壁，河北大名人，晚清以来，人称“大名崔氏”者也。

遗书共两函，二十册，古书流通处影印本，文化大革命以前购，未遗失。

遗书的内容，主要是《考信录》。崔氏为人所重，也是因为这方面的著作。目录为：

《考信录提要》。包括释例和总目。

《补上古考信录》。考证开辟之初，三皇五帝之史实。

《唐虞考信录》。考证尧舜之事。

《夏考信录》。考证禹及其后人之事。

《商考信录》。考证成汤前后事。

《丰镐考信录》。考证周事。

《洙泗考信录》。考证孔子及其弟子事。

《孟子事实》。考证孟子事。

其学说宗旨为:“居今日,而欲考唐虞三代之事,是非必折衷于孔孟,而真伪必取信于诗书。然后圣人之真可见,而圣人之道可明也。”他以为圣人之道,从尧舜孔孟这条线传下来。唐朝的韩愈,宋朝的朱子,也都是卫道之士。他认为战国以后,有很多伪书,如古文《尚书》,《竹书纪年》,《孔子家语》等。经书传注里面,窜入了不少杨墨老庄的论点,甚至还有纵横家、小说家以及谶纬家的论点。所以他说:“古之异端在儒之外,后世之异端则在儒之内。在外者距之排之而已,在内者非疏而剔之不可。”他治学的方法是:“不以传注杂于经,不以诸子百家杂于经传。”他鄙薄孔颖达等人对古籍的注疏。

二

崔述生于乾隆五年,卒于嘉庆二十一年,寿七十七。他的书,陆续由他的门人陈履和刊印,至道光六年全书才告成。

这部书在出版的当时，好像并没有引起多少人的注意。到清朝末年，梁启超推崇了他，说他“善于怀疑”。这是和时代的学风有关的。最近看到上海古籍书店重印此书的广告，前面附有顾颉刚的文章，我还没得看到。崔述的学说，一定是会受到“古史辨”这一学派的热烈欢迎的。

我经书底子差，很多原文还读不懂，对于崔氏的著述，自然不敢置一词。对于他的考信录，也就没有多大兴趣。但在浏览过程中，也想到一些求学、著述、环境、友朋的问题。现在粗略记述一下，也是贤者识其大者，不贤识其小者的意思。

三

崔述不生在通都大邑。家庭也不是什么名门贵胄，他生活在大名这个偏僻的地方，家庭也还算是书香门第。他的父母对他督教很严，他读书很早，心也很细，用功很勤。不管怎样说，他当时读书，还是为了科第。但中了举人以后，就屡试不售。后来选在福建罗源县，当了几年县官。官不好做,不愿意干了,在北京捐了一个主事的空衔,回到家乡,专心著书。古人说:“学而优则仕”,在旧社会,没有一个读书人,当初不是想做官的。做官名声多好听:“为圣天子牧养百姓”!又有实利可图。在旧社会,也没有一个人,在读书之前,就抱定志向,著书立说。一般的规律是:读了书做不成官,又因为读了书,别的营生干不了,不得已才去著书。也有的是,虽然做了官,但是不得意;或者是得过意,后来又失意,才去著书。这种规律,司马迁已经慨乎言之了,他本身就是很好的例证。

在官场失意以后,万念俱寂,反倒可以专心致志地从事写作。崔述当然也不例外。

著书立说,需要一些条件,首先是本身的条件,需要有才、学、识。只读过五经四书,只经过科场考试,只会写八股文章,当然还谈不上著述。读书比较广泛,自己没有特殊的见解,也难于著书。有了些见解,不愿下苦功,不愿做笔记,不愿深思熟虑,也难于著书。还要有些才,文笔能表达自己的所获。

幸亏崔述都具备了这些条件。但著书立说也很麻烦。虽然有人把著书,比作一本万利的买卖,但那是成名以后,才能发生的事。著书立说,非比卖豆菜,只买些绿豆,准备一只瓦罐,三天以后,就可生利。有那么一段时间,当我感到家庭生活极端困难时,我就曾经想过,卖掉我的钢笔,叫老伴去卖豆菜。当时我那支钢笔,确实还不如卖豆菜,能养家口。后因时来运转,我才没有这样去干。

这是说明,著书立说,实在不是容易的事。崔述在辞官不做时,还要花钱捐一个主事。这钱不是白花的,这是一种投资。有举人衔,当过几年县官,又是现任的某部主事,他的社会地位就提高很多,社会地位提高,就带来很多好处:交游文士,谒见权贵,吓唬无知。

还有,著书立说,第一要买纸笔,派头大些的,还要雇人抄写。抄写出来了,真想藏之名山的并不多,多的是急于发表,和读者见面。那时又没有这么多的报刊杂志,只有刻印。刻印这件事,可不简单,成本很大,旷日持久,弄不好就赔本,那时又没有公家津贴。

一般的人,刻不起书,崔述也是这样。他带着稿子到了北京,在旅舍遇到了一位从江西来的举人叫陈履和,一看他的文稿,立即拜他为师,并承担为他刊刻书稿的任务。先在南昌刻了一部分,后又在山西太谷刻了一部分,及至作者亡故,陈履和受全书于棺前,在浙江东阳汇刻出齐。这就是陈履和在序中说的:“以尽吾二十五年事师之职,以慰吾师四十余年著书之心,余愿足矣。”

这是难得的师生之谊，令人羡慕。但这种文字情谊,就是在旧社会,也是不多见的。时至今日,且不去谈论它吧。因为“师道”固然不行,“生道”也很难说了。

遗书刻成,还要请名人作序,这件事也落到了陈履和的身上。他请了一位赐进士及第、光禄大夫、经筵讲官、实录馆总裁、武英殿总裁、上书房行走、礼部尚书、兼署户部尚书、教习庶吉士、加六级随带加二级、纪录四次、山阳王廷珍作序。这在当时,确是难能可贵的了。因为所列的官衔,比欧阳修在《陇冈阡表》一文后面所列的,还要长一些,煊赫一些。

然而,即使有名人作序,书也不一定就能流传。崔述在生前,就感觉到这一点了。他有一篇《书考信录后》,大意说:他中了秀才举人,“同郡人争誉之”,“数百里之内,人莫不交口艳称之。”“而会试数不第，自是称之者渐少。”“四十以后为考信录,自二三君子外,非维不复称之,抑且莫肯观之。”“当余生前已如是,况于身后,又安望其美斯爱而爱斯传?然则余之为此,不亦徒劳矣乎!”

可见,同郡人羡慕的是做官,是荣华富贵,至于什么学术,什么著作,并不重视。现在有了稿费,著作直接与经济联系起来,那就是另外一回事了。

依我看,他这部著作,如果不是遇到清朝末年,学术思想大变,读书人从八股取士中解放出来,它究竟沉埋到哪年哪月,就很难说了。

四

崔述是儒家正统派,他把“道”和圣人联系起来,把“道统”看成一条线。把“真理”绝对化,纯净化,像在真空管里生成。我对这一点,是有些怀疑的。真理只能是相对的,是不断发展的,在发展过程中,它要吸收别的东西,或者说,是和别的东西互相渗透。就像河流一样,随其所至,它要滋润一些东西,也必然为别的东西所渗入。“道”是这样发展的,文化也是这样发展的。不会有一成不变的道,也不会有一成不变的文化。

崔述是从历史的角度,这样主张的。但历史的发展,也是很复杂的,综合万物,变幻万端的。圣人是圣之时者,他的道,在往下传的时候,必然要受不同时代思想的影响和充实,引起本身的变化。我们的古老文化,我们的古代历史，如果只有儒家，没有杨墨，没有老庄，没有纵横家，小说家，没有神话传说，那将是多么单调啊！

书前他那篇《自叙》写得很好，我也读得懂，有兴趣。这篇文字，有真情，有实况，有很好的见解。他在讲述他对一些古书、一些人物的看法时，他常常引用当前的事例作证，有时是故事，有时是笑话，有时是谚语。使得这样深奥的学术文章，充满生机和活气。

遗书中有他的一本文集，是他的杂文。他的杂文写得并不很精彩，大概是幼年写"时文"写惯了，带有八股文的死板气息。就像现在有些人，前些年写大字报、大批判稿、应景诗文写惯了，现在想认真搞些创作，总是转不过来，带有新八股的虚假味道一样。

他是历史考证家，不是作家。

一九八四年六月一日写讫

读《伊川先生年谱》

我读书不求甚解，又好想当然，以己意度古人文词，所以常常弄错。查词书的习惯也差。初中时，老师叫买《词源》，我花了七块白洋买了一部丙种的，使用得不多，保存得很好。可惜在抗日战争期间，被汉奸抢走了。进城后又买了一部旧的，文化大革命期间，又被造反派偷去了。

比如"程门立雪"这个典故，本来一查就可明了的，可是我一直没去查考。因此，这个词儿，长期在我的脑子里形成的印象是：有两个弟子，去拜访程颐，程的架子很大，正在闭门高卧，两个弟子站在门外，天下着大雪，他们直直地立在那里不动。

晚年读了《朱子文集》里的《伊川先生年谱》，才知道并不是这么回事。原文为：

游定夫、杨中立来见伊川"一日先生坐而瞑目，二子侍立不敢去。久之，先生乃顾曰：'二子犹在此乎？日暮矣，姑就舍'。二子者退，则门外雪深尺馀矣。其严厉如此。

这说明，两个弟子是侍立在屋里，而不是站立在大门以外。是老师叫他们去睡觉的时候，出门来才看见下了大雪。

这里记述一下大雪，不过是为了增加描写的气氛。中国有许多散文，在结尾时，常常好用这个手法。这里，也反衬两个弟子侍立时间之长。

雪下到一尺深了，恐怕要有两三个小时才行。不过站在屋里，总比站在门外暖和多了，不然老师也不会老是闭着眼坐在那里。

这个典故是表明古人的尊师重道的。然而，老师不说话，闭着眼睛，也许是在想自己的心事，也许是对两个弟子无话可说，也许是今天心情不好。也不能因为这一件事，就给他下个"严厉如此"。因为另有记载："晚年接学者，乃更平易，盖其学已到至处。"

不过程颐这个人，确是有些言语和行动，不近人情。例如他给皇帝讲书，过去都是站着讲，他独独要求坐着讲,以明尊师重道。朝廷的体制,是那么随便改得的?又如课间休息时,年幼的皇帝攀折了一条柳枝,他就说道:“方春发生,不可无故摧折!”像训斥乡间小孩一样,弄的皇帝“不悦”。连举荐他来的司马光,“闻之亦不悦”。和他同朝做官的苏轼苏辙兄弟,对他也很不满意。苏轼在上给皇帝的奏折中就曾说:“臣素疾程某之奸,未尝假以词色。”

按说苏氏兄弟也属于司马光这一派,但他们是会做官的,是办实事的,是讲究通达的。对程颐这种过于矫饰的空言泛论,时常加以无情的讽刺,直至结下仇怨。当然,也有人说,其中掺杂着一些争名夺利的成分。

当时宰臣们荐举程颐的奏章,措词很高。其中谓:

> 言必忠信,动遵礼仪;矜式士类,裨益风化。材资劲正,有中正不倚之风;识虑明彻,至知几其神之妙。

但这些溢美之词,并不保证程颐有实际的工作经验和能力。到了京城,朝廷只给他一些管文化教育的闲散官儿做,除去叫他“说书”外,还叫他“兼判登闻鼓院”,就是叫他去管上访。他说:“入谈道德,出领诉讼”,不愿意干。其实这倒是一件实际工作。

苏辙背后对太后说这个人“不靖”，就是说他不安分。但他为什么竟能享那么高的盛誉，而屡次为名公巨卿们所推荐呢？道理是：对宰臣们来说，他们能给天子找到这样一个刚正纯粹的大儒，以为是尽了自己的职责，为太平盛世添加了光彩。对程颐本人来说，既然自己是因为刚正纯粹，被朝野看重，就无妨再加大这方面的资本，弄得更突出些。

这也是一种进身之道。不过也埋伏下了危机。当时朝廷的政局，像棋局一样，斗争激烈。等到荐引他的一派人失势，他也就跟着倒霉。或者他的一些奇特的令人非议的行径，给反对派提供了口实，把账算在举荐他的一派人头上。所以后来，谏议大夫孔文仲奏程颐：

“汙下憸巧，素无乡行。经筵讲说，僭横忘分。遍谒贵臣，历造台谏，腾口间乱，以偿恩仇。致市井目为五鬼之魁。请放还田里，以示典型。”以后又弄得：“其所著书，令监司觉察。”“事下河南府体究，尽逐学徒，复隶党籍。”就是说，不只著作被禁，株连弟子，而且又被挂上黑牌了。

如果他老老实实，在乡下聚徒授书，恐怕就不会有这样的遭遇吧！

一九八四年九月十四日改讫

读《朱熹传》

我现在读的《朱子文集》,是丛书集成中的正谊堂全书本,共十册。清康熙年间张伯行编订。我另有四部丛刊本《朱文公集》,也是十册,是根据明刊本影印的。两相对照,张本删去的东西很多,主要是诗和奏议。他所编入的书信问答,都是关于性理之学的论辩,所录少量杂文,也都是与理学有关的。张伯行是清朝的理学家,用各取所需的方法,编集了这部文集。纪晓岚在《四库全书总目提要》中,对此曾加以严厉评讥。

这样编辑的文集,当然是有很多缺点的。不过,商务印的这部丛书集成,书版小巧,印刷清楚,校对也算精审,读起来很方便。而我那部四部丛刊本,因为是缩印,字体有些模糊,老年人读起来费力,只好作为参考之用,束之高阁。

张本前面附有朱熹本传。

熹生于建炎四年。成名很早，年十八贡于乡，中进士第。但官一直做得不顺利，有人为他统计，“登第五十年，仕于外者九，考立朝仅四十日。”主要是因为他的主张，与当时的朝论不合，皇帝不肯重用他。淳熙六年，朱熹上疏言事，皇帝读了大怒说：“是以我为亡君也。”宰相赵雄言于上曰：“士之好名，陛下疾之愈甚，则人之誉之益众，无乃适所以高之？不若因其长而用之，彼渐当事任，能否自见矣。”上以为然。

这是宰相替他说了好话，救了他。历史上常有这种例子，有人自以为忠，向皇帝直言进谏，结果惹得皇帝大怒，闯下杀身大祸，这时就常常有人，从旁讲这一类好话，使言者转危为安。当然，这也要看在什么时候，遇见什么皇帝。南宋之时，国家偏安，人材为重，注意影响，皇帝的脾气也好些。如果遇到的是清朝雍正乾隆那样的“英明之主”，就不听这种劝告。他们要想对付哪一个人，是先收集能使此人名声扫地的“材料”，或是动用酷刑，叫他招承一连串耸人听闻的罪状。这样一来，就是杀了这个人，他的名誉也不会再在群众中存在了。

因为朱熹赈济灾民有方，皇帝称赞说：“朱熹政事却有可观。”可见他还是有一些实际工作能力的。四部丛刊本的文集中,就保留了不少他从吏时的文书。

但他是继承周、程之学的,不甘心做地方官,而是想把他心目中的道统,推行于天下。他屡次上书,都是不合时宜的话,既惹得皇帝厌烦,也得罪了不少权贵。于是他的下场,就和他的前辈程颐一样了。

先是吏部尚书郑丙上言:“近世士大夫, 有所谓道学者,欺世盗名,不宜信用。”后来监察御史陈贾又对皇帝说:“臣伏见近世道学,其说以谨独为能,以践履为高,以正心诚意克己复礼为事。若此之类,皆学者所共学也,而其徒乃谓己独能之,夷考其所为,则又大不然。不几于假其名以济其伪邪?”

这样,政府开始禁止他的学说。

后来因为他得罪了韩侂胄,韩竟诬他“图谋不轨”。把他和他学生,定为“伪党”、“逆党”,有人还上疏“乞斩朱熹”。

此时,他的“从游之士,特立不顾者,屏伏邱壑,依阿巽懦者,更认他师,过门不入。甚至变易衣冠,狎游市肆,以别其非党。”这种情景,和十年动乱中有些人的遭遇,何其相似!也可以说是够悲惨够凄凉的了。他活了七十一岁,死后才得平反。

我对朱子的学说,因为缺少研究,不敢妄加评议。但我尊重这位学者，我买了不少他的著作。除了两种文集外,寒斋尚藏有《朱子年谱》一部,他辑录的《三朝名臣言行录》和《五朝名臣言录》各一部,《近思录》一部。此外还有《诗集传》和《论语集注》等。

他的一生,除去极力宣传他的正心诚意的学说,还做了很多有价值的学术工作,古书的整理集注工作。不过我也有些管窥之见,以为:孔子的学说,本来是很实际的、活泼的、生动的。孔子的言论,很少教条,都是从经验得来,从实际出发,以启发的方式,传给弟子。因此能长期不衰,而为历代帝王所重。而性理之学，把圣人的学说抽象了,僵化了,变为教条,成为脱离实际的意识活动,一般人既难以理解,难以领会,做起来也很困难,没有一定的标准。因此,也就常常与追求实效、习惯变通的政治,发生抵牾和矛盾,作为点缀还可,要想施之行政,就不为政治家所喜欢了。

一九八四年九月十五日

读《宋文鉴》

《宋文鉴》，国学基本丛书本，共十六册。卷首有周必大的序。他说："文之盛衰主乎气，辞之工拙存乎理。"又说，"天启艺祖，生知文武，取五代破碎之天下而混一之，崇雅黜浮，汲汲乎以垂世立教为事，列圣相承，治出于一。"

第一段话，是表明他对文章的看法；第二段话，说明宋自开国以来，在五代长期兵荒马乱之后，在文化典籍的废墟上，做了很多重建、修整和创造的工作。北宋时，他们编辑了几部大书，如《太平御览》，《太平广记》，《文苑英华》，广徵博引，使得一些古书内容得以流传。司马光等人，又撰写了一部历史著作《资治通鉴》。历观各个朝代，在整理历史文化方面，宋朝的成就可说是最突出的。以上这几部大书，寒斋有幸，都已购存插架。因为有这个传统，南渡以后，他们还编辑了这一部《宋文鉴》，规模虽然不及以上各书,但在当时的情况下,也算很不容易了。

此集所选,断自北宋,周必大提出衡选标准:

> 古赋诗骚,则欲主文而谲谏;典册诏诰,则欲温厚而有体;奏疏表章,取其谅直而忠爱者;箴铭赞颂,取其精慤而详明者。以至碑记论序书启杂著,大率事辞称者为先,事胜辞则次之;文质备者为先,质胜文则次之。

《宋文鉴》一共一百五十卷。是吕祖谦编辑的。他选文的主张是:

> 国初文人尚少,故所取稍宽。仁庙以后,文士辈出,故所取稍严。如欧阳公、司马公、苏内翰、黄门诸公之文,俱自成一家,以文传世,今姑择其尤者,以备篇帙。或其人有闻于时,而其文不为后进所诵习,如李公择、孙莘老、李泰伯之类,亦搜求其文,以存其姓氏,使不湮没。或其尝仕于朝,不为清议所予,而其文亦有可观,如吕惠卿之类,亦取其不悖于理者,而不以人废言。
>
> (卷首《太史成公编〈宋文鉴〉始末》)

他这些话,对编辑断代文学总集,是值得参考的,是合理可行的。

这部书的编辑,是由宋孝宗提起,由宰臣荐举人材。吕祖谦受命以后,只用了一年多时间,就编成了。因劳致疾,皇帝存问赏赐,并加封官爵。

历代编辑大部头书籍,都是由皇帝出面,委派大臣领其事,并组织书局,对编辑人员,待遇优厚,事成之后,都论功行赏。这也是历代皇帝对知识分子的一种团结使用的方法。朝野上下,都把这件事情看得非常隆重,参与者以地处清要,感到光荣。宋之编辑上面提到过的几部大书,明之编辑《永乐大典》,清之编辑《图书集成》,《四库全书》,无不如此。但有赏也有罚,不称职或弄出差错,都受处分。

《宋文鉴》的规模小,又在偏安之时,并无其他编辑人员列名,可能就是吕祖谦一个人在那里干。后来清朝编辑《四库全书》,总是用一些皇子、大臣领衔,不做实事,空得名誉。但既是奉敕编书,在圣旨下办事,还是郑重其事,要负一点责任的。

不知为什么,写到这里,一下子联想到,三十年代良友编印的《中国新文学大系》,是由书店聘请几位权威作家，分担各个文体的编选工作。其工作方式，是由书店先把有关材料送给编选者，由他亲自选好，然后作一序文，置于卷首，说明他编选的尺度和对已选各篇的评价。序文都写得非常认真精彩。例如鲁迅编选的《小说二集》，就是如此。编选者都亲自下手，用了很大工夫，注入了很多心血，有强烈的热情和责任感。书店投入的人力并不多，几乎是赵家璧一个人在那里跑上跑下。但书印得很成功，成为一代文献。

近几年来，各地编辑文学总集之风，又盛了起来，或以时代分，或以文体分，这自然是好现象。但常常不是由出版社出面，而是由一个什么编委会出面，这个编委会，自然都是名流，人员众多，机构庞大。但做实事的人好像不多。所需材料，常常不是自己去找，而是通知作品有可能被选的作家提供，有时还要求提供单面的印件，附带填写履历表，作品发表年月等等。主编者不直接从原始材料选稿，而是经过下面的人层层上交，最后定稿。这还能看出主编的取舍吗？有的甚至委托地方选稿，然后汇集上报。有的干脆请作家自选。这样一来，委员们岂不与过去那些空列头衔的太子太保，没有多大区别了吗？

这是编选方面的大概情形。至于出版周期之长(一般出版社，出一本书，正常周期是一年零六个月，有的要三年四年不等。）校对之不负责，装订之不善，铅字的模糊，排版的不整齐等等技术问题，就先不用去谈，等待改革吧！

考察一下历史，一代文化成果的大小有无，常常与那一朝代对待知识分子的政策态度有直接关系。当前，国家正在大力改善知识分子的待遇，我们应该负责地出版一些从内容到形式，从质到量都是第一流的书籍了。

一九八四年九月十七日下午

谈笔记小说

中国的所谓笔记小说，由来已久，汉晋已有，就是先秦经籍中，也有类似的断片。至唐宋而大兴，推演至明清，这种书籍，可以说是浩如烟海，杂列并陈，在中国文化遗产中，占有很大的部分。在寒斋的藏书中，也占很大的比重，几乎有三分之一。

这原因是，我学习小说写作，初以为笔记小说，与这一学问有关。后来才知道，虽然历代相沿这样一个题目，其实是两回事：笔记是笔记，小说是小说，不能混为一谈。就是合编在一本书里，也应有所区别。古时，把这种文章是称为笔记的，如《西京杂记》、《太平广记》，后人才加上小说二字。再后又有人汇刊为《小说大观》、《说郛》、《类说》、《稗海》等书，就以为其中都是小说了。古时既以街谈巷议为小说。因此类似街谈巷议的笔记，也定为小说，自无不可。

但从此笔记和小说含义也就混同起来了。笔记小说的含义,和后来小说的含义,有很大不同。

我们按照今天小说的含义,去分析古代的笔记小说,其中大部分是笔记,但也有一小部分,可以称为小说。例如《西京杂记》、《酉阳杂俎》这些古书,里面就包含一部分小说。

中国小说史,把《世说新语》列为小说。因为这部书主要记的是人物的言行,有所剪裁、取舍,也有所渲染、抑扬。而且文采斐然,语言生动,意境玄远。至于后来这一体系的书,如《续世说》、《今世说》、《新世说》、《唐语林》、《何氏语林》等,因既无创造,亦无文采,就只能称之为笔记,不能再称为小说了。

亦有虽标笔记之名,而实为小说者。如纪昀之《阅微草堂笔记》。乍看也可算是笔记,然所记中,既有作者的主观寓意,又多想象描写,文采副之,实是文学作品,不是零碎材料。流风所至,清朝末年产生了一批仍以笔记相称,而实际已脱离笔记轨道的小说,如《淞隐漫录》等。其中上乘者少,下乘者多,内容与形式,都流于肤浅无聊。

所以,今天中华书局等出版部门,整理这类书籍,都已经正其名曰“笔记”,如唐宋笔记、明清笔记,不再称“小说”。

笔记主要是记载一朝一代的军国大事,朝政得失,典章文物,或是记述一代人物的思想言行。其目的都标榜是为补正史之不足,或是以世道人心为念,记述前事,作为借鉴,教育后人。文字都是简短的,每条自成起讫。

我的唐人笔记,有十几种。宋人笔记有数十种。宋人的笔记流传下来的这样多,是因为印刷术的进步。也因为有很长时期,国家太平无事。

这些书,有些是过去商务编印的丛书集成的零种,有些是涵芬楼校印的线装宋元笔记,有些是近年古籍出版社和中华书局的新印本。元、明、清的笔记,也有几十种。其中石印本的清人笔记,多已送人。但重要的著作,近年新整理的本子,还有不少。还有一些木版的笔记,大都是过去木版丛书的零种。其中知不足斋丛书零本最多。

既然购置了如许多的笔记,当然也看过一部分。我的印象是:唐人的笔记,多系名家作品,文笔好,内容也扎实,有意义,最可读。宋人的笔记,多出自名公臣卿,内容也充实,有史料价值。但有些已经杂乱起来,因此有高下之分。要之如司马光之《涑水纪闻》、欧阳修之《归田录》,识见,文笔,取材,都高人一等。因为这些大人物既能见闻大事,所记能存真,又有修养,对材料能取舍,有判断。不像后来明清的一些笔记,以山野草茅,妄谈朝堂宫苑之事,辗转传闻,致有千里之失。笔记也像其他著作一样,越古老越可观,因所记材料宝贵也。明清笔记虽多,没有经过时间的淘汰,还处在一种糠米不分的状态。

有笔记式的小说,有小说式的笔记。如《夷坚志》,笔记式的小说也。如《东轩笔录》,则有很多条目,是小说式的笔记。

笔记以记载史实,一代文献典故为主,如宋之《东斋纪事》、《国老谈苑》、《渑水燕谈录》, 所记史料翔实, 为人称道。如《梦溪笔谈》、《容斋随笔》,则以科学研究学术成绩,及作者之见解修养为人重视。

笔记,常常也有所谓秘本、抄本的新发见,然不一定都有多大价值。有价值之书,按一般规律,应该早有刊刻,已经广为流传,虽遭禁止,亦不能遏其通行。迟迟无刻本,只有抄本, 自有其行之不远的原因。我向来对什么秘籍、孤本、抄本,兴趣不大。过去涵芬楼陆续印行之秘籍,实无多少佳作。

有的笔记,名声赫赫,印刷亦精,但也不一定就证明其杰出。如清之《两般秋雨盦随笔》，各种印本，一再发行，只为其文字浅近，内容亦为浅识者所喜而已。亦有虽系名家所记，然内容杂乱无章，比较零碎，如《随园随笔》。

元明笔记，就其内容规模而言，仍以《南村辍耕录》及《万历野获编》为佳。

笔记以内容真实客观，作者态度端正为主。文胜于质，不如质胜于文。金刘祁《归潜志》中，载《录崔立碑事》一则，对自己参与为叛将撰写碑记，详叙经过，自我反省。人以为诚信，推重其著作，所记史实，多为正史所收取。宋蔡絛《铁围山丛谈》，多文过饰非之作，正与其处世为人同。然此等书，不可因人废言，认真察看，亦有可取之处。

清代的笔记虽然多，我认真地即是通篇读过的，有《啸亭杂录》、《永宪录》、《郎潜纪闻》等。《郎潜纪闻》共“三笔”，作者陈康祺。文字流畅，叙述亦生动，能读下去。但在第一部，发见两处墨笔眉批。一处记作者经历，眉批曰：“毫不知耻，抑何厚颜！”一处记他人事迹，眉批曰：“阁下愧此多矣，何仍作欺人语耶？”这恐怕是同时代人阅读时批注的，愤愤之情，溢于言表。当然不能根据两处眉批，就否定这部书的价值，但也不能怀疑，这种看来深知作者底细，推敲文字并揭疮疤的人，是出于“嫉妒”或是报复。总之，著述要修辞立诚,立身尤其要谨慎端正。

以上所谈,当然都是古道,会被时髦文士,看作“四旧”陈言。时髦文士,专攻时文,闻鸡起舞,举一反三。他们在“四人帮”时代,初露角刺,已经写下不少造谣生事,伤天害理的文章。有人至今秉性不改,仍以善观风向气色自居。对过去文字,不只无刘祁的良心发见,悔恨之辞,别人偶有触发,仍惯于结帮连伙,加以反噬。不怕云山罩,就怕老乡亲。难得有知其老底之人,将其前前后后文字,汇编成册,批注点明。如此一来,或将使其通体虚伪善变之情状,暴露于读者眼前。

一九八四年九月二十一日下午

读《沈下贤集》

一九五六年五月，我一个人南下游历，至南京，逛古籍书店，见架上有观古堂所著书及汇刻书一部，标价七十余元，以天晚，未及细看目录。那些年，我读了叶德辉所著《书林清话》等书，觉得他对古籍确有研究，文字亦通畅有条理，并听说他刻的书很有名，回到天津就汇款去买了来。一看细目，都是一些偏僻、零碎的书，对我有用的东西很少。唯其中有《沈下贤集》二册，这倒是我久想得到的书，因此，虽然花了那么多钱，买了一堆闲物，也就不觉得后悔了。

《沈下贤集》，过去确是难得。鲁迅先生在《唐宋传奇集》的《稗边小缀》中写道："《沈下贤集》今有长沙叶氏观古堂刻本及上海涵芬楼影印本。二十年前则甚罕觏。余所见者为影钞小草斋本，既录其传奇三篇，又以丁氏八千卷楼钞本改校数字。”这说明此书过去只有钞本传流，而观古堂刻本，不只是近年首刻之本，而且也是值得重视的本子了。

沈下贤，据《四库全书总目》介绍，名亚之，吴兴人。元和十年进士。大和三年，柏耆宣慰德州，辟为判官。耆罢，亚之亦坐贬南康尉。他和当时诗人李贺、杜牧、李商隐都有交往，并被推重，可是他的诗在本集中，只保留十八篇。总目说，他为文“则务为险崛，在孙樵、刘蜕之间。”而称赞他的志趣为：“盖亦戛然自异者也。”

在唐人中，他并不是什么大作家，宋姚铉纂修的《唐文粹》只选了他的三封书信(《上李谏议书》，《上冢官书》，《与孺颜上人书》)。一篇纪事(《李绅传》)。

鲁迅的《唐宋传奇集》，收录了他的三篇传奇：《湘中怨辞》，《异梦录》，《秦梦记》。这三篇，也都载于《太平广记》。

他的传奇，故事都很简单，附有诗词，写法也有些相同之处，并非唐人传奇中之杰作。然叙事简洁有力，则为沈下贤之特有风格。如《湘中怨辞》开首之对话，生曰；“能遂我归之乎？”女应曰：“婢御无悔。”遂与居。

在他的史实性纪事，读起来，文字有些晦涩，叙事无轻重，并非史才。但人物传记，则很有特色，简练生动，逼真传神。正像他自己说的:“其夫以为沈下贤工文,又能创窈窕之思,善感物态。”(《为人撰乞巧文》)这些文字,读来惊心动魄,确有很大功力。也用他自己的话形容,则是:“鼓吹既作,能使孤蓬自振,惊沙坐飞。”(《叙草书送山人王传义》)

他对自己的才能很自负,屡次直言不讳。在《文祝延》一文中,他又说:“或谓军副者亚之,能变风从律,善阐物志。”

善感物态,善阐物志,都是说善于体会,善于描写。窈窕之思,则是描写中的作者的情思,也就是感情。

他有一篇人物传记,题为《冯燕传》。全文四百五十五字。其最重要一段文章如下:

> 燕伺得间,复偃寝中,拒寝户,婴还,妻开户纳婴,以裾蔽燕。燕卑脊步就蔽,转匿户扇后,而巾坠枕下,与佩刀近。婴醉目瞑,燕指巾令其妻取,妻取刀授燕。燕熟视,断其妻颈,遂持巾去。

这是一个非常紧张的场面,他只用了六十九个字,写了三个人物,在这一危险时刻的举动、心理、感情。其中“燕卑脊步就蔽”六个字,写得活灵活现,人物情状,如在目前。

我们不去评论文章中道德观念的是非。只是说明沈下贤体物传情之妙。这样一个三角关系,一个出人意外的结局,如果放在今天开拓型作家手里,至少可以写成十万字的中篇小说。

我们说,唐代散文,和唐代的诗歌一样,文字语言的修养和成就,达到了真美善的高度。这一高度,非宋人可比,元明勿论,也非蒲松龄这样有成就的作家可比。《聊斋志异》纪事,固有其文字之妙,但和唐人纪事比较,仍见其人为的痕迹。唐人纪事,一出天然。朴实无华,而真情毕见。作者能用最简练的文字,表达人物最复杂的心理。不失其真,不失其情。读者并不觉得他忽略了什么,反而觉得他扩充了什么。使人看到生活的精华和情感的奥秘。在描述中间,使读者直面事物,而忘记作者的技巧;只注意事物的发展变化,绝不考虑作者的情节构思。这才可以叫做出神入化。

文学艺术的主要标志,就是用最少的字,使你笔下的人物和生活,情意和状态,返璞归真,给人以天然的感觉。

姚铉在《唐文粹·序》中说:“世谓贞元元和之间,辞人咳唾,皆成珠玉,岂诬也哉!”

达到这种成就,并不是轻而易举的。要有作家的志趣

和主张。沈下贤有一篇《答学文僧请益书》,说到下面一个故事:

古时有个锻金的匠人,能制各种金器,才智还用不完。但他的日子过得很苦,弟子相率而笑之,说:

“师傅的手艺可算高超,但你的收获,反不如烧土窑制瓦器的人,这是什么缘故?”

金匠对曰:

“烧制瓦器的人,操劳简单,看利也薄,他的制品,是卖给世俗用的,早晨买去,晚上也许破了,就回来再买一件。所以他的买卖,总是很兴隆,也就致富了。我的职业不同,我要苦思冥想,设计琢磨,一器成功,别人买去,就可以用一辈子,不用再置。所以我这里总是门前冷落,吃不饱饭。”

沈下贤是把文学看作“黄金之锻”的。因此,他的文章,能流传百世。

一九八五年五月十八日

读《哭庙纪略》

二十年前，买得商务印书馆辛亥年排印本《痛史》一部，两函共二十册。书上盖有湖南大学图书馆圆形印章，文内偶有墨笔批注，字迹细小劲秀，不知出自何家之手。有蛀洞，我曾用毛边纸逐一修补过，工程繁重，非今日心力可为。书套上标进货价为四元七角，我购书时，价则为十五元，盖经贾人屡次倒手。

《哭庙纪略》为《痛史》之第二种。线装十二页，薄如小米粒，原定价一角。民国初年，印书尚如此不惜工本。如在今日，整部《痛史》，也不过平装一厚册了事。如要线装，每册定价，就不堪设想了。

这样薄薄的一本小书，拿在手里，轻如鸿毛。读时或走或立，或坐或卧，均甚方便。而字又为黑体四号，老年人最是适宜，所谓字大行稀，赏心悦目者也。读时很高兴，十五元没白花,经济效益实足当之。

然书的内容,则甚凄苦,使人不忍卒读,屡屡放置,又重新拿起来,整整一个晚上才读完。

所纪为:清朝初年,江苏吴县有个姓任的县令,“至署升堂,开大竹片数十,浸以溺,示曰:功令森严,钱量最急,考成殿最,皆系于此!”“国课不完者,日日候比。”国课就是钱粮,比,实际就是刑讯。过去审案用刑,都叫比。四部丛刊中有一部书,叫《棠阴比事》。至于打人的竹板,“浸以溺”是什么意思,则不甚了了。总之,他如此酷毒,打死了不少人,自己却从常平仓中,贪污了一千石米。

当地一群秀才,对这个县令,很不满意。不满意的原因,除去同情受害者,也可能有本身的理由。正赶这个时候,顺治皇帝逝世,哀诏传到了这里,地方官设幕府堂,哭临三日。秀才们乘此机会,把文庙的门打开,哭庙,要驱逐县令。

事情闹大,上司过问贪污一事,县令却说,自己到任不久,无从得银,“而抚台索馈甚急,故不得已而粜粮”,这样又把巡抚攀扯了进去。

但是,巡抚给皇帝上了一个疏。内容要点:

一、“看得兵饷之难完,皆由苏属之抗纳。”

二、秀才“厕身学宫,行同委巷。同哀诏哭临之日,正臣子哀痛几绝之时，乃千百成群，肆行无忌，震惊先帝之灵，罪大恶极。”

三、“县令虽微，乃系命官，敢于声言扛打，目中尚知有朝廷乎？”

四、“串凶党数千人，群集府学，鸣钟击鼓，其意欲何为哉！”

此疏一上，奉密旨，十八名秀才处斩，其中八个人包括金圣叹，妻子家产，还要籍没入官。巡抚当然没事，县令也复了官职。他回到衙门，“谓衙役曰：我今复任，诸事不理，惟催钱粮耳！”变本加厉了。

过去，有师爷、讼棍、刀笔之说。能够把有说成无，把无说成有。细玩此疏，可以领会其一二。其最大特点，为审时度势，激怒朝廷。当清初时，东南一带，还不巩固，时有叛乱。正在用兵，钱粮最为重要，聚众最为不法，秀才带头，尤触朝廷大忌。师爷们从这些地方入手，收到了预期的效果。我劝写文章的同志，看看历朝的官方文书，特别是清朝的各种档案材料。还有皇帝的谕旨，例如雍正皇帝的朱批谕旨，是很有好处的。这不是教人学打棍子，这是一种特殊的文体，常常是关系一人或许多人身家性命的文体。

一九八五年五月二十六日

读《丁酉北闱大狱纪略》

中国的科举制度，不过是朝廷取士的一种手段，士子上进的一个阶梯，但它却能在中国戏曲、小说、诗歌各个艺术领域，占很大位置，篇目繁多，层出不穷。并通过它，反映出伦理、道德，荣辱、沉浮，人生遭际和社会心理的各个方面。这不能不使人惊奇。

科举不单纯是可以考中秀才、举人、进士，主要是可以做官。做官就不是一个人的事了，它要影响家庭，影响父母、妻子、亲朋故旧。十年寒窗苦，一朝人上人。其中还富有偶然性，甚至戏剧性。京剧中的《连升店》，最能反映这一点。一旦中了，则为世俗景慕；屡试不第，就成了念书人最大的悲哀。

关于科举，我所知甚少，前些日子听说有一本专著要出版，也没得买到。至于八股文到底是怎么个做法，也一直弄不清楚。只知道，这件事很严重。考场叫闱，住房叫号，主持其事的，都是朝廷派的大官。主考官以下，又有很多房官。试题保密，卷子弥缝，进场搜索，饮食大小便都不许出来。但还是有私弊。有关节，有夹带，有冒名，有枪替。因此，科举史上，屡兴大狱。

《丁酉北闱大狱记略》是《痛史》的第三种，也是薄薄的一册，书前有顺治十七年信天翁的题记。文字体裁，都不及《哭庙纪略》。

这是清朝初年科场的一次大狱，牵连很大，死人不少，被揭发的问题，主要是“卖关节”。

这批考官：

> 虽名进士，然皆少年轻狂，浮薄寡虑。其间虽未必尽贪财纳贿，而欲结纳权贵，以期速化，揽收名下，以树私人，其用心则同也。然径窦嘱托甚多，而额数有限。闱中推敲，比之阅文以定高下者，其心更苦。

考官斩首，新中式的举人，也都倒了霉，接连逮捕入狱。后经天子恩典，举行复试。“每人以满兵一人夹之”，士子们怕交白卷，遭极刑，只好战战惊惊“尽心构艺”。

然而，杀头也好，籍没充军也好，科场既是猎取名利的最有效手段，其中流弊就不能根除。清代中叶以后，朝廷对于此中的事，也就眼睁眼闭了。每到各省该放考官的时候，皇帝总是选出一些他所喜欢的在京文官，叫他们去充任“学政”，并下谕旨：“某省着某某人去！”被命的人要陛辞谢恩。这是皇帝对他们的一种特殊恩典。知道他们当京官清苦，故意叫他们到外地去弄些“外快”。所以文官们都盼着这一任命，高高兴兴地离京，一路之上，遇见风景名胜，还要吟诗作赋，等任务完成，满载而归，再刻一本日记或诗集。

远在唐朝，就有人看出科举不是好办法，但碍于朝廷功令，大家只好走这一条路。唐朝的许多诗人，都有进士及第的头衔，并不证明，这一制度，真能网罗人才，失去的，恐怕比得到的多。所以罗隐感慨地说，科举取士，“得之者或非常之人，失之者或非常之人。”明达之士，都不以中与不中论英雄。

平心而论，封建帝王选择了这样一种方法，也自有他的难处，不如此，又何以考成殿最，平息纷竞？他那时又不能成立人才开发中心，举行公民投票。这样做，权当抽签撞运罢了。

小说描摹科举的很多,以《聊斋》写得最好。作者一生考试不利,感触体会很深,所以写来入木三分。写得最好的,还是他那篇短小的故事,题目忘记了,故事是:兄弟二人同去应考,正值热天,婆婆监督两个儿媳厨房做饭。一会儿报喜的喊老大中了,婆婆就笑着对大儿媳说:“你快出去凉快凉快吧!”大儿媳高兴地走了,只剩下二儿媳一个人擀面。过了很久,忽报二儿子也中了,二儿媳当即把面杖一扔,说:“我也凉快凉快去。”

作家用很少的字,写出了应考时,一家人的心理,神情,焦虑,盼望,嫉妒,得意。人情世态,都在其中了。

一九八五年五月二十七日

《金瓶梅》杂说

从青年时起,《金瓶梅》这部小说,也浏览过几次了,但每次都没有正经读下去。老实说,我青年时,对这部小说,有一种矛盾心理:又想看又不愿意看。常常是匆匆忙忙翻一阵,就放下了。稍后,从事文学工作,我发见,从文字爱好上说,这部书并不是首选,首选是《红楼梦》。我还常常比较这两部书,定论:此书风格远不及《红楼梦》。

今年夏季,人民文学出版社印行了《金瓶梅》的删节本。说它是删节本,就是区别于过去所谓的"洁本"。我过去读到的洁本,是郑振铎主编的《世界文库》上连载的,虽未读完,但记得是删得很干净的。人文此本,删得不干净,个别字句不删,事前事后感情酝酿及余波也不删。这样就保存了较多的文字。对研究者有利,但研究者还是需要读全文。究竟哪一种删法好,不在这篇文章研究之列,不多谈。

想说的是，我已是老年，高价买了这部书，文字清楚，校对也比较精细，又有标点，很想按部就班，认真地读一遍。这倒不是出于老有少心，追求什么性感上的刺激；相反，是想在历尽沧桑之后，红尘意远之时，能够比较冷静地、客观地看一看：这部书究竟是怎样写的，写的是怎样的时代，如何的人生？到底表现了多少，表现得如何？作出一个供自己参考的、实事求是的判断。

我从来不把小说，看作是出世的书，或冷漠的书。我认为抱有出世思想的人，是不会写小说的，也不会写出好的小说。对人生抱绝对冷漠态度的人，也不能写小说，更不能写好小说。“红”如此，“金”亦如此。作家标榜出世思想，最后引导主人公去出家，得到僧道点化，都是小说家的罩眼法。实际上，他是热爱人生的，追求恩爱的。在这两点上，他可能有不满足，有缺陷，抱遗憾，有怨恨，但绝不是对人生的割弃和绝望。

自从唐代，小说这种文体，逐渐完善起来，就成为对人生进行劝惩的一种途径。在故事结构上，就常常表现一种因果。释道两家也都谈因果，在世俗中形成一种观念。但是，文学上的因果报应说，实际上是人民群众，特别是弱小者，不幸者的一种愿望。在实际生活中，往往并不如此。因为善恶的观念，有时并不稳定，有时是游离的，有时是颠倒的。这种观念受时代的影响，特别是经济、政治的影响，这种影响，随形势变化而变化。

我并不反对，有些小说标榜因果报应。因果，就是现实发展、变化的规律。事物都有它的起因和结果。起因有时似偶然，然其结果则是必然。其间迂回、曲折，或出入不意，或绝处逢生，种种变化，都是事物发展的过程。作家能真实动人地反映这一过程，使读者有同感，能信服，得警悟，这就是成功之作。起于青萍之末也好，见首不见尾也好。红极一时，灯火下楼台也好，烟消火灭，树倒猢狲散也好。虽是小说家点缀，要之不悖于真实。兴衰成败，生死荣枯，冷热趋避，人生有之，文字随之，这是毫不足奇的。小说家常常以两个极端，作为小说结构的大局布，庸俗者可成为俗套，大手笔究竟能掌握世事人生的根本规律。在写因果报应的小说中，《金瓶梅》是最杰出的，最精彩的一部。它不是简单的图解和说教，它是用现实生活的生动描绘，来完成这一主题。

历来谈《金瓶梅》者，每谓西门庆这一人物，实有所指，就是说有个真实的人作模特儿，这是可以相信的。很多著名小说中的人物，都有所依据。前人说“蔡京父子则指分宜(严嵩)”,也并非妄言。

最古老的小说,主角多是神魔,稍后是帝王、将相。唐代传奇,降而描述人生,然主人多非平民,而是奇逸之士。《金瓶梅》始转向现实,直面人生,真正的白描手法,亦自它开始。

《金瓶梅》选择了西门庆这样一个人,这样一个家族。用这个人和这个家族,联系当时社会的各个方面:朝廷、官场、市井,各行各业,各种人物。这种多方面的,复杂的人物和场景,是小说创作的一种新局面,也是这一书开创起来的。

《金瓶梅》运用了写实的手法,或者说是自然主义的手法,描写不避繁琐。采用日常用语,民间谚语,甚至地方土话,来表现人物的性格,色彩和气氛,也是它的创造。

这部小说保留的民间谚语,比任何小说都多,都精彩,它有时还用词曲韵语,直接代替人物的对话,或对事物的描写。

作者选择一个暴发户,作为小说的主人,是和时代有关的。通过这样的人物,表明明代中季社会的面貌和内涵,最为方便。外国小说,有只写一个普通农民,普通工人的,并不要求人物社会地位的显赫。中国小说的传统,则重视主要人物的社会地位及其联系面。用广泛的接触，突出时代的特性。《红楼梦》写的是八旗贵族，这是清初的时代特征。《金瓶梅》写的是山东清河县内，一个暴发户的生活史。每个封建王朝，都会产生一大批暴发户。元朝蒙古入侵，明朝朱元璋定统，都产生了自己的暴发户。暴发户不只与当时经济制度有关，而更重要的，是必须投当代政治之机，与政治制度有关。它用市井生活作背景，这是明中叶社会生活的缩影。

曹雪芹是八旗子弟。《金瓶梅》的作者，则属于下层。然其文化修养，艺术素质，观察能力，表现手段，都不同凡响，虽尚未考证出作者确实姓氏，但他一定是个大手笔。他是混迹于市井生活的人，不是什么显贵。对当时政治的黑暗，看得很清楚。他对这一社会，充满憎恶之情，但写来不露声色，非常从容。他也受当时社会风气的影响，所以写了那么多露骨的淫亵文字。他力图全面表现这一社会，其目的当然不会是单纯的泄愤或报复。他是锐意创新的，他想用这种白描式的社会人情小说，一新读者的耳目，并引导读者面对人生现实。他的功绩不只在于他创造了这部空前形态的小说，而在于他的作品孕育了一部更伟大的《红楼梦》。

不仔细阅读《金瓶梅》,不会知道《红楼梦》受它影响之深。说《红楼梦》脱胎于它,甚至说,没有《金瓶梅》,就不会有《红楼梦》,一点也不为过分。任何文学现象,都是在前人的基础上产生的,任何天才的作家,都必须对历史有所借鉴。善于吸收者,得到发展,止于剽掠者,沦为文盗。

《金瓶梅》所写的生活场景,例如家庭矛盾,婚丧势派,妇女口舌,宴会游艺,园亭观赏,诗词歌曲,无不明显地在《红楼梦》中找到影子。当然《红楼梦》作者的创作立意,艺术修养境界更高,所写,有其独特的色彩,表现,有其独特的个性,在多方面,都凌驾于《金瓶梅》之上,但并不能掩盖它的光辉。

任何艺术,比较其异同,是困难的,也是蹩脚的。在艺术上,不会有相同的东西,这是艺术的创造性所确定的。但是,我在读"金"的过程中,常常想到"红",企图作一些比较,简列如下:

(一)"金"的写法,更接近于宋元话本,它基本是用的讲述形式,其语言是诉诸"听"的,它那样多地引用了唱词曲本,书也标明词话,也从这里出发。

(二)"红"的写法,虽也沿用宋以来白话小说的传统,特别是"金"的语言的传统,但它基本上是写给人看的,是诉诸视觉的。它的语言,不再那样详细繁琐,注意了含蓄,给人以想象和回味。

(三)“红”语言的这种特点,是源于作者的创作立场和主观情感。“红”的作者,写作的目的,是感伤自己的身世,追忆过去的荣华。在写作中,他的心时时刻刻是跳动的,是热的,无论是痛哭,或是欢乐。

而“金”的作者,所写的是社会,是世态,是客观。“金”的作者对于他所描绘的世态也好,人情也好,都持一种冷眼观世的态度。这些描述,在他的笔下虽是那样详细无遗,毛发毕现,总给人一种极端冷静的感觉,嘲讽的味道。这一特点,当然也表现在它的语言上。

(四)“金”的写法,更接近于自然主义,作者主观的感情色彩,较之“红”,是少得多了。对于世态人情,它企图一览无余地,倾倒给读者:“你们看看,世界就是这个样子!”那些猥亵场面,也是在作者这样心情下,扔出来的。而“红”的作者对他所描写的东西,都精心筛选过,在艺术要求上,作过严格的衡量。即使写到男女私情,也作了高明的艺术处理,虽自称为“意淫”,然较之“金”,就上乘得多了。

我不知道自己是不是有道学家的思想。最近看了一本马叙伦的《石屋余沈》,他在谈到淫秽小说《绿野仙踪》时说:"即中年人亦岂可阅!不知作者何心。"他是教育家,他的话是可以相信的。这些淫秽文字,在"金"的身上无疑也是赘瘤。

(五)因此,虽都是现实主义的艺术珍品,就其艺术境界来说,"红"落脚处较高,名列于上,是当之无愧的。

西门庆是个暴发户,他的信条,也是一切暴发户的生财之道:"要得富,险上做"。他除去谋求官职,结交权贵(太使、巡按、御史、状元),也结交各类帮闲、流氓打手,作为爪牙。他还有专用的秀才,为他歌功颂德,树碑立传。他开设当铺、绸缎铺、生药铺,这都是当时最能获利的生意。他放官债,卖官盐,官私勾结,牟取暴利。他夺取别人家的妻妾,同时也是为了夺取人家的财货。娶李瓶儿得了一大笔财产,娶孟玉楼,又得了一大批财产。这是一个路子很广,手眼很大,图财害命,心毒手狠的大恶棍、大流氓,是那个时代的产物。这无疑是当时社会上,最惹人注意的形象,因此,也就是时代的典型形象。

书中说:"火到猪头烂,钱到公事办。"西门庆,贪得无厌,贪赃枉法,一旦败露,他会上通东京太师府,用行贿的办法,去求人情。他行贿是很舍得花钱的,因此收效也很大。行贿的办法是,先买通其家人,结交其子弟。本书四十

七、四十八两回，写西门庆行贿消祸，手法之高，收效之速，真使人惊心动魄。

这种人依仗权势、财物、心计、阴谋，横行天下。受害的，当然还是老百姓。活生生的人口，也作为他们的货物，随意出纳，有专门的媒婆，经纪其事。一个丫头的身价，只有几两银子或十几两银子。社会风气，也随之败坏，他们虐辱妇女：用马鞭子抽打，剪头发，烧身子。书中所记淫器，即有六七种之多。《金瓶梅》是研究中国妇女生活史的重要资料库。

说媒的，算卦的，开设妓院的，傍虎吃食的，各色人物，作者都有精细周到的描述。对下层社会的熟悉和对各行各业的知识，以及深刻透彻的描写，很多地方，非《红楼梦》作者所能措手。

《金瓶梅》的结构是完整的，小说的进行，虽时有缓滞繁琐，但总的节奏是协调的。故事情节，前后有起伏，有照应，有交代。作者用心很细。艺术功力很深。曹雪芹没有完成自己的著作，不能使人了解其完整的构思。《金瓶梅》的作者，写完了自己的小说，使人了然于他的设想。他写了这一暴发户从兴起到灭亡的急骤过程。

作者深刻地写出了，这种暴发户，财产和势派，来之易，去之亦易；来之不义，去之亦无情的种种场面。写得很自然，如水落石出，是历来小说中很少见到的。他用二十回的篇幅，写了这一户人家衰败以后的景象。这一景象，比起《红楼梦》的后四十回，触目惊心得多，是这部小说的最精彩、最有功力的部分。

鲁迅的小说史和郑振铎的文学史，都很推崇这部小说，郑并且说它超过了水浒、西游。鲁迅称赞之词为：

> 作者之于世情，盖诚极洞达，凡所形容，或条畅，或曲折，或刻露而尽相，或幽伏而含讥，或一时并写两面。使之相形，变幻之情，随在显见，同时说部，无以上之。

此为定论，万世不刊也。文学工作者，应多从此处着眼，领略其妙处，方能在学习上受益。如果只注意那些色情地方，就有负于这次出版的美意了。印删节本，是一大功德。此书历代列为禁书，并非都是出于道学思想。那些文字，确不利于读者，是道地的伐性之斧，而且不限于青年人。很多人喊叫，争取看全文，是出于好奇心理。

此书最后，虽以《普静师荐拔群冤》收场，然作者对于僧道一行，深恶痛绝，书中多处对他们进行淋漓尽致的揭露，抒发了对这些只会念经，不事生产的特种流氓、蛀虫的痛恨和嘲笑。甚至发出这样的感叹：“何人留下禅空话，留取尼僧化稻粮”。又说，“若使此辈成佛道，西天依旧黑漫漫”！几百年后，诵读之下，仍为之一快。

中国自古神道设教，以补政治之不足，日久流为形式，即愚氓亦知其虚幻。然苦于现实之残酷，仍跪拜之，以为精神寄托。所以，凡是以佛法结尾的小说，并非其真正主题，乃是作者对历史的无情，所作的无可奈何的哀叹。

《金瓶梅》的真正主题是什么呢？鲁迅说：

> 故就文辞与意象以观《金瓶梅》，则不外描写世情，尽其情伪，又缘衰世，万事不纲，爰发苦言，每极峻急，然亦时涉隐曲，猥黩者多。

这是一部末世的书，一部绝望的书，一部哀叹的书，一部暴露的书。

一九八五年八月二十六日

昨夜雨，晨四时起作此文，下午二时草讫

买章太炎遗书记

我先后购买的章氏遗书，计有：

(一)章太炎先生所著书。上海古书流通处一九二四年石印，所据为浙江图书馆校刊章氏丛书本。共二十册，有光纸，价十二元。其目录为：

《春秋左传读叙录》、《刘子政左氏说》、《文始》、《新方言附岭外三州语》、《小学答问》、《说文部首均语》、《庄子解故》、《管子余义》、《齐物论释又重定本》、《国故论衡》、《检论》、《太炎文录初编》、《补编》、《菿汉微言》。

(二)章氏丛书续编。成都薛氏崇礼堂木刻本，共四册，价八元。其目录为：

《广论语骈枝》、《体撰录》、《太史公古文尚书说》、《古文尚书拾遗》、《春秋左氏疑义答问》、《新出三体石经考》、《菿汉昌言》。

(三)《章太炎先生家书》。中华书局一九六二年影印本。家书共八十四通,系与夫人汤国梨之通信。

此外,还购有《章太炎年谱长编》。汤志钧编,一九七九年中华书局版。此书以章氏自订年谱为纲,系以各时期与章氏思想行动有关之资料,收罗丰富,编织有序。不只从一个时代,反映出一个人物的风格,也从一个人物,反映出一个时代的面貌。此书上下二册。

中学时,我买了一本《国故论衡》,可能是国文老师的介绍,是为读章氏著作之始。当时是怎样读的,现在已经记不清,但没有读懂,是可以肯定的。因为就是现在我读起此书,还是很吃力。当时,确是认真读过的,就像我那时读《费尔巴哈论纲》,英文原本《林肯传》,严译《名学纲要》一样,是用一种硬啃的读书法。这种读书法,当时颇具效力,好像是钻进书中去了。但印象不深刻,经过若干年,又都茫茫然。现在,购置了以上书籍,通读能懂的也只有:《文录》、《菿汉微言》及《昌言》(这都是章氏对弟子的谈话记录,多关于历史、人物、时事,文字比较通俗)、家书以及年谱。

章太炎二十三岁时,肄业诂经精舍,受德清俞荫甫(樾)教。曾国藩说过:李鸿章拼命做官,俞荫甫拼命著书。

是当时知名学者。严格说,这是章太炎做学问之始,并从此得以成为朴学大师,享名于后。朴学是清朝一种主导的学术,如果不是时局的影响,他可能一生从事这种书斋中的工作。因为排满运动的兴起,他成为革命人物,辛亥革命以后,他又成为民国的元勋,政治和学术的名望,同时有之。实际上,他只以学术文章见长,虽然好参与政治,好谈政治,好作幻想大言,多不切于实际。所以在政治上,名望虽高,却并没有什么实绩,也没有做成什么大官。民国以后,政局屡变,章氏言论态度亦屡变,甚至依附过军阀吴佩孚和孙传芳。后来不能活动,就常常发通电表示政治见解,看来他是一生不甘寂寞的。

章氏幼年即患有眩厥症。应童子试时,即因此病而未终场。他自己后来也常常提到:“予少时多病”。眩厥是一种脑神经疾病,但并不影响读书、作文,且有时表现为灵敏、激越,故章氏文章,锋利如削,有一种奇异色彩,此病理使然。然此病有时兴奋易怒,有时沉郁寡言,显然不宜于理政,所以他虽热心政治,当权者从未委他以重任。袁世凯不得已委他个东三省筹边使,他也没有做出多少成绩,很快就辞职不干了。

章氏为文,好骂人,有些地方,看起来近似人身攻击。

如骂吴敬恒:“善钳尔口,勿令舐痈;善补尔袴,勿令后穿。”等语,当时称为名句。有一次,竟骂蔡元培为法国人,非中国人。但对人对事,又像并无成见,时有改变,也不记私怨。为友为敌,常有反复,这也是和他的性格有关的。

章氏好铺张,章士钊在一篇回忆文章中说,章太炎好穿奇装异服,招摇过市。另有记载,有一次,他到四川公干,买了一大条红布,制成一幅横标,雇两个人抬着,作为他的前导,以壮行威。

此人很重道义,他为参与缔造民国,光荣牺牲的同志,都写了传记,并为他们请封表扬。传记真实地记录了这些人的个性行迹,使我们可以看到清末民初那些志士仁人的形象。如记邹容幼年好雕刻,狱中得弱症,章氏为其诊脉处方等情节,都有班马史传之遗意。

他的学术,因为我不懂,姑且不论。章氏的文章,我以为辩才不及梁启超,然切实过之;深湛不及王国维,然条畅过之。章梁文体,实为后来报章文字之先声,影响新闻界至巨。他的著名文字,如讨满洲檄,我以为写得并不精彩,罗列罪状,有勉强凑数之弊,文字也冗长造作,生动之笔太少。与康有为论难的信,感情就充沛得多了。又好用古字,人多不识,这实际上是限制了自己文字的流传。

文人逸事，热闹有趣者多，真实可信者少。章太炎大闹总统府一事，最为当时所乐道。记载颇多，且加演义，以为章太炎如何英雄，袁世凯如何没有办法。其实，在那种场合下，有办法的还是大总统，没办法的还是穷书生，他究竟是被拘留起来了。章氏自记，就平实得多，晚年并称赞了袁世凯的肚量，证明章太炎是一个诚实的人，一个真正的书呆子。

章氏晚年，受人馈赠，卖文章，为上海闻人如杜月笙的先人写碑传，为人所诟病。其实这些都是小节，是情有可原的。他的爱民族爱国家的大节，至死是为人们所称道的。

他晚年，不承认甲骨文的真实和价值，这是鲁迅说的"专家之悖"造成的。也是情有可原的。人一旦成为某一学术领域的权威，即不知不觉，把自己看成偶像。偶像是要本能地排除自己所不知的新生事物的。

古人以能立功、立德、立言者，为名人。章氏有功于民国，虽无大德于民，然亦无亏缺之处。至于言，煌煌大著，更无论矣。成为中国近代史上一大名人，固非投机取巧，沽名钓誉者流可比。然名人都有时代的特点，为历史所铸造，与英雄同。当其一旦成为名人，则追逐者日众，吹捧者日多,军阀官僚商贾皆争先利用之。或赠以高楼,或赠以骏马。黄金不求自得,美女纷至沓来。于舆论优势之外,往往亦得实利。本人亦以不同凡俗自居,人之阿谀,不以为怪,人之厚赠,以为应当。日久天长,主观客观上,名存实亡,变成偶像。言行不顾,见利忘义,有些名人,遂成为不名誉之人。名人既败,毁之者亦众,过去誉之者,必转而造谣,投井下石而后快。此名人兴衰之通则也。

近世之名人,为数甚众,流品脚色亦甚杂,根基牢固者少,忽起忽落者多,求如章氏之人品学术贯彻始终者,并不多见。我读他的著作,是怀着虔诚尊敬之心的。

发愿写这样一篇文章,时间已有三年。参考书打开又放起,放起又打开,一直未得成篇。此因过去读过的书,都已忘记,年老少精神,又不愿去翻检,知难而退。近日,其他文章不好写,遂决心写出,然亦只是读书的印象断片,不得称为研究文字也。

一九八六年八月二十三日校讫并记

读《吕氏春秋》

吕氏春秋附考。明方孝孺曰:“然予独有感焉,世之谓严酷者,必曰秦法。而为相者乃广致宾客以著书。书皆诋訾时君为俗主,至数秦先王之过无所惮。若是者,皆后世之所甚讳,而秦不为罪。呜呼,然则秦法犹宽也。”

耕堂按:方孝孺盖有感于明政之严苛也。附考引宋高似孙言论,意见与方氏稍合,可谓皆独特之见矣。然汉以秦为严酷,魏晋以汉为严酷。屠沽负贩,起而革命,而严酷如故,革不掉也。后世论前世事,矛盾往往易见。而在当时,恐不如此认识。书本为书本,行政为行政耳。后人以某事断秦政宽,以某事断秦政严,皆出意想。必须根据史实,全部考察,方能稍得其实际。然近代史实,尚不易弄清,历史公案,更难定矣!

《史记·吕不韦列传》:“吕氏春秋,布咸阳市门,悬千金其上，延诸侯游士宾客，有能增损一字者予千金。”

桓谭《新论》：“秦吕不韦请迎高妙作《吕氏春秋》。书成，布之都市，悬置千金，以延示众士。而莫能有变易者，乃其文约艳，体具而言微也。”

唐马总曰：“暴于咸阳市，有能增损一字与千金，无敢易者。”

宋高似孙曰：“有能增损一字者与千金，人卒无一敢易者，是亦愚黔之甚矣。秦之士其贱若此，可不哀哉！”

《郡斋读书志》：“时人无增损者，高诱以为非不能也，畏其势耳。”

耕堂按：从以上引文看，千金不能易一字之原因有二，即不能与不敢。不敢是畏不韦当时的权势。不能，则一是文章为高妙之作，二是当时的秦士，都是愚黔之徒。然仔细想来，这一个典故，恐怕只是一种传说，一种演绎。因为司马迁所作吕不韦传，只说予以千金，并无下面的话。司马迁说予以千金，只是强调这一著作的不苟与当时对待的隆重耳。

司马迁在《太史公自序》中又说：“不韦迁蜀，世传吕览。”后世学者以为吕览(即《吕氏春秋》)，成于不韦为相之时，不韦迁蜀以后，不久死去。何以能聚宾客著书，又何以能“悬之咸阳。”乃是司马迁的笔误驳杂之辞。其实，这里说的只是“世传”，其意即吕不韦遭到不幸之后，其书反而得到世人的重视，与自序上下文文意相通，不足为过也。

《吕氏春秋》一书，列入杂家，历史上不大被人重视。有人说是因为吕不韦名声不好。我看，恐怕是因为这部书的编写体制不太通俗，每篇前冠以月令，初读时，叫人摸不着头脑。其实里面好的东西很多，即以古代寓言故事而论，孟子、韩非子等书，以此见长，而《吕氏春秋》，“察今”一篇中，即包含三则，无疑是一个大宝藏。且它所引古书，多是秦火以前的旧文，其价值就更可贵了。

我过去有广益书局的高诱注普通本。后又购得许维遹集释本，线装共六册。民国二十四年，清华大学出版。白纸大字，注释详明，断句准确，读起来，明白畅晓，真能使人目快神飞。晚年眼力差，他书不愿读，每日拿出此书，展读一二篇，不只涵养性灵，增加知识，亦生活中美的消遣与享受也。

一九八六年十一月二十二日记

读《燕丹子》
——兼论小说与传记文学之异同

滕云同志送我一本他所选译的汉魏六朝小说。冬夜无事，在炉边读了一篇《燕丹子》。《燕丹子》一书，我有光绪初年湖北崇文书局的百子全书本，为嘉庆年间著名学者孙星衍集校，初未细读也。

《燕丹子》作者不详，旧题燕太子丹撰。据孙星衍序："古之爱士者，率有传书，由身没之后，宾客纪录遗事，报其知遇。"想来这部书，也是太子的宾客所写。

孙星衍又说："其书长于叙事，娴于词令，审是先秦古书，亦略与左氏国策相似，学在纵横小说两家之间。"读过以后，觉得他的评价是很恰当的。

此书以记事为目标，原拟成为历史，然叙述夹杂一些传说及其荒诞之事，遂为后人定为小说。即使作为小说，因为它有坚实而动人的历史事实，再加上叙述之委婉有致，乃成为古代小说之翘楚。

冬夜读之，为之血涌神驰，寒意尽消。周围沉寂，而心目中的秦廷大乱。此真正小说佳品也，非泛泛者可比。乃取《史记》荆轲传对读之，并记两书写法之异点如下：

（一）《燕丹子》共分三卷，第一卷记麴武，第二卷记田光，第三卷才记荆轲，系一人引出一人。而《史记》一开始就写荆轲。并同时写了与他有关涉的高渐离、盖聂、鲁句践等。在《燕丹子》中，高渐离只是在易水送别时，露了一次面。《史记》则把他处理成仅次于荆轲的一位侠义之士。

（二）在细节中，除去孙星衍提到的："国策史记取此为文，削其乌白头马生角及乞听琴声之事，而增徐夫人匕首，夏无且药囊。"《燕丹子》还有荆轲赴秦时，"夏扶当车前刎颈以送"，和"行过阳翟，轲买肉，争轻重，屠者辱之，武阳欲击，轲止之。"两个细节，为《史记》所无。

买肉这一细节，对小说很重要，因为表明，荆轲在进行大事中间，不为小事所误的克制精神。而司马迁或者认为，他前面已经写过两次荆轲的这种精神了，不再重复。这在史裁上讲，也是应该的。

小说，一再重复，可加强人物性格和故事效果，但也要得当。《燕丹子》的处理，还是得当的。

司马迁的“荆轲传”,现在通称为“传记文学”,然其本质仍为历史。所谓传记文学,只是标明:司马迁的历史著作,同时具有文学的价值与功能。作为历史,选材就应该更严格一些。荆轲刺秦,是一大悲剧。这一事件的失败,在当时是震动了千万人的心灵的。并且关系到了对荆轲这一人物的评价。司马迁不能不找出其失败的原因:太子催促太紧,荆轲没得与他等待的那位客同行,而与秦舞阳同行,而荆轲在出发之前,就看出这个人不行了。小说对于失败,则不必有结论,任人想象去好了。

(三)《史记》没有采用《燕丹子》中的,用金子投青蛙,吃千里马肝,砍美人手等细节,这是司马迁的高明之处。小说可以这样写,民间可以这样传说,作为人物传记,这些材料,只会伤害荆轲的形象。

(四)至于《史记》不采用《燕丹子》中的乌白头,马生角,是因为荒诞。不采用它的乞听琴声,是因为虚构。乞听琴声的原文为:“秦王曰:今日之事,从子计耳。乞听琴声而死。召姬人鼓琴。琴声曰:罗縠单衣,可掣而绝。八尺屏风,可超而越。鹿卢之剑,可负而拔。轲不解音。秦王从琴声负剑拔之,于是奋袖超屏风而走。轲拔匕首掷之,决秦王耳,入铜柱,火出燃”。

在那样紧张的局面下,间不容发,哪有这种闲情逸致,这等从容?当然是不可能的。入铜柱,火出燃,却比《史记》所写,更为有声有色。

《史记》虽不采这两件事,但放在小说中,还是可以的,能引起人们的一些联想,群众会这样想:啊,所以没有成功,是上了秦王的当呀!

(五)《燕丹子》一书,就在这个地方终止了。《史记》却在荆轲刺秦失败之后,又写了高渐离的不寻常的举动,又写了鲁句践感叹的话。使文末摇曳生风,更拨动了读者怀古的思绪,增加了作品的悲剧效果。

耕堂曰:历史与小说之分野,在于虚构之有无。无虚构即无小说,正如无冲突即无戏剧。然在中国,历史与小说,实亦难分。有时历史的生动,如同小说,有时小说的翔实,超过历史。而历史家有时也从小说取材,小说从历史取材,则更为多见。但文体不能混淆,历史事实,有时虽出人意想,不得称为小说;小说虚构多么合情合理,也不得当作历史事实。《燕丹子》与荆轲传,题材无出入,人物无等差,古人已因其有无虚构,判为泾渭。文体虽不同,写作艺术,仍有高下之别。仔细推敲,《史记》的剪裁塑造为胜。学者认为《燕丹子》成书于前，史记采摘之，亦未必然。要是秦汉之际，关于这一次政治性大事件的记载，关于荆轲事迹的传述，不会是一种，而是多种，其中有事实，有传说。事实有传闻异词，传说有夸张想象，记载有繁简取舍。不会一致。《燕丹子》为其中之精粹完备者耳。

一九八六年十一月二十九日

买《世说新语》记

我们知道，鲁迅先生不好给青年人开列必读书目，但他给许寿裳的儿子许世瑛开的那张书目，对我们这一代青年，却发生了意想不到的影响。我记得在进城以后，大家都争先恐后地搜集那几本书。《世说新语》就是其中的一种。

我先在南市地摊上，买了一本启智书局铅印的本子，只有上册。这本书后来送人了。

不久我在南开区一家废纸店，买了一部四部丛刊黑纸本的《世说新语》。那时，四部丛刊流落街头的很多，旧书店只收一些成套的白纸本，黑纸本无人过问，就都卖给废纸店了。这部书一共三册，我给他三角钱他已经很高兴了。

四部丛刊本的《世说新语》，是影印的明袁氏嘉趣堂刊本，首页有袁褧守的序，他说：

晋人话言，简约玄澹，尔雅有韵，世言江左善清谈，今阅新语，信乎其言之也。临川撰为此书，采缀综叙，明畅不繁。孝标所注，能收录诸家小史，分释其义，训诂之赏，见于高似孙纬略。余家藏宋本，是放翁校刊本。

目录后所附的高氏纬略说：

宋临川王义庆，采撷汉晋以来，佳事佳话，为《世说新语》，极为精绝，而犹未为奇也。梁刘孝标注此书，引援详确，有不言之妙。

从以上两段引文，可见古人对此书的评价。这是当之无愧的。

后来，我又在天祥市场，买了一本唐写本《世说新语》。是罗振玉印的，极讲究，大本宣纸。这是《世说新语》最古的本子，系长卷，分藏四个日本人家，罗氏借来合印的。末附罗振玉手写的长跋，其中包括杨守敬初见此卷时的题跋。

这个写本，后来附印在中华书局一九六二年影印的，宋绍兴八年，广川董棻，据晏殊校定本所刻的《世说新语》的后面,当然是大大缩小了。这部书,我也购存一部,末附宋人汪藻所作叙录,包括书名篇数考证,考异,人名谱各一卷。

我买唐写本时,并不是打算考证《世说新语》的源流,对于这种学问,我是一无所知的。是为了习字。唐人写经,我已经有了几种,很喜欢这种楷法,这个写本,字更精彩,也大一些。

买来以后,我临写过两次。发见:这个写本,虽为考古家所重,当做字帖也很好。如果当做书籍来读,就很费劲。抄写时,脱字、错字很多,很多地方,读不成句,或不明其义。此外,有些字的写法,也很特别,虽系古法,已不适用于今日。

唐时,书籍靠抄写,为人抄写经卷,是一种职业。但这些书手,只写得一手好字,文化却不高明。抄写错漏之处,也不愿修改,因为那样一来,会使得卷面不干净,引起主人的不满。如果主人再不察,随即束之高阁,那就只能以讹传讹了。

无论是晏殊校本,还是陆游校本(实际也是根据的晏殊校本,即董棻刻本),都是在传写的基础上,经过整理的。古籍经过整理,总要进一步,但也要看整理者是什么人。如果遇人不淑,不学无术,妄自尊大,那古书的命运就很难说了。晏、陆二家,一代名宿,所校当然可靠。但四部丛刊本陆游跋语甚简略,并未说曾经他校改。文字可疑之处,已经后人校出,列于书后。

四部丛刊本《世说新语》,虽系明刻,实际上重开宋本,仅次真迹一等,确是善本。我现在阅读的,主要是这个本子。

我还从天津古籍书店,买过一部光绪十七年,湖南思贤讲舍刻的,经王先谦、叶德辉校勘的本子,共四册。第一册多题跋、释名,各一卷,第四册多考证、校勘小识,引用书目、佚文各一卷。材料多一些,但读起来,还是不如四部丛刊本醒目。

这部书,在书店翻阅时,标的定价是四元,当时我没买。后来,请他们给我送来,书价已改为六元。临时加码,装入私囊,这是一些书商的惯技,所遇已非一次,我只好任他敲了一下轻轻的竹杠,权当送他的车马费。

杨守敬跋唐写本云:

> 自规箴篇孙休好射雉起,至张阁毁门止,其正文异者数十字,其注异文尤多,所引管辂别传,多出七十余字,窃谓此卷不过十一条,而差异若此。

这是考据家的发见，应该尊重，但与读书关系不大。后来的整理本，删去管辂别传七十余字，是因为这一注文过长，有些文字与正文关联不大。其他个别字的差异，则因为写本的遗漏或错误。如元帝过江犹好酒一条，末句："酌酒一酣，从是遂断"。写本作"酌酒一唾从此断"，显然不雅。远公在庐山一条，"执经登坐，讽诵朗畅"句，写本脱"朗畅"二字，使句子不整。

像《世说新语》这类书，记载的是历史人物的言行，在古代，曾被列入史部，后来才改为子部小说类。史评家刘知几，曾对这样的"史书"，作如下评论：

> 孝标善于攻缪，博而且精，固以察及泉鱼，辨穷河豕。嗟乎！以峻(孝标名——耕堂注)之才识，足堪远大。而不能探赜彪峤，网罗班马，方复留情于委巷小说，锐思于流俗短书，可谓劳而无功，费而无当者矣。(《史通》)

但真正的历史家，例如司马光，在他撰写《资治通鉴》时，却常常取材于这类"小说"，读者信之，不以为非。

在古代，历史和小说，真是难分难解，能否吸取它的精华，全看自己的鉴裁眼光如何。

《世说新语》这部书的好处和价值,已见开篇引文。为更使览者明确,再引鲁迅论断:

> 《世说新语》,今本凡三十八篇,自德行至仇隙,以类相从,事起后汉,止于东晋。记言则玄远冷峻,记行则高简瑰奇,下至缪惑,亦资一笑。孝标作注,又征引浩博,或驳或申,映带本文,增其隽永。所用书四百余种,今又多不存,故世人尤珍重之。"(《中国小说史略》)

我读这部书,是既把它当做小说,又把它当做历史的。以之为史,则事件可信,具体而微,可发幽思,可作鉴照。以之为文,则情节动人,铺叙有致;寒泉晨露,使人清醒。尤其是刘孝标的注,单读是史无疑,和正文一配合,则又是文学作品。这就是鲁迅说的"映带",高似孙说的"有不言之妙"。这部书所记的是人,是事,是言,而以记言为主。事出于人,言出于事,情景交融,语言生色,是这部书的特色。这真是一部文学高妙之作,语言艺术之宝藏。

虽是小品,有时像诗句,有时像小说梗概,有时像戏剧情节。三言两语,意味无尽。这是中国一种特殊的文体,一种文史结合,互相生发的艺术表现形式。

人言东晋，清谈误国，是否如此，不得而知。统观此书，其谈吐虽冲远清淡，神韵玄虚，然皆有助于世道人心之向善，即所记人物行止，亦皆备惩劝之功能，绝非虚无出世之释道思想，所可比拟也。

此书尚有清代纷欣阁刻本，亦称善本，寒斋未备。

一九八六年十二月二十日记

买《流沙坠简》记

我忘记了从什么地方知道这部书，并为什么想要买它。鲁迅日记的书账上,不记得有没有这部书。有很长时间,我是按照他的书账买书的。鲁迅曾经说过,罗振玉印的书是很贵的。

六十年代初,我从北京中国书店,购进这部书。可能只是因为慕名,也因为有些闲钱。书店的标签上定价是一百元,为甲等一级,可见其名贵,也是我藏书中价钱最高的一种。

书共两函,三大册。乌青布套,封面为土黄色,这是象征流沙吧。纸是日本印书用的宣纸,质地很好,国内是很少见的。罗氏的书,很多是在日本印行的。此书除图版外,文字部分全部系书写上版,楷书庄严秀丽,两个序文的字体尤佳。第一册,扉页里面有上虞罗氏宸翰楼印标记。罗序称：古简册出于世，载于前籍者凡三事：一、晋之汲郡；二、齐之襄阳；三、宋之陕右。序末记宣统甲寅，实为一九一四年也。

次为王国维序。略考简牍出土之地，一为敦煌西北之长城(出土者为两汉之物)。二为罗布淖尔北之古城(魏末以讫前凉之物)。三为和田东北之尼雅城等三地 (古者汉遗物，近者隋唐之际)。王序末无宣统字样，只书甲寅。

图版分三部：(一)小学术数方技书。(二)屯戍丛残。(三)简牍遗文。

第二函两册，内容为考释及补遗，补遗考释，附录等。

以上，此书内容之大略也。

罗氏此书，虽根据英人斯坦因图版及沙畹考释，然为国内研究汉晋简牍之始。王国维的序及先后考释，内容精确，行文严谨，功力甚厚，为后来研究此种学问者，开辟了一条正确的道路。出土简牍的研究，主要在于汉代及以后的屯戍制度，王国维分为：簿书、熢燧、戍役、禀给、器物、杂事六项。它涉及的是古代西北地理、军事设施及其沿革。

然此书所得简牍甚少，后续有出土。一九三〇年，在额济纳河流域黑城附近，发掘出汉简一万余枚。建国后，用其中两千余图片，汇印为居延汉简甲编，我也买了一册。精装大本,价三十元。与罗氏印书相较,书品风格,已大不相同。

陈梦家根据丰富的材料,写了不少研究木简的论文,后汇集为汉简缀述一书,一九八〇年中华书局刊行。我也买了一册。较之王国维,陈的考释,更为详细具体,研讨方法,仍追踪王氏,行文则比较通俗。陈初为闻一多派诗人,后考订金石,一九六〇年,转治汉简,突飞猛进,成绩可观,然不久即惨死于十年浩劫。以诗人才华,退而考古,终不免死于人事纷扰之中,与王氏同,二人先后以学者之身,死于非命,亦考古一途之厄运也。读其书,不无戚戚之感。《流沙坠简》一书,初到我家时,完整如新,想来也是爱书人所藏,大概也不经常翻阅,上面连颗图章也没有。"文革"中被抄去,封套略有破损,发还后,我已修整过。我对它,与其说是读书识字,不如说是欣赏印本。几十年来,不过打开过三次,这次是为了写文章,恐怕是最后一次了。想在上面打个印章,想了想,还是前人的作法对,就作罢了。

为了阅读它,我还从北京五洲书局,买了一本斯坦因《西域考古记》,向达译。这本书里,有斯坦因窃取敦煌石窟宝物的详细记述。第十章,有关于这些木简出土的情况。在这本书里,还可以看到,当这个外国人在我国西北行窃时，当地的官员、首领以及无业游民，吸鸦片者，贪图小利，为洋大人所收买驱使，甚至主动帮忙的情景，贪婪、愚昧、无知的心态。抚今而思昔，温故而知新。这当然是文字以外的书，题目以外的话了。

一九八七年一月十日写讫

买《宦海指南》记

有那么一段时间，我向外地函购旧书，达到了恣意滥买的程度。存书中竟有这样两部：

(一)《宦海指南》五种。包括：《钦颁州县事宜》，《佐治药言(续言附)》、《学治臆说(续说附)》、《梦痕录节钞》、《折狱便览》。

(二)《增广入幕须知》十种。包括：《幕学举要》、《佐治药言》、《续佐治药言》、《学治臆说》、《学治续说》、《学治说赘》、《办案要略》、《刑幕要略》、《赘言十则》、《办公八字》。

两部书内，有好几种是相同的。我既不想做官，也不想入幕，不知道为什么买了这些书。

即使想做官入幕的人，这些书对他恐怕也没有什么用处，因为都是清朝时的文献。不过，《佐治药言》和《学治臆说》，还有《梦痕录》的作者——汪辉祖，却引起我很大的兴趣。从这里读到他的著作，我是很高兴，很有兴趣，很满意的。

汪辉祖，清乾嘉时，浙江萧山人。那一带的读书人，如果科场不得利，多改业佐幕，就是后世所称的绍兴师爷。他的父亲，曾从事过这种职业，但很快就自动不干了，以为“有损吾德”。汪辉祖青年时，在做官的岳父那里，看到那些幕僚们收入不错，可以养家糊口，他也跃跃欲试。当他把这个愿望告诉家人时，他的祖母和母亲同声斥责他，不要忘记父亲的遗言。汪辉祖郑重发誓以后，才正式当了幕宾。他先后在十几个州县官那里当刑名师爷，工作了三十多年，写了《佐治药言》一书。晚年得中进士，自己也做了一两任州县官，很快就退休了，又写了《学治臆说》一书。

他的《佐治药言》，当时就很有名，为人重视，因为都是根据他的见闻经验写作而成，他的文字也很通达简练。

师爷一职，名声本来很坏。汪辉祖也自称，从事这种职业，是“寄人篱下，鸡鹜夺食”。但这种职业，又关系人民的安危生死，至为重要。所以他根据这一行应有的职责道德，著书立说，以教后人。

他的书，一直到清朝末年，还不断为州县官翻印，是有价值的政书。《梦痕录摘抄》，是从他晚年所写的回忆录，摘取有关幕职的片断而成,所以也列在这类书籍之中。

耕堂曰:汪辉祖在当时,既非文化界名流,亦非思想界领袖,不过是州县的一个幕僚。但他的著作,却不只受重视于当时,鲍庭博刻入权威性的《知不足斋丛书》,阮元为之作序。而且被推崇于后世,及至民国,仍为胡适、周作人辈所搜求。汪氏著书之时,不过是为了把自己从事这种职业的经验和见解,介绍给同业者或初习者,并非有意邀取评论界的哄抬,或羡慕外国的奖金。当今之世,有文士焉,本无经历,亦乏学识,著书立说,不为社会效益着想,不为读者身心立意,空设玄虚之境,念念巫祝之辞,企图惑群招众,成立流派,自封教主,亦近狂矣。中华民族,并非如此等人所说的,那么愚昧,那么封建。自古以来,中国人对文化对书籍,都是有选择的,有见解的。主要是看你的书,是否实际,是否有用,是否引人向上。如果你写的书,内容无实际,所谈非经验,读后使人昏暗沉沦,即使你虚作声势,亮出旗号,人民也是不买你的账的。

中国人认为有用的书,必须:一、有义理。二、有辞章。三、有事实。如果,你所写的书,与以上三方面,都不沾边,那就是无用的书,古人所谓灾害枣梨的书。汪辉祖得著书立说之道,故其书人称为有用之书。

任何工作从事久了，富有经验，都可以写成一部书。这部书如果写得好，就不只对这一种职业有用，也会对其他职业有用。汪辉祖从事的职业目前已经没有了，但他的著作，还是有用处的。

一九八七年二月二十日病后补写

读《棠阴比事》

四部丛刊二集，有此书名，我没有买到零本。后来在天祥市场，遇到这一部清朝道光年间朱绪曾仿宋刻本，花了两元五角钱，买了回来。书堆放在货架底层，封套破旧，落满灰尘，想来是很久卖不出去的下脚货了。

原藏书人，不可考，好像是一个银行职员。他用来抄补缺断的纸，是营口中国银行的簿记纸。他除抄录了残页的文字，还抄了知不足斋抄本的一个序文，夹在书内。书已经修补重装过，到我手中，我又把开裂的页缝用薄纸粘连好，把封套刷净。

它还是很可爱的。因为书的底本，是黄荛圃的旧藏，真正的宋本。黄在为人家析产时，在租簿中发见了它，当时即定为上等。后来到了他的手中，写有很长的跋尾，也刻在这个本子的后面。

朱绪曾的刻本，无论版式、字体、纸张，一体仿宋，就连宋讳，也照样缺笔，对于我这个没有见过宋版书的人来说，真是大开眼界了。

本书作者桂万荣，南宋时鄞县人，庆元二年进士，做过余干尉。他在序文中说："取和鲁公父子疑狱集，参以开封郑公折狱龟鉴，比事属辞，联成七十二韵。"就是先以四字两句的韵语为一条目，然后分注一段有关折狱的故实。这些故实，都取材于宋人的笔记、碑传，或宋以前的著作。现在看来，他拟定的这些韵语小标题，实在没有什么特殊的意义。如果单独看，则不知所云；如果联系注文来看，又似乎多此一举。并且所引事例，多系传闻小说性质，说对办案人有所启发则可，说是办案的准绳、龟鉴，则悬殊太大，且太危险。如言八十老翁所生子，最怕冷，在日下无影子等等，几近于迷信无知之谈。明人吴讷，为其删补，盖有因矣。

然此书历来被列入子部法家类著作之中，且被从政的人以及藏书家称为有用之书。这是因为中国古代崇尚道理空谈之书，一提法家，就是商韩，真正的有关法律著作，流传下来的太少。明清以前的刑律，只有一部唐律，较为完整。私家著述，有关这方面就更少，只散见于一些笔记小说之内。而一成小说，则故事性、趣味性强；一成笔记，则上下其手，出入其词。或自作聪明，主观想象，掺杂以之为法制准则，其不可也太明。清代一些学者如孙星衍辈，注意及此，辑录校印一些旧文献，也很零碎，不足为“法”。

这部书，我买来时没有仔细看，近日读了一遍，就像读其他笔记小说一样，没有什么“法家”的感觉。

书分两册，正文只五十二页，而字如核桃大小，很快就读完了。

耕堂曰：司马迁有言：“且事本末未易明也。”又说：“画地为牢，势不可入；削木为吏，议不可对。”鲁迅有言曰：“印书的合同，是明明白白的，但我不愿意到那些不明不白的地方去辩解。”乡谚有云：“屈死不告状。”此为过去人民对政法之印象。法本为民而立，而民与之隔阂，畏而远之。疑狱多而难明，由来久矣！

一九八七年二月二十六日写讫

读《李卫公会昌一品集》

进城以后,我买了不少丛书集成的零稿书,其中包括一些政治家的文集。书籍发还以后,我还住在小屋里,大书靠墙垒好,这些小型书本,就堆在方桌底下。那时与张君同居。一天我下班回来,张告诉我,她把那些小书都处理了。处理是很方便的,出门就是一个废品收购站。我没有说什么,除去一些杂书,有几部成套的文集,也被处理掉了,包括《范文正公全集》。都是很新的书,道林纸本。

惋惜之情,与日俱增。商务当年印的这些书,版本小巧轻便,印刷清楚,校对可靠,断句可信。现在有些新印的古籍,前言说明根据的什么珍本,参校了多少善本。别的不讲,只看标点,就错误百出,有的实在是笑话。书装订得很厚,是为省工;用纸粗糙,是为了料贱,与商务印本相比,因有今不如昔之叹。张君处理书,以书本大小为取舍,不懂书的内容，因为她只读过一些唐诗宋词和外国小说。也可能只是为了走路方便，吃饭时脚下清爽。

还好，床铺下面的没有动。这部《李卫公会昌一品集》，当时就屈尊在那里。

《李卫公会昌一品集》，丛书集成初编，据畿辅丛书本排印。不到三百页的书，却分装四册，老年人读起来，轻巧方便，有不可言之妙。

李卫公就是李德裕，唐武宗时名相，新旧唐书均有传，传都写得很长，记其功业事迹。

旧书卷一百七十四，史臣称赞他的“禁掖弥纶，严廊启奏”时说：“语文章，则严马扶轮；论政事，则萧曹避席。”评价很高。谈到他的缺点，则说：“不能泯是非于度外，齐彼我于环中。”这指的是他同牛僧孺等人的朋党斗争。“与夫市井之徒，力战锥刀之末，才则才矣，语道则难。”

新书卷一百八十，对他的缺失，说得比较委婉：“宁明有未哲欤？”

道与哲，都是很玄妙的，很难捉摸，也就很难判断有无。对历史人物，我们只能信任史书的论断评价。近人吕思勉著《隋唐五代史》，称李德裕为人贼险阴狠。鲁迅在《唐宋传奇集·稗边小缀》中，也说这人最后流窜岭南，是因为伤人太多,自食其果。鲁迅是从那篇传奇小说《周秦行纪》谈起的。李的门徒写了这篇小说,署名牛僧孺的名字。小说是自述体,内容不止对当今皇帝大不敬,主人公并于冥冥之中,与前代皇后杨贵妃结合。然后,李德裕作《周秦行纪论》,咬牙切齿,罗织罪名,落实到牛的身上,欲置之死地而后快,那文字真可以说是带有血腥味道。

奇怪的是,这篇小说,一直署着牛僧孺的名字,流传下来。当时皇帝,并未追究此事,牛本人也不曾辩诬自解,遂成为文学史上一桩奇异公案。这是因为,李党的这种栽赃做法,手段和目的太明显了。皇帝不会相信,读者也不会相信的。

小说写得确实好,为历代文学史家们称许。在当时可以说是富有开拓精神,并闯入了一个禁区。使人又奇怪的是,作者既有这般才能,为什么不自行创作,却去干这种事?为什么除此以外,又别无作品流传,却把版权白白送给了敌手?

李慈铭在他的日记中说,唐代的传奇小说,多是考不中进士,或考中进士而穷极无聊的人所为。故多荒唐之言,并好造作、揭露他人阴私。这当然不能一概而论。

我现在读的一品集目录中,原有这篇小说和李德裕的《周秦行纪论》，都为编者删去。注云：朋党之见，不足示后。盖为乡贤讳也。李德裕是赵郡人。

古代的所谓朋党，大概就是政见相同的集团；其间的斗争，就是政见不和吧？

李德裕在《论侍讲奏孔子门徒事状》一文中说："西汉刘向云：昔孔子与颜回、子贡，更相称誉，不为朋党。禹稷与皋陶，特相汲引，不为比周。何则？忠于为国，无邪心也。"在《朋党论》中，他又说："治平之世，教化兴行，群臣和于朝，百姓和于野。人自砥砺，无所是非，天下焉有朋党哉！仲长统所谓：异同生是非，爱憎生朋党，朋党致怨隙是也。"

这些见解、说法，都是无可挑剔的。实际斗争起来，剑拔弩张之际，恐怕就做不到，甚至反其道而行之了。唐宋以来，朋党间的斗争，得势者都是把对手流窜得越远越好。

耕堂曰：今读李卫公失意后所作诗文，亦多悟道之言。岂人之一生，穷极潦倒之时，则与道近，而气势焰盛之时，则与道远乎！

一九八七年五月一日写讫

我的农桑畜牧花卉书

一 《齐民要术》

后魏贾思勰著，商务印书馆国学基本丛书简编本，一九三八年六月印于长沙。

前有序，历数神农，后稷，及先圣贤哲，教民耕作，重农桑之言。反复抄引，不厌其详。中多名句，至今引人深思。

> 淮南子曰：圣人不耻身之贱也，愧道之不行也。不忧命之长短，而忧百姓之穷。是故禹为治水，以身解于阳睢之河；汤由苦旱，以身祷于桑林之祭。神农憔悴，尧瘦癯，舜黧黑，禹胼胝。由此观之，则圣人之忧劳百姓亦甚矣。

农事多神话,所述非帝王之形象,乃农民之形象。

贾思勰做过高平太守,此书当亦教民之言。“起自耕作,终于醯醢”,书之内容也。

二 《农书》

元王祯著,商务万有文库本共三册。

此书,鲁迅先生曾向青年推荐。余另有民国十三年,山东公立农业专门学校图书馆,大字线装本,共四册。首为郭葆琳序;郭,农校校长也。次为张恺题辞,为五言长诗,末有句云:“从此世界中,勿笑黄种黄,黄种有农师,山东东平王。”

《四库全书提要》云:“祯字伯善,东平人,官丰城县尹。……元人农书存于今者三本,《农桑辑要》,《农桑衣食撮要》二书,一辨物产,一明时令,皆取其通俗易行。惟祯此书,引据赅洽,文章尔雅,绘画亦皆工致,可谓华实兼资。”

余粗读其文,而观其图,除蚕桑之事,颇为生疏;农耕器用,均与儿时所见所用者无异。中国农业之发展,长期近于停滞,原因甚多,农民生活之不得改善,乃其主要者。

三 《农桑辑要》

元司农司撰，末有道光二十年知合肥县事丹徒陆献跋。系据乾隆时武英殿聚珍本重刊,四册,有布套,价三元。

《四库提要》云:"盖有元一代,以是书为经国要务也。"又说:"详而不芜,简而有要,于农家之中,最为善本。当时著为功令,亦非漫然矣。"

书分七卷。卷一,典训,耕垦。卷二,播种。卷三,栽桑。卷四,养蚕。卷五,瓜菜。卷六,竹木。卷七,孳畜。

前有至元癸酉翰林学士王磐序:

> 读孟子书,见其论说王道,丁宁反覆,皆不出乎夫耕妇蚕,五鸡二彘,无失其时,老者衣帛食肉,黎民不饿不寒,数十字而已。大哉农桑之业,真斯民衣食之源,有国者富强之本。王者所以兴教化,厚风俗,敦孝悌,崇礼让,致太平,跻斯民于仁寿,未有不权舆于此者矣。

而陆献跋则谓：

> 孟子言蚕桑详矣，何以论语无一言及此？不知富之者，富之以农桑也；比及三年，可使足民者，足之以农桑也。制田里，教树畜，盖包括其中矣。

耕堂曰：中国历代重农，以为富国强民之本，并以农桑为兴教化、敦风俗之基础。然以农桑致富，则甚不易。余在农村，见到所谓地主富农者，实非由耕作所致，多系祖先或仕或商而得。未见只靠耕作，贫农可上升为中农，中农可上升为富农。而地主之逐渐没落者则常有。农业辛劳，技术落后，依靠天时，除去消耗，所得有限，甚难添治土地，扩大生产。故乡谚云："人不得外财不富，马不得夜草不肥"。古人亦云：稼穑艰难，积累以致之。然积累甚不易。稍有识见之地主富农，多经营商业、作坊，或令子弟读书，另谋发财致富之路。后者虽符合耕读传家之道，然能致富者少。弄不好反倒赔本，是对农业资产的一种削减。因宦途难登，做官多非读书之人也。然商业兴，得利者众，则土地日见分散，乃自然之趋势。

凡农书，大都贬低货殖、贸易。《齐民要术·序》称："舍本逐末，贤哲所非。日富岁贫，饥寒之渐，故商贾之事，阙而不录。”然今之传本，卷七有货殖一篇，首引范蠡之言：“计然云：旱则资车，水则资舟，物之理也。白圭曰：趋时若猛兽鸷鸟之发。故曰，吾治生犹伊尹、吕尚之谋，孙吴用兵，商鞅行法是也。”述货殖通变之道及执业之术。又引《汉书》：“谚曰：以贫求富，农不如工，工不如商，刺绣文，不如倚市门。”皆与序相矛盾，而又皆为社会现实，不得不承认者矣。

历代牧民之官，皆传刻农书，无见传刻商贾之书者，而其税征所得，从商贾来者，随社会发展，逐日增多。重农之说，遂成一句空话，名存实亡矣。

总之，像司马迁所描写的：“不窥市井，不行异邑，坐而待收，与千户侯等”的地主，在汉朝可以有，我在农村，是很少见到了。

四 《蚕桑萃编》

卫杰著，中华书局一九五六年，据清浙江书局刊本排印，一册。

卫杰是光绪年间,李鸿章当直隶总督时,管理蚕桑局的人。他在保定西关,买了一些适宜种桑的土地,又在他老家四川请了一些工人来,传授植桑、养蚕、织绸等事,先做试验,然后向各州县推广。当时好像很有一些成绩。他编写了这本书,李鸿章、王文韶、徐树铭,先后给他写了序文。

我在保定读书时,河北大学的农场,有很多桑树,长得很好,恐怕就是当时的桑地旧址。另外,幼年时,家乡子文一带,有大片桑园,恐怕也是当时推广蚕桑的遗迹。

关于北方能否种桑养蚕,历来好像有一些争论。李鸿章等人坚信古书记载,及顾亭林“西北高寒,最宜桑枣”之说,认为可以。前面说到的那位陆献,也是这样主张。实践证明,北方种棉则可,蚕桑希望不大。后来连桑树,也很少见到了。

不过,他这本书,编写得很详尽,图谱绘制得也很工致。所表现的工艺,比康熙年间的耕织图进步多了。

我从南京古籍书店,购得康熙御制《耕织全图》一册,价三元五角。据四库全书提要介绍,此图系石印本,但我分辨不出是原版,还是后来的翻版。每页正面为图,背面为康熙御制诗。白绵纸印,并有衬页。图内还附有别的诗。

宋楼玮撰有耕织图诗,不知是否在内。图也不知道是否根据宋时古本。

我还有一本中华书局一九五六年印的《裨农撮要》,薄薄一册,亦系种桑养蚕之书。陈开沚著。此人系清末寒士,后以桑蚕获利,自述其经验者。清末,有识者注重实业开发,有关著述,颇亦不少。

五 《农政全书》

明徐光启著,中华书局一九五六年精装本,上下二册。

《农政全书》,共六十卷,是徐光启汇录历代有关农事之言,及明人著作,参以己见,又经陈子龙等人整理编定的。就其内容来说,称为全书,实不为过。

前有张国维等四人的序。张序最佳,他以天人之学,论说农民、农事:

> 今为末作奇巧者,一日作而五日食。农夫终岁之作,不足以自食也。然则民舍本事而事末作,则田荒国贫之患,谁实受之?故凡农者,月不足而岁有余者

也。语亦有之：农之气，杲乎如登于天，杳乎如人于渊，淖乎如在于海，卒乎如在于己。是故此气也，不可止以力，而可安以德，不可呼以声，而可迎以音。非举八政四术之要，以安集而招徕之，则民腹尝馁，民情尝迫，而尚可谕以仁义，慑以刑威乎？且人所以恶雀鼠者，谓其有攘窃之行；雀鼠所以疑人者，谓其怀盗贼之心。上以食而辱下，下以食而欺上。上不得不恶下，下不得不欺上，各有所切也。

张国维的官职是：钦差总理粮储、提督军务兼巡抚应天等处地方。

当时的明王朝已处在总崩溃前夕，暗无天日，百孔千疮。民不聊生，农村骚动，揭竿而起的形势，已经形成。张国维看得很清楚，也知道农民的苦难，农民的心理，农民的要求，农民的力量。大厦将倾，局面已经不可收拾。他还想刊刻这部书，“预为训之戒之，图之策之”，以为亡羊补牢之计。不知此时再讲“农政”，为时已晚。

徐光启著书时，原意亦在此。他尝说：“所辑农书，若已不能行其言，当俟之知者。”非只文学，任何著作，都有时代的烙印。此书几乎用了一半的篇幅，大讲荒政，就是当时社会现实的反映。不幸的是,当他的书刊刻出来不久,明王朝就结束了。

张国维在序中还说:“今如病尫之人,日行百里,巾箱囊箧,喘汗临深。而犹鞭叱,不令稍止。噫!亦危矣。”

和张国维一同刻这部书的松江知府方岳贡,在序中说:

> 嗟乎!治乱无象,农之获安于农与否,是即其象。彼罹虏罹寇者,以死亡转徙失先畴而不获安。幸而免此,又以剿饷练饷,急罹虏罹寇者之患,而岌岌乎不获安。爱养元元者,其务所以安之哉!

这都是当时农村的实际情况,好像是在替农民说话。在官书的序言中,还是少见的。但这只是官话,他们实际做的,却正与之背道而驰。是没有人相信的,于实际无补的。

历代农书,所记农事,多是农民经验的记录;所介绍的农具,都是已有农具的图形。这都是著书人从农民那里学来的,农民不要看,古代典训,农民看不懂。所以官刻农书,只是一种形式,就像每年立春之时,皇帝在先农坛的活动一样。

徐光启的农书,除去辑录古代典籍之切实可行者,着重输入新的农业观点,新的种植方法,新的粮食品种,以及与农业有关的水利知识, 手工业技术。他出身农家,知识丰富,又得西洋技巧之传授,眼界宽,思想开放。因此,他的农学著述,与李时珍的医学著述,同为我国珍贵的文化遗产。

耕堂曰:四库子部农家类,著录无多,其重要者,余皆置备。《授时通考》,已送刘君,前已记述,其他数种,仍在架上。

蚕桑之书,实隶农书之内。此外尚有畜牧书《司牧安骥集》,而所有农书,亦皆包括畜牧。《司牧安骥集》,传为唐人所作,乃兽医古籍,并有相马内容,上绘图,下歌诀,易识易记。集汉唐马政经验,虽备军旅,亦关农作。

另有花卉之书,如明王象晋《群芳谱》,清官修《广群芳谱》,陈淏子《花镜》,及近人所著《花经》。《花经》为精装本,已送李君,而李君不爱书,不读杂书,视书籍为日常用品,等闲之物,想已不知去向矣。《齐民要术》以为,花卉无补实用,摈而不录。其实所有花谱,其中大部仍为农作之物,农书重食用,《花谱》重观赏。正如李时珍之《本草纲目》,米谷枣栗,皆有条目,不过着重谈其药用耳。《本草纲目》,余有商务排印本,阅读甚便,其中亦多农业知识。

余读书不重古本，然重校对。《群芳谱》为明末刊清修本，《广群芳谱》则为殿板之石印者。四库提要极力推崇御定之书，以贬低王氏原作，大不公平，王书自有其特色，非官书所能代替。

古代农书，多有占验祝祷，其中自有迷信，然另一方面，也有一些实际经验，且证明古代农民朴实，每作一事，皆认真虔诚，整洁以处。有些祝祭文字，写得还很有水平，如《齐民要术》所载祝轴文，视六朝骈体，并不稍逊，且有寄托。文人不得志，不能为经世之作，何处何时，不可写寄牢骚？读之慨然。

中国儒家重农思想，乃封建帝王长期重农政治之反映，从而形成以农业为基础的文化意识。然政治重实际效益，儒家又不得不通变，重视贸易。过去的商业，实际是从农业基础上，生出的一个派枝，并未形成自己的文化意识，仍以农业文化意识为指针，并受其制约，不断发生矛盾。

中国士大夫，向以农村为根据地，得意时则心在庙堂之上，仕宦所得，购置土地，兼开店铺。失意时则有田园之想，退居林下，以伺再起。习以为常，不以为非。但在言论上，则是重农轻商的。陈子龙在《农政全书》的凡例中说："方今之患，在于日求金钱而不勤五谷。"又说："不耕之民，易与为非，难与为善。”另有人叹息，商贾之兴，将形成“野与市争民，金与粟争贵”的局面。

我购买这些书，原也不是打算研究这门学问，不过是因为来自农村，习于农事，对于农书，易生感情而已。过去也没有认真读过，晚年无聊，乃重新翻阅一次，略记所得如上。

此外，尚购有商务一九五七年印，清吴其濬著《植物名实图考》，和该馆一九五九年印，同一作者的《植物名实图考长编》。两书为植物学著作，皆关系农业。

一九八七年八月七日写讫

我的金石美术图画书

初进城时,我住在这个大院后面一排小房里,原是旧房主杂佣所居。旁边是打字室,女打字员昼夜不停地工作,不得安静。我在附近小摊上,买了几本旧书,其中有一部叶昌炽著的《语石》,商务国学基本丛书版,共两册。

我对这种学问,原来毫无所知,却一字一句地读下去,兴趣很浓。现在想来:一是专家著作,确实有根柢。而作者一生,酷爱此道,文字于客观叙述之中,颇带主观情趣,所以引人入胜。二是我当时处境,已近于身心交瘁,有些病态。远离尘世,既不可能,把心沉到渺不可寻的残碑断碣之中,如同徜徉在荒山野寺,求得一时的解脱与安静。此好古者之通病欤?

叶昌炽是清末的一名翰林,放过一任学政,后为别人校书印书。不久,我又买了他著的《藏书纪事诗》和《缘督庐日记摘抄》,都认真地读了。

我有一部用小木匣装着的《金石索》,是石印本,共二十册,金索石索各半。我最初不大喜欢这部书,原因是鲁迅先生的书账上,没有它。那时我死死认为:鲁迅既然不买《金石索》,而买了《金石苑》,一定是因为它的价值不高。这是很可笑的。后来知道,鲁迅提到过这部书,对它又有些好感,一一给它们包装了书皮。"文革"结束,我曾提着它送给一位老朋友,请他看着解闷。这是我以己度人,老朋友也许无闷可解,过了不久,就叫小孩,又给我提回来,说是"看完了"。我只好收起。那时,害怕"四旧"的观念,尚未消除,人们是不愿收受这种礼物的。

也好,目前,它顶着一个花瓶,屹立在四匣《三希堂法帖》之上,三个彩绿隶体字,熠熠生辉,成为我书房的壮观一景。还有人叫我站在它的旁边,照过相。可以说,它又赶上好时光、好运气了,当然,这种好景,也不一定会很长。

大型的书,我买了一部《金石粹编》。这是一部权威性著作,很有名。鲁迅书账有之,是原刻本。我买的是扫叶山房石印本,附有《续编》、《补编》,四函共三十二册。正编系据原刻缩小,字体不大清楚,通读不便,只能像用工具书,偶尔查阅。续编以下是写印,字比较清楚,读了一遍。

有一部小书，叫《石墨镌华》，是知不足斋丛书的零种。书小而名大，常常有人称引。读起来很有兴趣，文字的确好。同样有兴趣的，是一本叫《金石三例》的书，商务万有文库本，也通读过了。因为对这种学问，实在没有根基，见过的实物又少，虽然用心读过，内容也记不清楚。

原刻的书，有一部《金石文编》，书很新，字大悦目，所收碑版文字，据说校写精确，鲁迅先生也买了一部。我没有很好地读，因为内容和孙星衍校印的《古文苑》差不多，后者我曾经读过了。

读这些书，最好配备一些碑版，我购置了一些珂罗版复制品，聊胜于无而已。知识终于也没有得到长进，所收碑名从略。

钱币也属于金石之学。这方面的书，我买过《古泉拓本》，《古泉杂记》，《古泉丛话》，《续泉说》等，都是刻本线装，印刷精致。还有一本丁福保编的《古钱学纲要》，附有历代古钱图样，并标明当时市价，可知其是否珍异。

我虽然置备了这些关于古钱的书，但我并没有一枚古钱。进城后，我曾在附近夜市，花三角钱，买了一枚大钱，“文革”中遗失了，也忘了是什么名号。我只是从书中，看收藏家的趣味和癖好。

大概是前年，一青年友人，用一本旧杂志，卷着四十枚古钱，寄给我，叫我消遣。都是出土宋钱，斑绿可爱。为了欣赏，我不只打开《历代纪元编》认清钱的年代；还打开《古钱学纲要》，一一辨认了它们的行情，都是属于五分、一角之例，并非稀有。但我心里还是有些不安，小大属于文物的东西，我没有欲望去占有。我对古董没有兴趣。它们的复制品、模仿品，或是照片，对我来说，就足够了。我只是想从中得到一点常识，并没有条件和精力，去进行认真的研究。我决定把这几十枚古钱，交还给那位青年友人。并说明：我已经欣赏过了。我的时光有限，自己的长物，还要处理。别人的东西，交还本人。你们来日方长，去放着玩吧。

我还买了一些印谱，其中有陈簠斋所藏《玉印》，《手拓古印》；丁、黄、赵名家印谱，《陈石曾印谱》，《汉铜印丛》等，大都先后送给了画家和给我刻过印章的人。

关于铜镜的书，则有《簠斋藏镜》，以及各地近年出土的铜镜选集。

关于汉画石刻，则有《汉代绘画选集》、《陕北东汉画像石刻选集》；还有较早出版的线装《汉画》二册一函，《南阳汉画像汇存》一册、《南阳汉画像集》一册。都是精印本。

《摹印砖画》、《专门名家》，则是古砖的拓本。

我不会画，却买了不少论画的书。余绍宋辑的《画论丛刊》、《画法要录》，都买了。记载历代名画的《历代名画记》、《图画见闻志》，《宣和画谱》，以及大型的《佩文斋书画谱》，也都买了。《佩文斋书画谱》，坊间石印本很多，阅读也方便。我却从外地邮购了一部木刻本，洋洋六十四册，古色古香。实际到我这里，一直尘封未动，没有看过。此又好古之过也。

古人鉴定书画的书，我买了《江村消夏录》、《庚子消夏记》。后者是写刻本，字体极佳。我还在早市，买了一部《清河书画舫》，有竹人家藏版，木刻本十二册，通读一过。因为未见真迹，只是像读故事一样。另有《平生壮观》一部，近年影印，未读。

文章书画，虽都称做艺术，其性质实有很大不同。书法绘画，就其本质来说，属于工艺。即有工才有艺，要点在于习练。当然也要有理论，然其理论，只有内行人，才能领会，外行人常常不易通晓，难得要领。我读有关书画之论，只能就其文字，领会其意，不能从实践之中，证其当否。陆机《文赋》虽玄妙，我细读尚能理解，此因多少有些写作经验。至于孙过庭的《书谱》，我虽于几种拓本之外，备有排印注疏本,仍只能顺绎其文字,不能通书法之妙诀。画论“成竹在胸”,“意在笔先”之说,一听颇有道理,自无异议,但执笔为画,则又常常顾此失彼,忘其所以。书法之论亦然:“永字八法”,“如锥画沙”之论,确认为经验之谈,然当提笔拂笺,反增慌乱。因知艺术一事,必从习练,悟出道理,以为己用。不能以他人道理,代替自身苦工。更不能为那些“纯理论家”的皇皇言论所迷惑。

我还买了一些画册,珂罗版的居多。如:《离骚图》、《无双谱》、《水浒全传插图》、《梅花喜神谱》、《陈老莲水浒叶子》、《宋人画册》等。

《水浒叶子》系病中,老伴于某日黄昏之时,陪我到劝业场对过古旧书店购得。此外还有《石涛画册》,《华新罗画册》,《仇文合制西厢图册》等,都是三十年代出版物,纸墨印刷较精。

木刻水印者,有《十竹斋画谱》,已为张的女孩拿去,同时拿去的,还有一部《芥子园画传》(近年印本)。另有一部木刻山水画册,忘记作者名字,系刘姓军阀藏书,已送画家彦涵。现存手下的,还有一部《芥子园画传》,共四集,均系旧本,陆续购得。其中梅菊部分,系乾隆年间印刷,价值尤昂。今年春节,大女儿来家,谈起她退休后,偶画小鸟,并带来一张叫我看。我说，画画没有画谱不行，遂把芥子园花鸟之部取出给她，画册系蝴蝶装，亦多年旧物也。大女儿幼年受苦，十六岁入纱厂上班，未得上学读书。她晚年有所爱好，我心中十分高兴。

一九八七年九月十六日写讫

附　记：

一九四八年秋季，我到深县，任宣传部副部长，算是下乡。时父亲已去世，老区土改尚未结束，一家老小的生活前途，萦系我心。在深县结识了一位中学老师，叫康迈千。他住在一座小楼上。有一天我去看他，登完楼梯，在迎面挂着的大镜子里，看到我的头部，不断颤动。这是我第一次发见自己的病症，当时并未在意，以为是上楼梯走得太急了，遂即忘去。

本文开头，说我进城初期，已近于身心交瘁状态，殆非夸大之辞。

一九五六年，大病之后，结发之妻，虽常常独自饮泣，但她终不知我何以得病。还是老母知子，她曾对妻子说："你别看他不说不道，这些年，什么事情，不打他心里过？"

那些年，我买了那么多破旧书，终日孜孜，又缝又补。

有一天,我问妻子:“你看我买的这些书好吗?”

她停了一下才说:

“喜欢什么,什么就好。”

她不识字,即使识字,也不会喜欢这些破旧东西的。

有时,她还陪我到旧书店买书。有一次,买回一本宣纸印刷的《陈老莲水浒叶子》,我翻着对她说:

“这就是我们老家,玩的纸牌上的老千、老万。不过。画法有些不一样。”

她笑着,站在我身边,看了一会儿。这是她第一次,也是仅有的一次,同我一起,欣赏书籍。平时,她知道我的毛病,从来也不动我的书。

我买旧书,多系照书店寄给我的目录邮购,所谓布袋里买猫,难得善本。版本知识又差,遇见好书,也难免失之交臂。人弃我取,为书店清理货底,是我买书的一个特色。

但这些书,在这些年,确给了我难以言传的精神慰藉。母亲、妻子的亲情,也难以代替。因此,我曾想把我的室名,改称娱老书屋。

看过了不少人的传记材料,使我感到,中国人的行为和心理,也只能借助中国的书来解释和解决。至于作家,一般的规律为:青年时期是浪漫主义;老年时期是现实主义。中年时期，是浪漫和现实的矛盾冲突阶段，弄不好就会出事，或者得病。书无论如何，是一种医治心灵的方剂。

九月十七日

读《求阙斋弟子记》

一

求阙斋，系曾国藩斋名，撰者王定安曾供职他的幕中，小有文名，过去提到的《湘军记》，也是他的著作。文师桐城，对自己的史才，也颇自负，实际上并不高明，但史法还是可以看出一些来的。这部书，实际上是曾国藩的传记资料。

据扉页，此书光绪二年，刊于都门，板存琉璃厂东门桶子胡同龙文斋。李鸿章题署。

书价十六元，购自何地，已不能记忆。白粉连纸印，刻工不精，笔画时有错乱，京板之通病。有七千卷书楼孙氏记印章，朱、黄二色断句，通读到底，可谓用功之士矣。

全书共十六册，三十二卷。分《恩遇》，《忠说》，《平寇》，

《剿捻》,《抚降》(李世忠),《驭练》(苗沛霖),《绥柔》(包括天津教案),《志操》,《文学》,《军谟》,《家训》,《吏治》,《哀荣》等节。

此书购于读太平天国史料,兴趣正浓之时,然书到较迟,不久即逢浩劫,未及细读。今又检出,心情已非往日。太平天国史料,多已束之高阁,兴趣已成过去。写来写去,读来读去,所谓天国之梦,不过惊醒于“自相残杀”四字而已。非曾氏兄弟之功业也。

当金田骚动之时,天主耶稣,本非中国之物,塾师炭夫,亦非群众景仰之人,何以登高一呼,万夫云从?此因人民深陷水火,求生之念甚切,亟思有人拯救,并不顾及前途吉凶,到底如何。遂于短期之内急转直下,掩有半部江山。曾、左之徒,初以封建道统,号召地主子弟反抗异端,而旷日持久,未见成效。终以天国内讧,乃告功成。此非曾、左封建道统之胜利,乃洪杨本身封建道统之胜利也。历史如此嘲弄,人民可不知畏乎?

今读此书,《平寇》一节,略而不读,从《剿捻》开始。

由弟子记其先师言行,成为著述,古代多有。《论语》就是一部弟子记。但像《求阙斋弟子记》这样卷帙浩瀚的书,还是少见的。这是因为曾国藩去世不久,威名未消,他手下文武，仍在掌权。把老师的文功武略，弄得冠冕一些，大家的脸面，都会增添光彩。

曾国藩对付太平军，是用深沟高垒，长期围困的办法。对付捻军的办法，则经过几次改变。最初，鉴于僧格林沁的惨败，他向皇帝疏奏：他本人不能骑马，不能像僧亲王那样，身不离鞍，昼夜穷追。他主张用重镇堵截的办法，并说这是他的所长。然而他的措施并不见效，引起朝廷的不满，有的御史还上折子，请求对他“略加贬抑”，朝廷虽然没有采纳，但对他的态度，已经远不像“发逆”未平时那样倚重了。

后来，他又采用追、堵并重的办法，收效也不大。捻军之败，还是败在潘鼎新属下的洋枪队上，正像帝国主义参与其间，遂使太平天国失利一样。

捻军的马队，实在厉害。王定安描述道：

> 然旋灭旋起，且益狡悍。每侦官军至，避走若不及，或穷追数昼夜，乃反旗猛战，以劲骑分两翼，抄我军马。呶人欢慓，疾如风雨，官军往往陷围不得出。贼尤善用长锚，巨者逾二丈。我军以枪炮轰击，贼马闻枪声，腾扑愈猛，瞬息已逼阵，枪不得再施。又喜以一

步扶一骑,为团阵滚进,官军以此益畏之。

曾国藩屡次承认,官军的马队,远不及捻军。不过他提出的清圩政策,确实给捻军造成了很大的困难。王定安写道:

自捻逆扰乱以来,据蒙亳村堡为老巢,居则为民,出则为捻,若商贾之远行,时出时归。其回窜也,皆有莠民勾引。

清圩以后的情形,则是:

厥后任赖由泗宿入怀远,牛烙洪由永城入亳州,皆欲回巢,纠党装旗。各圩寨闭门与贼绝,贼徘徊怀远,几及一月,卒不得逞。从此贼遂四出不归,以迄于灭。

但是,曾国藩的"剿办流寇,原不可以无定之贼踪,改一定之成局"的老成持重的主张,因师老无功,朝廷不再耐烦,就叫李鸿章把他换掉了。

同治七年正月,西捻首领张总愚,从陕西转战到京畿以南,雄县一带。京师戒严,清廷大恐,几乎把全国得力的将领都调来会剿。左宗棠到了定州,他向皇帝疏陈的方略中,也有一段对捻军的描述:

> 臣维捻匪惯技,在飘忽驰骋,避实乘虚。始犹马步夹杂,近则掠马最多,即步贼亦均乘马。临阵则步贼下马,挺矛攒刺,而骑贼分剿官军之后。其乘官军也,每在出队收队,行路未及成列之时。遇官军坚不可撼,则望风远引,瞬息数十里,俟官军追及,则又盘折回旋以疲我。其欲东也,必先西趋;其欲北也,必先南下。多方以误我……

从以上所引,可略见当时捻军之声势,军容,战术,以及进止聚散的情形。此次,捻军曾打到我的家乡安平、深泽、深县、饶阳一带。给当地人民留下了深刻印象。我幼年还听到母亲讲"小阎王造反"的故事,当时不知小阎王是谁,现在才知道是张总愚的绰号。

那么多马队,驰骋在大平原,可谓壮观。闭目凝思,宛如再现。故乡近代,凡经战争逃难生活三次:一即小阎王造反；二义和团抗击洋人；三抗日。前二次，母亲一辈经历之。

一九八七年八月二十六日记

二

王定安撰写的《求阙斋弟子记》中的《家训》部分，实际就是我们常见的《曾文正公家书》，不过免去了上下款及年月日。分为《寄诸弟》、《寄弟国潢》、《寄弟国华》、《寄弟国荃》、《寄弟贞干》，《谕二子》、《谕子纪泽》、《谕子纪鸿》。所收亦略少，只有薄薄一册。

中国自古以来，有很多家书、家训行世。然多流传不广，有些只存在自家的祠堂中。曾国藩的家书，却不得了，流传了几十年，差不多读书人家，都会有一部。因为他是近代"闻人"，官职又高，他的思想，为封建统治者所推崇，儒学子弟所信仰。"五四"以后，才逐渐冷落下来。但在一部分家长心中，还认为是教育子弟的必读之书。

我上中学的时候，父亲寄给我一部《曾文正公家书》，是大达图书公司的排印本(即当时所谓一折八扣书)。父亲还附了一封信，大意是：他幼年家贫，读书不多，今以此书授我，愿我认真阅读。信写得很带感情。我年幼不懂事，那时正在阅读革命书籍，对曾国藩等人很反感，且甚瞧不起大达印的书，随即给父亲回了一封信说：以后不要再买这种书，这种书在保定街头，到处都有，没有人买……我想父亲接到信，一定会很不高兴，但也没有来信责备我，以后也没有再给我寄过书。我带回家中的书，父亲从来也不看，也不问，只说我是个书呆子。中年以后，我才认真读了这部书。

因此我想到：所谓家书家训之所以流传，不一定是因为它的内容，多半是由于写信人的权势和声望。他的说教，即使当时，受信人也不一定听信。例如曾国藩的家书，前后言论，并不完全一致。对于一个人，例如对曾国荃，在曾国荃未显达与已显达以后，所谈所论，就有很多不一样。有很多顺时应势，矛盾依违，甚至吹嘘拍马之辞。这还说得上是兄弟间的真诚感情吗？

再说，家庭已经是朱门侯府，子弟已经是纨袴少爷，还教他“书、黍、鱼、猪”，会有效果吗？

对于广大读者，则有环境和时代不同，心意能否相通的问题。我幼年时，在中学课本上，读曾国藩的家书，就觉得不如读郑板桥的家书亲切。因为郑虽是县令,他弟弟究竟是农民,和我的生活距离小,所谈事物,容易理解。曾国藩是太子太保,是爵相,即使他谈的也是普通道理,总觉得和我们平民的心思,不能相通。因此也就不能完全相信,总觉得其中有什么虚伪的地方,言行不一致的地方。

这当然不是一笔抹杀曾国藩的家书。他的家书,自有它多方面的价值,现在还有很多人在研究。另外,他的家书和他同时代的要人们的家书相比,在指导读书,谈论诗文,讨论书法,研究刻书等方面,见解虽不见得高明,读后还是使人有些收获的。比起左宗棠的家书,就显得有学问多了。左氏的家书,我有仿宋排印本两册。其中多谈家务杂事,少谈文史。

至于时代不同,思想变化,那就更难说了。我认为,现在不会有家长,再叫孩子们去读曾氏家训。八十年代的中国青年,将不知他的“进德、修业”为何物。

我的结论是:凡是家书、家训,只能对当家长的人,有影响,有用处。对于青年人,总是格格不入的。

但是,什么话也不能说得太绝对。听说,曾氏的后人,情况还是不错的。这也可能是他们先世的遗泽,包括家书、家训,起了一定的作用。

耕堂曰:咸同之世,湘乡曾氏,号称伟人。对内尽忠于异族,对外屈膝于列强。接连讨伐起义之民众,极尽残酷。杀人日多,声势益隆。曾氏自言其初衷:为解君父之忧,不畏后世之讥。后虽亦自省:内疚神明,外惭清议,盖饰词耳。早已盖棺论定,实已无案可翻。然政治风云,究非个人私事,时代如彼,对曾氏亦应论世知人。

当其显赫之时,正如长江上往来船只,无一艘不插曾氏旗号,他的一言一行,亦无不为人师法。其所著述,人手一编,众口一词,不敢异议。然仅至民国初年,新的学说兴起,革命者已视彼为粪土矣。因知伟人之言论,其价值,随时代之变化,或因其权势之消长,必有所升降。其升也迅,其降也速;其势也隆,其消也无声。万世不移,放之四海而皆准,乃夸张之说法。伟人之论如此,名人之论亦如此。在历史长河中,一种言论,一种学说的沉浮现象,是常见的。它是与时代要求,社会现象相关联的。但一种学说沉落之后,有机会再为浮起,无论如何,不会再有当年的声势和影响。对曾国藩的家书、家训,也要这样去看。

一九八七年九月二日写讫

三

“天津教案”列在本书的《绥柔》中一章。著者王定安记其梗概云：

同治九年五月二十五日，上谕曾国藩，著前赴天津，查办事件。初天津有奸民张拴、郭拐以妖术迷拐人口，知府张光藻、知县刘杰捕诛之。而桃花口民团，复获妖人武兰珍。兰珍迷拐幼孩李所，鞫讯得实。讪言受迷药于教民王三。闾阎大哗，疑西洋天主教堂所嗾，或言洋人抉幼孩目，剖其心为药料，城外义冢内尸骸暴露，皆教堂所弃。津民益怒，时相聚语谋报复。三口通商大臣崇厚檄天津道周家勋等，会法国领事官丰大业，至天主堂公讯。兰珍语言殊支离，案弗能决。适士民观者麇集，偶与教堂人有违言，抛砖石相击。丰大业负气，径至崇厚公署，诉其状。崇厚出见，以枪狙击不中。崇厚抚慰之，且戒勿轻出激民愤，弗从。恚愤出署，路遇杰，复以枪击之，误伤其仆。居民见者皆哗噪，殴丰大业毙焉。遂焚毁教堂洋房数处，教民及洋商死者数十人……

著者对这次事件的叙述，还是比较真实客观的，也很简练，头绪也清楚。在叙述中，又以夹注的形式，引用了当时天津知府张光藻写给曾国藩幕宾吴汝纶的信，详细地叙述了事件的经过，并在文字中透露了知府本人的看法。这是官场的一种手法，所谓先通关节，以便使即将来查办此案的曾国藩先入为主，听信他的报告。

但现任直隶总督的曾国藩，已经是久经仕宦的老奸巨猾，他所注意的不只是下情，更注意的是上情——即朝廷的意图。而朝廷的意图，又是常常变化的，对涉外的事件，尤其如此。掌握不好，不只于事无补，甚至会弄得身败名裂。所以，这次皇帝(实际是慈禧太后)叫他查办此案，对曾国藩来说，实在是一个大难关，关系他一生荣辱利害的大考验，大关键。

我有一部石印的《曾文正公手书日记》，不妨再利用一下。在日记第三十六册，五月十五日，他上了续病假的折子。但朝廷催得紧，他在二十六日记道："廷寄派余赴天津查办事件。因病未痊愈，踌躇不决。"二十七日记道："思往天津查办殴毙洋官之案，熟筹不得良策，至幕与吴执甫一商。”三十日记道：“天津洋务，十分棘手，不胜焦灼。”六月初二日记道：“余日内因法国之事，焦虑无已。”初三日记道：“将赴天津，恐有不测，拟写数条，以示二子。”六月初六日记道：“是日启行赴天津。”二十二日记道：“因奏请将府县交刑部治罪，忍心害理，愧恨之至。”二十四日记道：“崇帅来谈，夜接廷寄二件，罗使照会一件，阅之郁闷之至，绕室行走而已。”二十五日记道：“是日竟日昏睡，盖心绪烦闷，而病又作也。”七月十六日记道：“非刑拷讯习教人，坚嘱拿混星子及水火会。”八月十九日记道：“是日天津陈镇及委员二人，在余寓审案，敲搒之声，竟日不绝。”

在知府写给吴汝纶的信中，是痛爱自己的“子民”，反对崇厚的袒护教民和向洋人屈服的。但崇厚是旗人，又是当时执政的恭亲王手下的，洋务得力人士，曾国藩不得不分清轻重，分清去向。与崇厚这个有强硬后台的人，站在一边，当然是上策。他迁就法国公使罗淑亚的要求，奏请将府县交刑部治罪(罗淑亚的要求，是将天津府县抵命)。这样做不能不引起朝野的议论。朝廷固然害怕外国人，但一时也不好大伤人民爱国御侮之气，一直在观望，没有决心。曾国藩对朝廷最终还是要屈服于外人这一点，尤其明白。他洞悉清政府的实力空虚,外强中干,反复无常的习性。他下定决心:不惹恼外国人。他警告朝廷:自道光以来,对外常常是“先战后和”的,也就是先硬后软的。又说:现在外国还是强盛的。外国人是只重实力,不讲道理的。他先辩挖眼剖心之说,纯属谣言,然后捉拿凶犯,迅速结案。

王定安记述,当曾国藩初到天津,曾张榜通衢,“仰读书知理君子,悉心筹议。于是至公署条陈者,或欲藉津民义愤,驱逐洋人;或欲联俄、英之交,以攻法国;或欲调集兵勇,以为应敌之师。公既谕津民不许擅起兵端,其致崇厚书,有祸则同当,谤则同分之语。报友人则云:宁可得罪于清议,不敢贻忧于君父。”

这就是说,他不听或没心思听,群众那些很正确很有见地的建议,而是一心一意保定清王朝,也就是保定他自己的官帽。

此案,“正法之犯二十人,军徒各犯二十五人”。其中有冯瘸子、罗生瓜旦子、小锥王五等名号。多系拷打成招,即所谓“但取情节较真,不能拘守成例”,变通办理,而定案的。其结果,曾国藩自己承认:“民气既已大伤,和局仍多不协,不能不鳃鳃过虑也。”

人民反抗的骚乱,表面被压制下去了。但人民的愤怒之火,不会因压制而熄灭。压制越重,复燃之势也越凶。它种下了义和团兴起之火。

耕堂曰:平心而论,外交固以国势强弱为准。然清王朝何以衰败至此,还不是因为连年剿杀过多,使国家菁英,陷于无类。曾、左、胡、李,实参与执行,尚望此等人,珍视民气、民心?此次所开外交模式,不只为以后李鸿章、袁世凯所重蹈,民国以后之外交亦因循之。呜呼,实国家民族深重灾难之源也。曾国藩复郭筠仙中丞书:"然古来和戎,持圆之说者,例为当世所讥,尤为史官所贬,智者有戒心焉。"其内心矛盾,自亦可见。然利令智昏,遂使有些中国人,在外国人面前,低三下四,恬不知耻矣。

一九八七年九月八日写讫

买《汉魏六朝名家集》记

一

这只是初刻，共四十家，分装三十册。起汉枚叔，迄隋炀帝。续刻七十家，未见，恐未出书也。

此书为丁福保字仲祜(一八七四——一九五二)编辑。丁氏原学医，在上海开办医学书局，他印的医书，我未见过，却购置了他编印的几种文学书。除此书外，有《全汉三国晋南北朝诗》，《唐诗纪事》，《历代诗话》。另买关于古钱的书两种。他还印一些有关佛学的书。

他好像有些资财，从他的笔记中看到，袁世凯的二公子袁克文的一些古籍、古钱，都抵押在他手中。

当然，除去有钱，他还是个有学问的人，不然，就只能印书，不能编书；或所印之书，也都是乌七八糟，坑骗读者之物了。

鲁迅先生,曾经对他编印的书,表示满意。他在写给王冶秋的一封信中说,如果想买严可均的全上古……六朝文,还不如买一部丁福保的《汉魏六朝名家集》,既简便又实用。

我就是按照先生的意见,买这部书的。书很新,粉连纸,四号字排印。扉页标明:宣统三年七月出版,上海文明书局发行。盖较后印行之本也。

丁氏曾就读于南菁书院,学有渊源,很是用功。从他为此书和其他著述所撰绪言中,可以看出,他的治学方法,是很严肃的。趣味学识,是很广博的。作为一个出版家,印的书虽不甚多,却给读书界、出版界,留下了很深的印象。较之那种唯利是图,无视社会效益的书店老板,实不可同日而语。

在丁氏之前,汇集古人文章成集,系统编为大书,已有张燮所辑七十二家集;梅鼎祚所辑文纪;张溥所辑一百三家;严可均所辑全上古……六朝文。皆因卷帙浩繁,价钱昂贵,购置阅读,均有不便,流传不广。丁氏此编,书型小巧,排印清楚,价钱为中人所及(据丁氏自撰长篇广告,此书定价十元,实价五元。),销路可观。书存至今,已成古籍,余甚爱之。

在前人基础上，再出新编，就不能不指出前人的一些缺点，及自己的一些优长。丁氏也不能免俗。他在绪言中，特别指摘了张溥所编中的一些错误。其实，也只是枝节，张氏的劳绩，不会因此而被忽视的。

又如从史书、类书辑录残篇断简，零章短句，勉强成篇或成集，是鲁迅先生指出的严可均书中的现象。而丁氏书中，这些现象也存在，他是参考了严书的目录而后成书的。如第一册，枚叔、司马长卿、司马子长，三个人的文章，才薄薄一册。司马子长只有文章四篇，一共四页。能称为集吗？再就是有些作家的文集，过去已有成书，并有序跋，方便读者。丁氏多删汰不录，也是一个缺点。当然，以上所指，也是枝节，不能淹没他的劳绩。

丁书在编辑上的好处是：在全书之前，冠以初刻四十家姓氏录，实为作家小传。每集之前，又有作家在史书上的本传，或录《四库全书》的提要，这就弥补了序、跋缺少的缺陷。

今人对作品的介绍，请作者自述，多阴阳怪气，放荡无根之言，识者笑之，不识者，以为狂徒。编者代言，亦多不着边际，无关痛痒之词，等于没说。此盖一时风气所致，古籍序跋中,从未见也。

此书既出版于"宣统三年",则正当民国成立,一切都在变革之时。文运亦然。丁氏在绪言结尾,有一段牢骚文字,抄录于下:

> 窥情万象之际,留连视听之区,既与世而推移,亦随文而升降矣。今者,欧美东渐,变革将及乎文字,附之以东瀛学派,名词既别,涂辙遂殊。舍雅而就郑,将长此滔滔而不返乎?或天未丧文,如昌黎蔚起于巨唐,振八代之衰,而远宗扬马,亦未可知也。嗟乎!湘绮一老,将税驾于桑榆;桐城吴氏,倏已拱乎墓木。茫茫来哲,渺渺予怀,才难然乎?非所逆睹已!

其言词心态,可以说是很伤感的了。其实是一种杞忧。文运如天运,总是向前运行的。阻止新生,既不可能,废弃旧有,也是妄想。高山流水,汇细流而成江河。细流可断,江河之流,万古不断。湘绮何人,吴氏何功?"五四"以来,文学之域,不乏昌黎之才,且有过之。应对前景乐观,不应以泥沙泛起,鱼龙混杂,而疑江河澎湃之势,冲击之力。腐草朽木,浮萍野鹜,终有被淘汰澄清之一日。久处湖海,惯游江河者,固无须望而生畏,更无须悲观也。

虽然如此,历史江河,并不淹没真正之人才。时至今日,昌黎自昌黎,固无论矣。即王湘绮、桐城吴氏,亦自有其文学历史地位,并不因欧化、白话,陈独秀、胡适,而消减其影响。后之视今,亦犹今之视昔。此天地公平,虽有倾倚,不失允正,非以私心邪念作转移之规律也。

丁氏所谓:“大辂讵有椎轮之质,子孙宁留祖父之容”,既不合乎自然规律,也不合乎历史规律。文学总是向前发展的,也总是带有前人的成分的。

一九八七年十一月二十四日

二

前几年,写过一篇读北齐颜之推所著《颜氏家训·文章篇》的笔记,文章收在《秀露集》。近读《汉魏六朝名家集》,每集之前,附有作家本传。我是先读他们的传记,然后再读他们的文章的,就是先知其行事和为人。发见过去那篇读书记,意有未尽,仍待发挥。今日,雨中无事,室内颇静,乃于灯下,对照颜之所指与本传史实,颇多出入,以知文字之事，实难于求是也。

（一）颜说：“班固盗窃父史。”

《后汉书》本传：

> 父彪卒，归郷里。固以彪所续前史未详，乃潜精研思，欲就其业。

这是子继父业，和司马迁作《史记》的情况是一样的。在过去，这是一种文人美德，怎么能说是“盗窃”？

班固后来得祸的原因是：他依附大将军窦宪，窦败免官。固对子弟、奴仆，教管不严，多有非法，得罪过洛阳令。及固失势，洛阳令把他逮考，遂死于狱中。

历史文人，多有为地方官所苦者，唐之陈子昂，遭遇与固相似。

（二）颜说：“扬雄德败美新。”

这是指，扬雄写过一篇题为《剧秦美新》的歌颂王莽的文章。

前汉书扬雄传，没有提到这篇文章，后来还有人为他辩诬讼枉，说他没有仕莽经历。

前汉书对扬雄的描述，是很客观的：

雄少而好学,不为章句,训诂通而已,博览无所不见。为人简易佚荡,口吃不能剧谈,默而好深湛之思。清静无为,少嗜欲。不汲汲于富贵,不戚戚于贫贱,不修廉隅以徼名当世。家产不过十金,乏无儋石之储,晏如也。自有大度,非圣哲之书不好也,非其意,虽富贵不事也。

又说:

及莽篡位,谈说之士,用符命,称功德,获封爵者甚众,雄复不侯,以耆老久次,转为大夫,恬于势利乃如是。

这样一个人,后来竟牵连到政治事件中,并投阁企图自杀,还留下一个恶名。

京师为之语曰:惟寂寞,自投阁;爱清静,作符命。

这是什么道理呢?当然,和他的性格有关。前面所引"简易佚荡",和他在《剧秦美新》一文中自称:"臣常有颠眴病,恐一旦先犬马填沟壑,所怀不章,长恨黄泉,敢竭肝胆,写腹心,作《剧秦美新》一篇。”可以看出,他虽有高尚之心,好古而乐道,但缺乏操守之志。看到周围的人,升官晋爵,名利双收,他也就不甘寂寞,跃跃欲试,献文一篇,取悦王莽。

这种情况,在“四人帮”炙手可热,不可一世之时,并不陌生。类似《剧秦美新》之作,也并不少,时至今日,仍从旧日报刊上,常常见到。那些言词的卑污,心态的可耻,较之古人,真可以说是“踵事而增华,变本而加厉”。

我读了扬雄这篇《剧秦美新》,虽不甚懂,感到也不过是一篇歌颂新朝新帝的应酬文字,并没有多大的“政治问题”。就因为他歌颂的是王莽,所以永远背上了黑锅。

至于那些直接间接,委曲、婉转或借古喻今,或将今比古,向“四人帮”献媚献策的文章,戏剧,诗词,小说,多数将作为失误,用覆酱瓶。少数出自名人之手,以后是否被人写入本传,编入本集,就难说了。

从传记里看到,扬雄是个可笑的人物,也是个可爱的人物。他的著作,当然不会因为一篇“美新”,失去全部价值。我还有一本他著的《法言》,四部丛刊本。

《法言》之十三为孝至。其文曰:“孝莫大于宁亲,宁亲莫大于宁神,宁神莫大于四表之欢心。”

我很欣赏这几句话，愿家有老亲者，深思而力行之，这是孝的最高境界。扬氏著作，言词古奥艰深，然其切合实际，有见有识，类多如此。

(三)颜说："蔡伯喈同恶受诛。"

这是指他和董卓的关系。《后汉书》本传：

> 中平六年，灵帝崩，董卓为司空，闻邕(伯喈名)名高，辟之，称疾不就。卓大怒，詈曰：我力能族人，蔡邕虽偃蹇者不旋踵矣！又切勅州郡举邕诣府，邕不得已到……

> 及卓被诛，邕在司徒王允坐，殊不意言之而叹，有动于色。允勃然叱之曰：董卓国之大贼，几倾汉室，君为王臣，所宜同忿，而怀其私遇，以忘大节。今天诛有罪，而反相伤痛，岂不共为逆哉，即收付廷尉治罪。

蔡伯喈为董卓逼迫，到他那里做了一些事，中间还曾想逃走。可是当董卓死后，他又为他叹了一口气，遇见了王允这种随便加人以罪名的"司徒"，就把老命送了。

《后汉书》的作者，在传后，写了一段"论"，对蔡伯喈一生的流离坎坷，不幸遭遇，三致意焉，是一段很有感情的文字。

蔡的事迹，还被编为盲词戏曲，千古流传。

文士依附权贵，凶多吉少，多有教训，蔡氏当明此义。既为所迫，迫者已死，即当离去。何以又坐在新的权贵面前，发出叹声？是感情冲动吗？

(四)颜说："刘桢屈强输作。"

《三国志》本传：

> 其后太子尝请诸文学，酒酣坐欢，命夫人甄氏出拜，坐中众人咸伏，而桢独平视。太祖闻之，乃收桢，减死输作。

这个故事，蒲松龄曾写进《聊斋》。其实是件小事，也谈不上倔强不倔强。太子高兴，叫夫人出来和作家们相见，当然不是为了叫人们都伏下。如果都伏下，那又叫她出来干什么，刘桢可能少个心眼，没想到这是不能平视的，于是就获罪了。可怪的是，出面干涉的不是曹丕，而是曹操。他当然是从政治上考虑的。这与后来王勃的遭遇极相似。

《旧唐书·文苑传》：

沛王贤闻其名,召为沛府修撰,甚爱重之。诸王斗鸡,互有胜负。勃戏为檄英王鸡文,高宗览之,怒曰:据此,是交构之渐。即日斥勃,不令入府。

一篇游戏文字,召来失业。高宗也是从政治上考虑的。

以上,是指颜之推,用寥寥几个字,概括作家的生平行事,多有言过其实之处。

一个人的幸与不幸,固有其个性的原因,但还有历史、环境、所遇,多种原因。也很难分清主次。颜之推为了教育子弟,强调一下个人修养,也是情有可原的。但忽视历史与客观的原因,则使不幸的作家,蒙冤更深,对子弟的处世,也没有好处。

一九八七年十一月二十八日

三

(一)《颜氏家训·文章篇》:

夫文章者……朝廷宪章,军旅誓诰,敷显仁义,发明功德，牧民建国，施行多途。

古时，宦途和文途是不分的。文章写得好，就可以做官。封建王朝，长期以文章取士。唐宋以前，文学大家，都有官职。一边做官，一边写作。文章好，官声益隆，官越大，文章也更为人贵重。元明以后，渐渐有了不想做官，只想写文章的布衣、隐士。各人情况不同，也时有变化。观其主流，仍以做官为目的。

其实，做官、作文都好，主要根据自身的才能。做官，利民、教民的机会更多一些，效果也更大一些。但自从有了专业作家，为数虽甚少，却使宦途与文途时分时合。身在文途，自鸣清高，却不忘仕进；身在宦途，也不忘以文途为退身之路，失意之后，又拿起笔来。

这样，也就出现了文学与政治的关系问题，并在近代形成了文艺理论上的一大难题。有的文艺评论家，瘁毕生之力，反复谈论，也没有谈出人人同意的结果。

这是因为时代和环境，在不断推移。

(二)古时文人，并不忌讳政治。历代作家，没有和政治发生过纠葛或牵连的，几乎没有。他们以居官为荣，立功立言并重。古文之一大宗为碑、传、序。这些文章，都以官衔为重,求文者如此,撰文者也都把自己的官职爵位,堂皇地列于文前或文后,读者也不以此为不清高。

民国以后,最初,还是这样。虽然封建形式的文章,减少了一些,但文人不轻视官职,仍如从前。即如鲁迅先生,也直接了当地说:“佥事这个官儿,并不区区。”对袁大总统颁发的文虎章,也写入日记。

对官职的轻视,和对政治的反感,是在军阀混战,以及北伐战争之后,因国事日非,官场黑暗,使人民失去了信心,才出现的。

左翼文学兴起,最初,很强调政治作用,革命者以为当然,社会上却有些阻力。三十年代初,出现了第三种人和自由人的文学。所谓自由人文学,当时的理论家是胡秋原。他在上海神州国光社编辑刊物,提出的口号为“勿侵略文艺”。即政治不要干涉文艺。在论争时,他还使用了国骂:“管你什么屁党鸟派”。

其实,当时的神州国光社,也是有政治背景的。胡秋原在文化界出名之后,不久就当上了十九路军发动组织的福建人民政府的委员。后来又当上了三青团的中央委员和国民党的中央委员。

这样就给人留下了一个印象:文人的言论、主张,和他的实际行动,常常是两回事。从文场进入官场,这是历代文人,无可争议的,一贯的醉心之路。这种道路,已经不是政治侵略文艺,而是文艺侵略政治了。

(三)我们的文坛,在过分强调政治若干年之后,出现了反思,要淡化政治。因为政治体现在生活各方面,又提出淡化生活。也有人进一步提出:文学的起源,不是劳动;文学的基础,也不是生活。比当时自由人的主张,更倒退了好几步。当时的胡秋原,还是崇拜普列汉诺夫的,写过一部很厚的唯物史观艺术论。

过去大谈政治的文艺评论家,现在绝口不谈政治了。甚至也羞于谈深入生活, 不得已, 则请作家们去贴近现实。贴近当然比远离好,就像恋爱一样。但如果只是到赞助笔会资金的工厂去参观一下,接受一点纪念品,和经理一同照个相,这种贴近,必然还是两张皮。

在作品中,政治可以淡化,生活也可以淡化,但作家的生活欲望,不能淡化。他的衣食住行都要改善,要现代化。住房,坐汽车,安电话,自己解决不了,还得给省长、市长写信求助。作品,希望得个头奖;团体,希望当个理事;室内,悬挂奖章、证书;机关,争取评上高级职称……这些都与政治有关,作家本身的政治,也淡化不了,而且,有越来越浓化之势。

作品品格的高下，不在作品里有没有政治，浓淡如何，而在于作者的用心。李斯的《谏逐客书》，贾谊的《过秦论》，诸葛亮的《出师表》，通篇都是政治，却是千古流传的名文。

其实，你愿意谈也好，不愿意谈也好，浓化也好，淡化也好。政治是永远不会忘怀文艺；文艺也不会忘怀政治的。

(四)欲提高作品格调，必先淡化作家的名利思想。但这是很难的，不是每个人都能做到的。

《晋书·陆机传》：

> 夫贤之立身，以功名为本；士之居世，以富贵为先。然则荣利人之所贪，祸辱人之所恶。

陆机是东吴大将陆逊、陆抗的后代。但他不是一个将材，是一个真正的文材。他的诗文，不只在当时，而且在以后，也是无与伦比的。他入仕晋朝以后，不能绝意于功名，以文材而领受大将之职，忘其所以，全军覆没，自己被杀不算，还牵连上两个弟弟。

所以传记又接着说：

故居安保名，则君子处焉；冒危履贵，则哲士去焉。是知兰植中涂，必无经时之翠；桂生幽壑，终保弥年之丹。

这都是自相矛盾的话，也就是事后静观的话，与当事人的处境心情，常常是风马牛不相及的。

这些教训，不只在古代文书里，就是在陆氏昆仲的文集里，也不知说过多少遍了。为什么事到临头，不能起作用呢？这就是传记所叹息的："睹其文章之诫，何知易而行难"了。

当时，一般的文人，最初，也不过做极小的官，如参军、记室、舍人等等。这都是依附权贵的官，安分守己，还好一些，不然一遇政治变化，就会受到牵连。如日常在待人上，在文字上，得罪的人多，危险就更大。

(五)官做得最显赫的，莫如沈约。这人，好像很有做官的才能，会弄点权术。《梁书》本传，有一段精彩的描绘：

时高祖勋业既就，天人允属，约尝扣其端，高祖默而不应。他日又进曰……高祖曰：吾方思之。对曰：

公初杖兵樊、沔，此时应思，今王业已就，何所复思？……高祖然之。约出，高祖召范云告之，云对略同约旨。高祖曰：智者乃尔暗同，卿明早将休文更来。云初语约，约曰：卿必待我。云许诺。而约先期入，高祖命草其事，约乃出怀中诏书，并诸选置，高祖初无所改。俄而云自外来，至殿门不得入，徘徊寿光阁外，但云咄咄！约出，问曰：何以见处？约举手向左。云笑曰：不乖所望。有顷，高祖召范云谓曰：生平与沈休文群居，不觉有异人处。今日才智纵横，可谓明识。云曰：公今知约，不异约今知公。

用简短文字，在谋划禅代的紧要关头，生动而活泼地写出三个做特大政治交易的人的嘴脸，不愧为史传杰作。最后所引范云的两句话，尤千古发人深思！《梁书》为唐姚思廉撰。

沈约虽以劝进之功，进爵三公，但结果亦不佳：

帝以其言不逊，欲抵其罪，徐勉固谏乃止。及闻赤章事，大怒。中使谴责者数焉。约惧，遂卒。

可见依附皇帝,也不保险。

在宦途上,最失败的,要算谢灵运。他本来不是做官的材料:“为性褊激,多愆礼度,朝廷唯以文义处之,不以应实相许。”这本来很好,可以尽情游山玩水,安心写作了。他却不认命,以为不见知,常怀愤愤,言行不检,到处招摇,得罪官吏,最后,竟以莫名其妙的罪名,被弃市了。

一九八七年十二月三日

孙犁最喜欢的藏书票
孙晓玲提供

耕堂读书记

（下）

孙犁 著

天津出版传媒集团
百花文艺出版社

目 录

读《旧唐书》

一 《旧唐书》

《旧唐书》,中华书局四部备要本,共三十二册,价七元八角八分,削价出售之书也。记得此书,六十年代初,购于天祥二楼,抱书出商场后门,路有煤屑,滑倒,幸未跌伤,兴致仍不减。

此书,前有明人杨循吉、文徵明、闻人铨三序,皆述重刊之由,旧书之佳。末有清人沈德潜一跋,对于此书校刊经过及其源流特点,叙述简明扼要,抄录如下:

> 旧唐书成于后晋时宰相刘昫。因吴兢、韦述、柳芳、令狐峘、崔龟从诸人所记载而增损之。宋仁宗朝,奉诏成新唐书,而旧书遂废矣。后司马光作资治通

鉴，转多援据旧书，以新书中所载诏令奏议之类，皆宋祁刊削，尽失本真，而旧书独存原文也。二书之成，互有短长。新书语多僻涩，而义存笔削，具有裁断。旧书辞近繁芜，而首尾该赡，叙次详明，故应并行于世。

耕堂曰：沈德潜的这段话，是很有见解的，所论甚是。中国传统，异代编史，也是有道理的。时近，固然容易翔实，然遇有忌讳之处，则反不如过一个时期，容易下笔。但也不能时间过长，要适时为之。有些历史现象，时间太长，后代人就难以想象，只能靠传说，仿佛其梗概。例如文化大革命，虽只历时十几年，青年人就难以印证。有时，甚至说也说不清楚。所以，每一种史书之成就，多是既有当时官方记录，又有同时代私人的多种记载，再经大手笔，总汇成书，垂诸后世。

在文字上，也没有成法。“义存笔削，具有裁断”，固然不错。如果弄得过头，就会失去多数的读者。我觉得，如能多存史实，文字即使繁芜一些，对于后人来说，还是有好处。人们读的是历史，要求多知道一些事情，记事详尽，文字又美，当然好。只求简练，减去内容，就不能叫做好史书了。

所以,笔削之说,常常是靠不住的。很多生动材料,存在于原始记录之中,后人笔削之时,常将一些灵魂性的材料,以各种理由删去,就造成不可弥补的损失。

我就爱读“繁芜”的史书。

史书一事,甚难言矣。司马迁一家之言,起自荒古,迄于汉武。其所据,有传说,有载记,有创意。要之,汉以前为笔削前人记载,定其真伪;汉以后,则为他家世职业所在。然人际关系,语言神态,全部实录乎?抑有所推演乎?后人不得而知。历史无对证,正如死人无对证一样。唯其无考,人皆信之,无二言也。此太史公著述质量所致,非其他人所能勉强。太史公著述,以客观取实为主,而贯以主观感情之激越。遂使古今之情一致,天人之理合一。史实之中,寓有哲理,琐碎之事,直通大局。后之史书,求其真实,已属不易,文史之美,无能与比者矣。

二 魏征

魏征传,在《旧唐书》卷七十一。传颇长,独占一卷,是名臣良将才能有的。

传称:魏征字玄成,巨鹿曲城人也。……少孤贫,落拓有大志,不事生业,出家为道士。好读书,多所通涉,见天下渐乱,尤属意纵横之说。

魏征文章做得很好。先为元宝藏典书记,李密很欣赏他的作品。传中引了他为李唐安辑山东时,写给徐世勣的信,内有:

> 自隋末乱离,群雄竞逐,跨州连郡,不可胜数。魏公(指李密)起自叛徒,奋臂大呼,四方响应,万里风驰,云合雾聚,众数十万。威之所被,将半天下。破世充于洛口,摧化及于黎山。方欲西蹈咸阳,北凌玄阙,扬旌瀚海,饮马渭川。翻以百胜之威,败于奔亡之虏。因知神器之重,自有所归,不可以力争。……

等语。可略见其措词说理之工。但魏征所学为纵横之术,也就是帝王之学,其目的是辅佐王朝,展其抱负。这就是秦李斯,汉张良,三国诸葛亮所追求和实践的那种学问。他读书,并不是为了当作家或学者。《四部丛刊》中,有一部《群书治要》,就是他广泛读书的摘要。流传至今,学术价值很大。

治国安邦,魏征用的是儒术。

传载:征性非习法,但存大体,以情处断。我们不能把他列入法家。

当个法家,其实也并不容易。文词,口才,胆识,学问,缺一不可。“四人帮”以法家自居,看看他们的文章、学问,实在没有一人够格。他们以为法家就是打棍子,造冤案,是把中国的法家贬低成酷吏了。

魏征善于争谏,为历代所称赞。魏征在事唐太宗之前,曾事李密、窦建德、建成,这些人都是唐太宗的敌人。唐太宗曾说:“朕拔卿于仇虏之中,任公以枢要之职。”就是指此。君臣相得,善始善终,是很不容易的。我们也可以想象,魏征当时处境也有艰难之处。传中有一段他和太宗的对话,可以看出魏征在争谏时的审慎态度。

> 太宗曰:然征每谏我不从,发言辄即不应,何也?对曰:臣以事有不可,所以陈论。若不从辄应,便恐此事即行。帝曰:但当时且应,更别陈论,岂不得耶?征曰:昔舜诫群臣,尔无面从,退有后言。若臣面从陛下,方始谏,此即退有后言,岂是稷契事尧舜之意耶?帝大笑曰,人言魏征举动疏慢,我但觉妩媚,适为此

耳。征拜谢曰:陛下导之使臣言,臣所以敢谏,若陛下不受臣谏,岂敢数犯龙鳞。

以上,可以看出,魏征之进谏,唐太宗之纳谏,是有一定的时机的。太宗初年,励精图治,正需要有一个魏征这样的人。这就是宋代人所说的:赶上了好时候。但魏征说话,也是要看势头的。

至于传说:太宗玩鹞子,魏征至,遂藏于怀中。魏征奏事,故意延长时间,鹞子终于闷死。恐怕不一定是事实。

魏征晚年,屡次称疾请逊位,这也是留侯故智,自求保全。其最后所上四疏中,有言:

> 昔贞观之始,闻善若惊,暨五六年间,犹悦以从谏。自兹厥后,渐恶直言。虽或勉强,时有所容,非复曩时之豁如也。

帝王的心态,如此变化,大臣进谏,也就难以从容了。历史如此,圣贤无术。

魏征一生还不错。死后,不久:

……太宗始疑征阿党。又自录前后谏诤言辞，以示史官起居郎褚遂良，太宗知之，愈不悦。先许以衡山公主，降其长子叔玉，于是手诏停婚。顾其家渐衰矣！

传的最后，“赞曰：智者不谏，谏或不智。智者尽言，国家之利。”是对负有言责者的鼓舞之词。然自古迄今，机缘难得。上下之间，情投之日少，猜忌之时多耳。

魏征引用文子的话：同言而信，信在言前；同令而行，诚在令外。我曾抄写在台历上。

三　郭子仪

过去读《资治通鉴》，关于郭子仪，有三件事，牢牢记在心中。其一为郭子仪平日见客，姬妻环侍，从不避讳。“及闻杞(卢杞)至，悉令屏去，独隐几以待之。杞去，家人问其故。仪曰：杞形陋而心险，左右见之必笑。若此人得权，即吾族无类矣。”其二是：“盗发子仪父墓，捕盗未获，人以鱼朝恩素恶子仪，疑其使之。子仪心知其故。及自泾阳将入，议者虑其构变,公卿忧之。及子仪入见,帝言之。子仪号泣奏曰:臣久主兵,不能禁暴,军士残人之墓亦多矣。此臣不忠不孝,上获天谴,非人患也。朝廷乃安。”其三是:“麾下老将,若李怀光辈数十人,皆王侯重贵。子仪颐指进退,如仆隶焉。”

郭子仪的功业大得很，我不知为什么单单记住了这样三件小事。其他谋略争战,都忘记无遗。今读《旧唐书·郭子仪传》(卷一百二十),二、三两事,都在其中。第一事,也于卢杞传(卷一百三十五)中检出。文字或与通鉴略有出入,内容毫无加减,可以证明前文所记,司马光是如何重视《旧唐书》中的材料了。司马光是很有眼光,有见解的。他像司马迁一样,知道要把一个历史人物写活,缺少这种具体事件,即细节,是做不到的。这种具体事件,联系着当时的社会、政治。联系着所写人物的生活、思想、性格、心理,以及他周围的人事。写这样一位大人物,如果像写帝王本纪一样,逐年记下他的攻城略地,斩获俘虏,成为一本功业账簿,那就太没意思了。

别人或者以为前面所记三件事为小事。而司马光却把它作为大事来记载。这样,我们才能见到一个真实的,活动的，有思想有感情的郭子仪。他不只是一位名将,还是一个普通的人。他也要处处小心。防备他人。他也得深思熟虑，把自己的切身问题处理好。因为这些小问题，都和他那政治上的大功业、大问题有关。

我没有做过官，更没有军旅生活的经验。不知为什么，也满有兴趣地，记住了那第三件事。想来是觉得郭子仪能得部下如此，是使人羡慕和“当如是也”的吧？另外想到，如果不是这样，郭子仪的晚年，也就不会有安全感了。

传中引述史臣裴垍的评论：

> 权倾天下，而朝不忌；功盖一代，而主不疑；侈穷人欲，而君子不之罪。富贵寿考，繁衍安泰，哀荣终始，人道之盛，此无缺焉！

身为名将，能有这样的下场，确是少见的了。

四　卢杞

因为上文提到了卢杞，我又读了他的传。传在卷一百三十五。

卢杞字子良，他的祖父怀慎，做官的名声很好，他的父亲奕，天宝末死于安禄山之乱，所以，他还可以称为烈士的儿子。他是以门荫做官的，官升得很顺利，很快就做到了门下侍郎同中书门下平章事，也就是宰相。

传记先对他的外形及行径，作了丑化：

> 杞，貌陋而色如蓝，人皆鬼视之。不耻恶衣粝食，人以为能嗣怀慎之清节，亦未识其心。

耕堂按：蓝，是一种植物，可以制成颜料，叫做靛。卢杞的面色如此，可能是一种皮肤病。至于恶衣粝食，则系生活小节，平民如此，值得同情；如果做了官，还是这样，则容易被人指为造作虚伪。宋代的王安石，也曾因此，遭到一些上层人士的嘲讽。

对于他的政治作风，传记开门见山，淋漓尽致地说：

> 既居相位，忌能妒贤，迎吠阴害，小不附者，必致之于死。将起势立威，以久其权。杨炎以杞陋貌无识，同处台司，心甚不悦，为杞所谮，逐于崖州。德宗幸奉天，崔宁流涕论时事，杞闻恶之，谮于德宗，言宁与

朱泚盟誓，故至迟回，宁遂见杀。恶颜真卿之直言，令奉使李希烈，竟殁于贼。初，京兆尹严郢与杨炎有隙，杞乃擢郢为御史大夫以倾炎；炎既贬死，心又恶郢，图欲去之。宰相张镒，忠正有才，上所委信，杞颇恶之……

耕堂按：我们读唐宋历史，常常见到，很多大官，特别是宰相一级的官，失势后，被放逐到崖州。古时，这可以说是最边远、最苦的地方了。很多人死在贬所，杨炎也是。读史还看到：甲派得势，把乙派首脑放逐到崖州去了。等乙派得势，照样又把甲派的首脑，放逐到那里去，报仇泄愤。崖州，在古时，是个不祥之地，做官的，平时都不愿提到这个地名，也不愿看到这幅地图。心理压力很大，那里的天空，一定充满冤抑之气的。

史书称卢杞这种做法为“阴祸贼物”。在卢杞当权之日，“天下无不扼腕，然无敢言者。”失势后的情况，就大不一样了。卢杞因为得罪了大军阀李怀光(这人物，我们上文提到过。)闯下祸来：“物议喧腾，归咎于杞，乃贬为新州司马……遇赦移吉州长史。”皇帝想给他落实一个刺史，遇到了很大阻力：

给事中袁高宿直，当草杞制，遂执以谒宰相卢翰刘从一曰：杞作相三年，矫诬阴贼，排斥忠良。朋附者，咳唾立至青云；睚眦者，顾盼已挤沟壑。傲狠背德，反乱天常，播越銮舆，疮痍天下，皆杞之为也。幸免诛戮，唯示贬黜，寻以稍迁近地，更授大郡，恐失天下望。

谏官们也都出来讲话，无限上纲，什么词儿都用上了。什么“外矫检简，内藏奸邪”呀，什么“公私巨蠹，中外弃物”呀。结果，皇帝只能给卢杞改授个澧州别驾，卢杞就死在那里了。

耕堂按：草制，就是学士们替皇帝立言。任命要草制，贬官也要草制。执笔多系名流，文集多载之。唐宋两代，好像特别注意这个玩意儿，三言两语，骈体。措词极端华丽，俏皮。尤其是对贬官，极尽挖苦之能事。不只人身攻击，而且殃及三代，甚至暴露隐私，涉及床闱。是文人墨客的逞能报复机会。唐朝张鷟，有一本书叫《龙筋凤髓判》，文体虽稍有不同，实际是这类文字的共同范本。

耕堂曰：细观卢杞所为，不外当权者排斥异己，并未出争权固宠之常格。且所用手段,也只是“谮毁”,如皇帝英明,不致为大害。至于传中所记,度支乖张,赋敛繁重,官吏扰民,是处国家兵荒马乱之时,不可过多责备宰相。大概,太平时宰相好当些,政局动荡,而宰相无兵柄,则不易为。卢杞处大局危急,朝廷不能作主之秋,自身又伤人过多,一旦失势,群情势力阻其复位,丑诋之词,乃成千古定论。李勉所谓:“卢杞奸邪,天下人皆知,唯陛下不知,此所以为奸邪也!”也就成为名言了。卢杞的儿子元辅,“自祖至曾,以名节著于史册。简洁贞方,绰继门风,历践清贯,人亦不以父之丑行为累,人士归美。”可见唐代看人,也是区别对待的。

五　王叔文

因为就在同一卷书里,我接着又读了王叔文的传记。王叔文这个名字,是我过去读柳宗元的文集时知道的。

王叔文并没有祖荫,在政府也没有后台。他是以偶然的机会上到这个舞台,充当了短时间的重要角色,得到悲剧下场的。

传记说他“以棋待诏,粗知书,好育理道,德宗令直东宫。”在一次讨论中,他说出了与众不同的道理:即当太子时,不要干预外面的事,得到太子的信任。“由是重之,宫中之事,倚之裁决。”

棋艺是小技,说这番话也是老生常谈,但得到太子的青睐,可不是一件小事。“每对太子言,则曰:某可为相,某可为将,幸异日用之。”这种话,不只违背了他规劝太子的初心,个人的野心,也大大膨胀起来了。太子并没有觉察到这一点,可能正中了他的下怀。

从此,王叔文“密结当代知名之士,而欲侥幸速进者。”与韦执谊等十数人,“定为死交”,就是今天说的哥儿们义气。

这些死交,史传只提到九个人的名字,柳宗元排在倒数第二。分工时,他也不过是“唱和”和“采听外事”,并不是重要人物。

王叔文的当权,带有偶然性和传奇的色彩。史称:

> 德宗崩,已宣遗诏,时上寝疾久,不复关庶政,深居施帘帷,阉官李忠言、美人牛昭容侍左右,百官上议。自帷中可其奏。王伾常谕上属意叔文,宫中诸黄

门稍稍知之。其日，召自右银台门，居于翰林，为学士。叔文与吏部郎中韦执谊相善，请用为宰相。叔文因王伾，伾因李忠言，忠言因牛昭容，转相结构，事下翰林，叔文定可否。

他这个权的来源和基础，就以我们毫无做官经验的人来看，也太玄乎了。他的死友们，官迷心窍，却不承认这点，还在外面，同声唱和："曰管，曰葛，曰伊，曰周。凡其党僩然自得，谓天下无人。"

果然不久，"内官俱文珍恶其弄权，乃削去学士之职。制出，叔文大骇。"

本来，王叔文不一定是做大官的材料，他驾御不了那么复杂的政局，应付不了多方面的牵扯关联。在宫中动动笔还容易，后来又兼上度支盐铁副使，这是要见效率的官，就有点无能为力了。因此：

智愚同曰：城狐山鬼，必夜号窟居以祸福人，亦神而畏之；一旦昼出路驰，无能必矣。

周围的人，显然都在看他的笑话了。

王叔文是一个书生,好感情用事。他母亲死前之一日,他宴请学士和内官,发了很多牢骚,说了很多不应该说的似市井语言的话。

不久,因顺宗久病,皇太子监国,政局大变,王叔文"贬为渝州司户,明年诛之。"

耕堂曰:史称王叔文任气自许,观其行事,亦无大过,实不同于"阴贼"一型。罹此惨局,亦可伤矣。他的过错,顶多只能说是"揽权急进",然于仕途,此亦常规。要之,不自量力所致耳。谚云:政局如棋局,王叔文虽善于弈,其于政治,则经验甚不足矣。但因此失败,而使柳宗元"涉履蛮瘴,崎岖堙厄",文章大进,成为中国文学史上一大奇葩,亦不幸中之幸欤?

六 初唐四杰

《旧唐书》卷一百九十,是《文苑传》。前有序论,首谓:

> 臣观前代秉笔论文者多矣。莫不宪章谟、诰,祖述诗、骚,远宗毛、郑之训论,近鄙班、扬之述作。谓

> “采采芣苡”，独高比兴之源；“湛湛江枫”，长擅咏歌之体。殊不知世代有文质，风俗有淳醨，学识有浅深，才性有工拙。昔仲尼演三代之易，删诸国之诗，非求胜于昔贤，要取名于今代。实以淳朴之时伤质，民俗之语不经，故饰以文言，考之弦诵。然后致远不泥，永代作程，即知是古非今，未为通论。

序论做的并不漂亮，都是老生常谈，且有矛盾之处。不过为了推出有唐一代作者，才提出以上论点。最后说：

> 其间爵位崇高，别为之传。今采孔绍安以下，为文苑三篇。觊怀才憔悴之徒，千古见知于作者。

《文苑传》分上中下三篇。上篇主要作家有卢照邻，杨炯，王勃，骆宾王。

以上四人，文学史称为初唐四杰，他们的文集，除杨炯外，我皆购置。王勃集为木刻本，不知系何种丛书之零种，共六册，题《王子安集》，纸张刻印，均不甚佳。卢照邻集系四部丛刊本，题《忧幽子集》。骆宾王集，系中华书局近年出笺注本，题《骆临海集》，我都没有细读过，印象不深。他们的文体,还沿用六朝时的骈体,典故连篇,读起来很费劲。我不怕骈体,骈体自然协调,增加文字的韵味,就是近代的白话文体,也不排斥这类句法和修辞。我怕典故,我头脑中典故很少,一边读文章,一边又去看注,这实在是一种苦事。古人抒发感情,描述事物,不用直接自然的语言,而用典故去代替,这也真不是一件容易的事,但究竟对感情、思想的抒发,是一种局限。文章之事,伤了自然,任你对仗怎样工整,用典如何巧妙,总是得不偿失的。为什么王勃那么多文章,唯有《滕王阁序》那么通行?《滕王阁序》中对仗的句子那么多,为什么又只有落霞与孤鹜齐飞,秋水共长天一色一联,那么脍炙人口?还不是因为作家触景生情,冲口而出,既尽描绘之能事,又流畅自然,通俗易懂所致?骆宾王的名句:“一抔之土未干,六尺之孤何托”,所以能那么动人,千古传诵,也是因为出于自然,得其本真。

文学史上说,他们四人的文风,已不同于六朝,开始向自然活泼的方面发展,我因体会不深,就不在这里讨论了。

卢照邻的传记很短,只有六行。说他“因染风疾去官。”又说,“照邻既沉痼挛废,不堪其苦,尝与亲属执别,遂自投颍水而死,时年四十。”也不知得的是什么病。他曾向当时的大医学家孙思邈请教,我读过那篇文章,孙思邈也没有提供什么处方,只是向他讲述了人易得病之由,及天人一致,顺应自然,才得养生,并没有什么奇妙之处。《旧唐书》有孙思邈的传,也引述了这段文字。

王勃的传记较长。他的祖父王通,即文中子,是著名学者,著有《中说》。“勃六岁,解属文,构思无滞,词情英迈。”可以说是早熟了,但亦早逝。传载:

> 久之,补虢州参军。勃恃才傲物,为同僚所嫉。有官奴曹达犯罪,勃匿之,又惧事泄,乃杀达以塞口。事发,当诛,会赦除名。时勃父福畴为雍州司户参军,坐勃左迁交趾令。上元二年,勃往交趾省父,道出江中,为采莲赋以见意,其辞甚美。渡南海,堕水而卒,时年二十八。

骆宾王的传记更短,只有四行。内载:

> 少善属文,尤妙于五言诗。尝作《帝京篇》,当时以为绝唱。然落魄无行,好与博徒游。高宗末,为长安主簿,坐赃,左迁临海丞,怏怏失志,弃官而去。文明

中，与徐敬业于扬州作乱，敬业军中书檄，皆宾王之词也。敬业败，伏诛，文多散失。

四杰在当时，就被识者认为："虽有文才，而浮躁浅露，岂享爵禄之器。"中间，杨炯算是比较"沉静"的，还当了临川令，传记里也说：

炯至官，为政残酷，人吏动不如意，辄榜杀之。又所居府舍，多进士亭台，皆书榜额，为之美名，大为远近所笑。

耕堂曰：四人皆早年成名，养成傲慢之性，举止乖张，结局不佳。人皆望子弟早慧，不及学龄，即授以诗书技艺。此如种植，违反自然季节，过多人工，虽亦开花结果，望其丰满充实，则甚难矣。神童之说，弊多利少，古有明证，人多不察也。

文字之事，尤其如此。知识开发，端赖教育。授书早，则开发早，授书晚，则开发晚。然就其总的成就来说，开发晚者，成果或大。此因少年感情盛，又思敏捷，出词清丽，易招赞美。个人色彩重，人生经验不足，亦易因骄傲，招致祸败,晚成者,其文字得力处,即不止情感属词,亦包蕴时代社会。然冲淡谦和,易失朝气。固知此道,甚难两全,实则不可偏废也。

七　陈子昂、宋之问

《旧唐书·文苑传》中,包括著名作家陈子昂、宋之问等。

我有《陈子昂集》,近年中华书局排印本。《宋之问集》,为四部丛刊本。

传载陈子昂:

> 家世富豪,苦节读书。褊躁无威仪。文词宏丽,为当时所重。卒时年四十余。

传载宋之问:

> 弱冠知名,尤善五言诗,当时无能出其右者。
>
> 易之兄弟,雅爱其才,之问亦倾附焉。预修三教珠英,常扈从游宴。则天幸洛阳龙门,令从官赋诗,左

史东方虬诗先成，则天以锦袍赐之。及之问诗成，则天称其词愈高，夺虬锦袍以赏之。及易之等败，左迁泷州参军。未几，逃还，匿于洛阳人张仲之家。仲之与驸马都尉王同皎等谋杀武三思，之问令兄子发其事以自赎。及同皎等获罪，起之问为鸿胪主簿，由是深为义士所讥。

睿宗即位，以之问尝附张易之、武三思，配徙钦州。先天中，赐死于徙所。

耕堂曰：陈子昂、宋之问同事武则天，为后人所讥，然情况甚不一样。其主要区别为：陈在做官过程中，言行正大；宋言行谄媚。且告发自赎，出卖朋友，市井所不忍为。出之于知名文士，其人格，不问可知矣。

唐太宗干掉了两个亲兄弟。才当上了太子。在他晚年，为了选定太子，真费了心思，曾急得“自投于床”。废了一个，选定一个，即后来的唐高宗。这个人实在不怎么样，昏庸无能，又弄出一个武则天来，杀了那么多无辜，用了那么多酷吏，闹了那么多丑闻。但因为是中国历史唯一的女皇，历来被一些文人学士，另眼相看。其实，她对文人学士，也并没有什么好感。例如前面记的赠锦袍一事吧，就是拿两个文士开心。她是在举行诗歌大赛，发的是实物奖。她是皇帝，多预备几件锦袍，把得奖面扩大一些，或一年举行一次，使更多的人，有机会获得这一荣誉，并不费什么，更用不着请别人赞助。她却夺一个给一个。被夺的当场无趣。得奖的，自己或以为荣，有识者或以为耻。

陈子昂忠心耿耿，给她上了那么多建议，临死之前，并没有得到她的保护。在武则天当权的时候，一些名臣良将，并没有辞职不干，不能单单责备陈子昂。

我在读小学时，就知道有个武则天。国文课本上有她的画像，头戴皇冠，很是美丽。究竟如何评价她，我还是相信骆宾王的讨伐文章。因为时间那么接近，能看出当时人民对她的想法。

后来也有皇后、皇太后，想向她学习，诛杀勋旧，提拔心腹。但成功的少，失败的多。也有人用诗文赞颂，都像一场幻梦过去了。得到锦袍的，只好收起，不再穿着了。

汉高祖听任吕后杀人，唐高宗听任武后杀人，包括他原来的妻子和亲娘舅，都是为了保住自己。再以后的事，他们是想不到也管不了。遇上这样的时代，做官和作文，都是很不容易的。正直的，自取灭亡，趋媚者，也常常得不到好下场。

宋之问还是唐诗名家,留下了一本薄薄的诗集。中国的文化传统,是宽容的,并不以人废言。文人并无力摆脱他所处的时代。也不是每个文人,都能善处自己的境遇的。

八 韩愈

韩愈传在《旧唐书》卷一百六十。传载:

> 父仲卿,无名位。愈生三岁而孤,养于从父兄。愈自以孤子,幼刻苦学儒,不俟奖励。

韩愈成进士之前,“投文于公卿间,故相郑余庆颇为之延誉,由是知名于时。”做官以后,“发言真率,无所畏避,操行坚正,拙于世务。”因此接连贬官,屡上屡下。

传中收录了他三篇文章:《进学解》、《谏迎佛骨表》和《祭鳄鱼文》,可见这三篇,在当时已被认为是他的代表作。

传又载:

愈性弘通，与人交，荣悴不易，少时与洛阳人孟郊、东郡人张籍友善。二人名位未振，愈不避寒暑，称荐于公卿间，而籍终成科第，荣于禄仕。后虽通贵，每退公之隙，则相与谈宴，论文赋诗，如平昔焉。而观诸权门豪士，如仆隶焉，瞪然不顾。而颇能诱厉后进，馆之者十六七，虽晨炊不给，怡然不介意。……常以为自魏、晋以还，为文者多拘偶对，而经诰之指归，迁、雄之气格，不复振起矣。故愈所为文，务反近体，抒意立言，自成一家新语。

耕堂曰：由以上所记，可略知韩愈的性格及为人。韩愈没有祖上官荫，出身寒苦，他的性格比较开朗，遇事有耐力，遭到那么多的挫折，他顽强地活下来了。对朋友亲属，也多义举，对后学，非常热心。作为一个文人，这都是好品质。文章能创新，自成一家，和他这些素质，也不无关系。

柳宗元传，亦在此卷中。柳，先世显赫，少年好胜，偶遇挫折，几乎一蹶不振，陷于绝望之境。他的性格脆弱，文章多反省之言，虽亦成家，其风格与韩文，乃大不相同。

文章，与遭遇有关，然与性格更有关。同时代，同遭遇，而文章判然有别，性格实左右之。

至于文风的改变，绝不是一个人的力量所致。韩愈传的开头，已提到：

> 大历、贞元之间，文字多尚古学，效扬雄、董仲舒之述作，而独孤及、梁肃最称渊奥，儒林推重。愈从其徒游，锐意钻仰，欲自振于一代。

文苑中富嘉谟传，亦载：

> 与新安吴少微友善同官。先是文士撰碑颂，皆以徐庾为宗，气调渐劣。嘉谟与少微属词，皆以经典为本，时人钦慕之，文体一变，称为富吴体。

所以说，文体的一次大变革，必须经多人的努力，时代的推移，才能成功。正如“五四”白话文体之兴，是经过前前后后，多少人的努力，又由思想革命的促使，才能一呼百应，普及天下的。但个人尝试提倡之功不可没，故胡适之为人推重。韩文起八代之衰的褒词，也是在成就大、有代表性的意义上提出的。

我的《韩昌黎集》,是商务印书馆涵芬楼大字排印本,毛边纸印,天地极宽,布函两套,今日已甚准得。而购置时,只花了六角钱。

有文才,不一定有史才。传记说:

> 及撰顺宗实录,繁简不当,叙事拙于取舍,颇为当代所非。

在我早年印象中,韩愈是个老夫子,非常古板。传记说他“拙于世务”,他自己也宣称:“受性愚陋,人事多所不通。”其实,也不完全是这么回事。

韩愈因谏迎佛骨,招来大祸,几乎杀头,流放到潮州以后,上表皇帝,文词凄苦,希望得到皇帝哀怜。能得到皇帝哀怜,并不是一件容易的事。他这篇表写得有路数,有策略,证明韩愈不只是个非常天真的人,还是个非常聪明的人。皇帝好长生,谏佛是错了。皇帝还好大喜功,喜欢人颂扬。他就在这方面做文章:

> 唯酷好学问文章,未尝一日暂废,实为时辈推许。臣于当时之文,亦未有过人者。至于论述陛下功

德，与诗、书相表里，作为歌诗，荐之郊庙，纪太山之封，镂白玉之牒，铺张对天之宏休，扬厉无前之伟迹，编于诗、书之策而无愧，措于天地之间而无亏。虽使古人复生，臣未肯多让。

他的这些话，确实打动了皇帝的心，引出了怜悯之词！

宪宗谓宰臣曰："昨得韩愈到潮州表，因思其所谏佛骨事，大是爱我，我岂不知？"……乃授袁州刺史。

当然有的皇帝，就是说这些话，也不起作用。如清之乾隆，对待杭世骏(大宗)，就是一例，必致之死而后快也。

九 刘禹锡

同卷有刘禹锡传。

刘禹锡也曾卷进王叔文事件。传载："禹锡尤为叔文知奖，以宰相器待之。"是个重要分子。当时的侍御史窦群奏："禹锡挟邪乱政，不宜在朝。"群即日罢官。可见后台之硬，信任之专。传记并说："既任喜怒凌人，京师人士不敢指名,道路以目,时号二王、刘、柳。叔文败,坐贬连州刺史,在道,贬朗州司马。"又见招怨之深,报复之重。

但是,这一遭际,也大大助长了他的文学成就,并给了刘禹锡一个接近群众,体验生活,从民间艺术吸取营养的机会。

> 地居西南夷,土风僻陋,举目殊俗,无可与言者。禹锡在朗州十年,唯以文章吟咏,陶冶情性。蛮俗好巫,每淫祠鼓舞,必歌俚辞。禹锡或从事于其间,乃依骚人之作,为新辞以教巫祝。故武陵溪洞间夷歌,率多禹锡之辞也。

当贬官时,"有逢恩不原之令"。但政治空气,总在变化,后来"执政惜其才,欲洗涤痕累,渐序用之。"就是说,忘记他过去的错误,慢慢提拔上来,又终于遭到一些人的反对。

> 禹锡积岁在湘、澧间,郁悒不怡。因读张九龄文集,乃叙其意曰:"世称曲江为相,建言放臣不宜于善地,多徙五溪不毛之乡。今读其文章,自内职牧始安,有瘴疠之叹。自退相守荆州,有拘囚之思。托讽禽鸟,

寄辞草树，郁然与骚人同风。嗟夫，身出于遐陬，一失意而不能堪，矧华人士族，而必致丑地，然后快意哉。议者以曲江为良臣，识胡雏有反相，羞与凡器同列，密启廷诤，虽古哲人不及，而燕翼无似，终为馁魂。岂忮心失恕，阴谪最大，虽二美莫赎耶？

这是因为自己失意，借题发挥，迁怒于人。不只进行人身攻击，还连上了籍贯遭际，也可以说是“失恕”了。我有《张曲江集》，广东丛书本，印得非常讲究，也附录了刘禹锡这段话。因为这段话，并不能损害张曲江的整个形象，只能说是形象中的一笔一画。既是做大官，就得提建议，定政策，立制度。不能因为后来他本人也出了事，作法自刑，就报以快意之辞。刘禹锡性格中的这一特征，贯穿在他一生之中。也没有改悔之意。作诗作序，多涉讥刺。“人嘉其才，而薄其行。”“终以恃才褊心，不得久处朝列。”

耕堂曰：唐朝文士，必先挟文章以邀名誉，然后挟名誉以求仕禄。在此中间，必有依附，必有知与不知，必有恩怨存焉。

文人想做官，不可厚非。文人因性格偏激，感情用事，常常得罪一些人，并不奇怪。但他们不是得罪所有的人，他们还要依附一些人。依附必系权贵，权贵是多方面的，正在政治圈里，矛盾着，斗争着。这样，文士们就像坐在颠簸的船只上，前途未卜了。史称：刘禹锡，“甚怒武元衡、李逢吉。而裴度稍知之。”等到裴度失势，他就跟着下来了。

不过，刘禹锡的结果还不错，活了七十一岁。赠户部尚书。他还遗留下相当可观的诗文，因他曾充太子宾客，人称《刘宾客文集》，我有丛书集成本。

他虽然名位不高，当时的公卿大僚，都与之交。白乐天和他关系很好，对于他的诗才，很是推崇。认为像“沉舟侧畔千帆过，病树前头万木春”这样的诗句，神妙极矣。这两句诗，在“文革”时很流行，领袖吟咏，人皆以为是对被打倒者的嘲弄快意之词。但实是刘禹锡的失意自伤之词。大相径庭，大为误解矣。

十　元稹、白居易

元稹传在卷一百六十六。

元稹的十代祖，是后魏昭成皇帝。他八岁丧父，家贫，母亲教他读书，早年就成名了。

传记说："稹性锋锐，见事风生。"一生之中，虽然为皇帝所喜爱，却一直官运不顺，屡遭排挤。还遭遇过如下事件：

> 仍召稹还京。宿敷水驿。内官刘士元后至，争厅，士元怒，排其户，稹袜而走厅后，士元追之，后以棰击稹伤面。执政以稹年少后辈，务作威福，贬为江陵府士曹参军。

可以看出，唐时的年轻人，一旦显耀，容易遭到各方面的歧视。

元稹自述："初不好文，徒以仕无他歧，强由科试。"又说："自御史府谪官，于今十余年矣，闲诞无事，遂专力于诗章。"可见他的文学成就，也是由官运不佳逼出来的。

他在诗歌上的要求，努力的方向，是："常欲得思深语近，韵律调新，属对无差，而风情宛然"的作品。思深(即有思想深度)，语近(即通俗)，调新(即创新)，无差(即合规律)，有风情(即艺术性高)。这种主张，我以为，不只适于诗歌，也适于一切文学作品，一切艺术作品。

他说自己在诗歌上的成就，以及为人处世，是："莫非苦己，实不因人，独立性成，遂无交结。"

我有《元氏长庆集》,白纸,四册,四部丛刊本。

白居易传在同卷中。他家世代做官业儒。居易幼年,聪慧绝人。

白居易和元稹一样,也是先以才名,见知于皇帝。出于忠心,好上书言事。因此,官运也不佳,还遇到过这种事:

> 宰相以宫官非谏职,不当先谏官言事。会有素恶居易者,掎摭居易,言浮华无行,其母因看花堕井而死,而居易作赏花及新井诗,甚伤名教,不宜置彼周行。执政方恶其言事,奏贬为江表刺史。诏出,中书舍人王涯上疏论之,言居易所犯状迹,不宜治郡,追诏授江州司马。

可见:先是有人罗织罪名,随后就有人落井下石,都是看当时的宰相,即执政的眼色行事的。这是官场上的习惯斗争方式。

好在白居易"儒学之外,尤通释典,常以忘怀处顺为事,都不以迁谪介意。"他对官场,也少留恋,很快就远离政治漩涡,宦而隐了。晚年过得还算不错。诗歌自编,分送佛寺,保存得法,后人才能得到一部这样丰富多采的《白氏长庆集》。我有的是四部丛刊毛边纸本。

白居易的文学主张:“文章合为时而著,歌诗合为事而作。”我是信奉不疑的。惭愧的是,自己因为各种原因,不能很好做到。

文人的不被人理解,文人的苦恼,古今一致。白居易说:

> 不相与者,号为沽誉,号为诋讦,号为讪谤。苟相与者,则如牛僧孺之诫焉。乃至骨肉妻孥,皆以我为非也。

他又说:

> 然仆又自思,关东一男子耳。除读书属文外,其他懵然无知。

其他一切,也就只能听之任之了。“策蹇步于利足之途,张空拳于战文之场”。“始得名于文章,终得罪于文章”。这好像是古今文人的一条规律。文学家的自白,能写得像白居易这样坦白自然的,还是少见的。元稹的传记中,自叙之作，就有三篇。有上书宰相的，有上书皇帝的，有专为自己辩诬的，都没有白居易这篇写得好。

史书对元白二人的比较是：

> 就文观行，居易为优，放心于自得之场，置器于必安之地，优游卒岁，不亦贤乎。

耕堂曰：统观唐代文士，其有成就者，幼年多家境不好，自觉努力。及为政，多遇不顺，遭贬逐，然后放情于文字。当时文人，先应举成进士，做官后，就要应付皇帝，对付宰相，言官，方镇，以及中贵美人等等，处境也是很困难的。其中，有政才者，遂以宦显，不失为功名。有文才者，虽政途多乖，终以文显。至于少数文人，过于疏放狂大，遭罹大难，亦有可取鉴者矣。

元稹传后附庞严传。此人为元稹和李绅所提拔。传记说他"聪敏绝人，文章峭丽。"为人有些类似元稹。"以强干不避权豪称，然无士君子之检操，贪势嗜利，因醉而卒。"读时牵连及之，本无可记。但他有一个朋友，名叫于敖：

> 李绅为宰相李逢吉所排，贬端州司马。严坐累，

出为江州刺史。给事中于敖素与严善,制既下,敖封还,时人凛然相顾曰:“于给事犯宰相怒而为知己,不亦危乎!”及覆制出,乃知敖驳制书贬严太轻,中外无不嗤诮,以为口实。

耕堂曰:这一段文字,类似小说家言,写得有声有色。可见古人,对于偶遇风险,友朋落难,就立即与他划清界限,并顺手下石的人,也是不以为然的。这种事情,也不知道是古代多有,还是近代多有。但自搞政治运动以来,其数量,必远远超越前古,则无疑义。为此行者已不只朋友间,几遍于伦理领域。人亦习以为常,不似古人之大惊小怪。传统道德观念,从此日渐淡薄,不绝如缕。

我少年时,追慕善良,信奉道义。只知有恶社会,不知有恶人。古人善恶之说,君子小人之别,以为是庸俗之见。乃至晚年,乃于实际生活中,体会到:小人之卑鄙心怀,常常出于平常人的意想。因此,惧闻恶声,远离小人。知古人之论,并不我欺。变化如此,亦可悲矣!

一九八八年六月

读《宋书·范晔传》

一

范晔字蔚宗，是《后汉书》的作者。《后汉书》是我国前四史之一，与司马、班、陈的著作并称，是古史的经典。

范晔是南北朝时期宋朝人，在他以前，已经有很多人撰写《后汉书》。我的藏书中，有一部清末刻印的七家《后汉书》，其书目为：谢承后汉书、华峤后汉书、谢沈后汉书、薛莹后汉书、司马彪续汉书、袁山松后汉书、张璠汉记、佚名氏后汉书(附)。

这些《后汉书》，原书都已失传。以上所列，是后人从《北堂书钞》、《太平御览》等古书中辑录出来的零篇散句，实际已经不能成书，也无法阅读了。

但在当时，这些《后汉书》，都是卷帙浩繁的。例如谢承《后汉书》,《隋书·经籍志》和《旧唐书·经籍志》,都记录为一百三十余卷。

书籍的流传与消失,有时是因为战火灾情,但主要是优胜劣汰。著书也如积薪,后来居上。他可以有更多的机会,利用前人的成果,发见新的材料,证实过去的疑难之处。读者买书用书,自然也有所选择。这就是范书一出、他书俱废的原因。

我用的《后汉书》,是中华书局仿宋本,三函,共三十册。卷首书:宋宣城太守范晔撰;梁剡令刘昭补志;唐章怀太子贤注。帝后纪一十二;志三十;列传八十八。共一百三十卷。

《后汉书》原无志,范晔曾委托别人撰写。唐时,还有其他《后汉书》存在,章怀太子选中了范书,为它作注,使它成为权威著述。注中引用了不少其他《后汉书》的片断,标示异同,后世视为善本。

二

范晔传在《宋书》卷六十九,与刘湛传同卷。我用的

《宋书》,是中华书局标点本。

兹就史传所载,摘录范晔行事如下:

范晔,顺阳人。母如厕产之,额为砖所伤,故以砖为小字。

少好学,博涉经史,善为文章,能隶书,晓音律。

做官以后,遇事怕困难。太妃殡葬时,饮酒,开窗听挽歌,被左迁宣城太守。"不得志,乃删众家《后汉书》为一家之作。"

晔长不满七尺,肥黑,秃眉须。

有个叫孔熙先的,做官久不得调,心怀不满,想制造皇家弟兄之间的矛盾,"以晔意志不满,欲引之。"先与晔赌博,故意输给他很多财宝。熟了以后,知道"晔素有闺庭论议,朝野所知,故门胄虽华,而国家不与姻娶。"熙先因以此激之。范晔就陷入了宫廷的斗争。

他们支持的是彭城王刘义康,是当时皇帝的哥哥。不久被人出卖,事败,死时四十八岁。

《宋书》的作者是沈约。他在写范晔的被捕、受审、在狱、行刑时的情景,以及对话、心理,都非常详细、真实、生动。是一篇很有味道的纪实小说。

出卖他的人,叫徐湛之,他对范晔的看法是:"倾动险忌，富贵情深。”皇帝对他的看法是：“意难厌满。”他哥哥对他的看法是：“此儿近利，终破我家。”此皆指宦情也。

三

耕堂曰：古人读书写作，是为了做官，也就是寻求富贵荣华。他们先以“时文”取得功名，做官不成或不顺利，才去著书。鲁迅诗云：无聊才读书。实不只此，著书亦多在无聊时。但有时，正在无聊著书，订下了庞大的写作计划，忽然官运亨通起来，就再也无聊不下去了，只好放下笔墨，先去赴任盖章。此为无聊期的结束，也就是文字生涯的终结。有的人虽说圣明天纵，不可一世，一边做着官，一边还在写文章。因为只有得意，没有无聊，那文章的成色，也就大不如从前，以后只是卖卖名气而已。无聊即寂寞，曹雪芹寂寞时，可以写出极度繁华的小说，做官即富贵，此情一深，文思即淡矣。连无聊的小说，也就写不出来了。

凡是“富贵情深”的人，大都“意难厌满”。他们的欲望是没有止境的，没有限度的，是要步步高升的。以“文革”为例。“四人帮”中有两位文士，本无多少才情，知识也不丰富,文字也不大通顺。但得遇机缘,官运可以说非常之好。还不满足,一定要攘夺盗窃国家神器。此二人,可说是近代史上,由蹩脚文人,发迹之后,成为政治流氓的典型。但他们绝不是历史的最后一例。证之"文革"期间,这样的文人,此伏彼起,层出不穷,即可明白。

至于等而下之的中小人物,事隔不到二十年,受害的一代人,还没有死完,他们已经认为:整个社会忘记了他们在"文革"期间的形象,他们的所作所为。他们的思想早已解放,仍把"造反有理",作为行动的信条。有的装模作样,有的旧态复萌,有的想法翻案。此种现象,此种人物,今日实多见之,令人咋舌。富贵之梦,仍在萦绕着他们的灵魂。

四

范晔在狱中,给甥侄们写了一封信:

> 吾狂衅覆灭,岂复可言,汝等皆当以罪人弃之。……文章转进,但才少思难,所以每于操笔,其所成

篇，殆无全称者。常耻作文士。文患其事尽于形，情急于藻，义牵其旨，韵移其意。虽时有能者，大较多不免此累，政可类工巧图缋，竟无得也。常谓情志所托，故当以意为主，以文传意。以意为主，则其旨必见；以文传意，则其词不流。然后抽其芬芳，振其金石耳。此中情性旨趣，千条百品，屈曲有成理。……

性别宫商，识清浊，斯自然也。观古今文人，多不全了此处，纵有会此者，不必从根本中来，言之皆有实证，非为空谈。年少中，谢庄最有其分，手笔差易，文不拘韵故也。吾思乃无定方，特能济难适轻重，所禀之分，犹当未尽。但多公家之言，少于事外远致，以此为恨，亦由无意于文名故也。

以上是范晔就自己的心情，秉性，学识和为文之道写的话。信的下半，是谈他撰写的《后汉书》：

本未关史书，政恒觉其不可解耳。既造后汉，转得统绪，详观古今著述及评论，殆少可意者。班氏最有高名，既任情无例，不可甲乙辨，后赞于理近无所得，唯志可推耳。博赡不可及之，整理未必愧也。吾杂传论，皆有精意深旨，既有裁味，故约其词句。至于循吏以下及六夷诸序论，笔势纵放，实天下之奇作。其中合者，往往不减过秦篇。尝共比方班氏所作，非但不愧之而已，欲遍作诸志，前汉所有者悉令备。虽事不必多，且使见文得尽，又欲因事就卷内发论，以正一代得失，意复未果，赞自是吾文之杰思，殆无一字空设，奇变不穷，同合异体，乃自不知所以称之。此书行，故应有赏音者。纪、传例为举其本略耳，诸细意甚多。自古体大而思精，未有此也。恐世人不能尽之，多贵古贱今，所以称情狂言耳。……

五

《史记》、《前汉书》，都附有作者的自序，述作者身世，师承，以及著作体例及经过。后来成为大的著述的传统作法。《后汉书》没有自序，这是因为作者出了事，来不及写，可以把范晔这一封信，看作是他的自序。沈约引证了全文，并说："晔自序并实，故存之。"评价很高。

范晔一生行事，除《后汉书》外，无可称述，我很喜欢他这封信，认为是一篇很好的文字。人之将死，其言也哀。所说的话，都是从肺腑中来，不会再有虚妄。文章一事，他所知甚多，见解也非常精辟，是真正的经验之谈。对于历史著述，虽似夸耀，是亦真情。唯独到了这般时候，才流水一般，说出了天真的话语。

这时，范晔已经陷入了大痛苦、大寂寞、大无聊之中。四顾茫茫，生死异路。他想起了撰述《后汉书》时的情景，回归无聊之中。只有这一点，他无愧于心，暂时扶住了他倾斜的灵魂。人之将死，其言也善，他的话不只是真诚的，也是良善的。这就是为什么，不要以人废言的道理。

六

耕堂曰：余晚年阅读史书，多注意文士传记。发见：文士的官才，和他们的文才，常常成反比。又发见：文士官才虽少，而官瘾甚大。不让他们过一过官瘾，好像死不瞑目。有人，偶然一试，感受到官场的矛盾、烦扰、痛苦，知难而退，重操旧业，仍不失为文士；有的人却深深陷入，不能自拔，蹉跎一生，宦文两失。退得快的，多为文学真才，卓有成就;陷下去的,多为文学混混儿,其在文坛混,与在官场混,固自相同也。退之一途,又分主动与被动。主动则有抱负,被动则有激扬,皆有利于文字成功。所谓被动,即指政局变化,官场失利,刑罚贬逐之类。

至于官场不利之因,则有急功近利,轻浮躁进,不识大体,依附非人等等。范晔生长华族,喜好声歌,结交非类,参与赌博,已属于轻浮之流矣。而其初生时,头部触砖,或受震荡,因而举止乖张。此则余遵弗洛伊德之学说,从生理病理上揣想也。

一九八九年二月十七日写讫

读《史记》记(上)

一

裴骃《史记集解序》:

班固有言曰:“司马迁据左氏、国语,采世本、战国策,述楚汉春秋,接其后事,讫于天汉。其言秦汉详矣,至于采经摭传,分散数家之事,甚多疏略,或有抵捂。亦其所涉猎者广博,贯穿经传,驰骋古今上下数千载间,斯已勤矣。又其是非颇谬于圣人,论大道则先黄老而后六经,序游侠(耕堂按:索隐以刺客为游侠,非也。)则退处士而进奸雄,述货殖则崇势利而羞贱贫:此其所蔽也。然自刘向、扬雄博极群书,皆称迁有良史之才,服其善序事理,辩而不华,质而不俚,其文直,其事核,不虚美,不隐恶,故谓之实录。”骃以为固之所言,世称其当。

耕堂曰:以上,裴骃(裴松之之子)具引班固论司马迁之言,并肯定之。读《史记》前,不可不熟读此段文字,并深味之也。班之所论,不只对司马迁,得其大体,且于文章大旨,可为千古定论矣。短短二百字,说明了以下几个问题:(一)《史记》所依据之古书;(二)《史记》叙事起讫;(三)《史记》详于秦汉,而略于远古;(四)班固所见《史记》缺处;(五)班固总结自刘、扬以来,对《史记》之评价,并发挥己见,即所谓实录之言,为以后史学批评、文学批评,立下了不能改易的准则。

事理本不可分。有什么理,就会叙出什么事;叙什么事,就是为的说明什么理。作家与文章,主观与客观,本是统一体,即无所谓主体、客体。过于强调主体,必使客体失色;同样,过于强调客体,亦必使主体失色。

辩而不华,质而不俚,也是很难做到的,要有多方面的(包括观察、理解、文辞)深厚的修养。因为既辩,就容易流于诡;质,就容易流于俗。辩,是一种感情冲动,易失去理智;文章只求通“俗”哗众,就必然流于俚了。

至于文直、事核、不虚美、不隐恶,就更非一般文人所能做到。因为这常常涉及到许多现实问题：作家的荣辱、贫富、显晦，甚至生死大事。所以这样的文章、著述，在历史上就一定成为凤毛麟角，百年或千年不遇的东西了。

奉劝有志于此的同道们，把班固这三十个字，写成座右铭。

希望当代文士们，以这三十个字为尺度，衡量一下自己写的文字：有多少是直的，是可以核实的，是没有虚美的，是没有隐恶的。

然而，这又都是呆话。不直，可立致青紫；不实，可为名人；虚美，可得好处；隐恶，可保平安。反之，则常常不堪设想。班固和司马迁，本身的命运，就证实了这一点。

无论班固之评价司马迁，或裴骃之论述班固，究竟都是后人议论前人，不一定完全切当，前人已无法反驳。班固指出的司马迁的几点“是非”，因为时代不同，经验不同，就不一定正确。这就是裴骃所说的：“人心不同，传闻异辞。”

二

班固谓：论大道，则先黄老而后六经。《史记正义》曰：

大道者，皆禀乎自然，不可称道也。道在天地之前，先天地生，不知其名，字之曰道。黄帝老子，遵崇斯道。故太史公论大道，须先黄老而后六经。

耕堂曰：以上，余初不知其所指也。后检夏曾佑《中国古代史》，有《文帝黄老之治》一节，所言不过慈俭宽厚。又有《黄老之疑义》一节，读后乃稍明白。兹引录该节要点如下：

一、汉时与儒术为敌者，莫如黄老。

二、黄老之名，始见《史记》。曾出现多次。

三、《史记》以前，未闻此名。

四、实与黄帝无涉，与老子亦无大关系。

五、司马迁的父亲司马谈，曾学道论于黄生，黄学贵无而又信命，故曰黄老。

六、汉时民间盛行壬禽占验之术，谓之黄帝书。是民间日用之书。黄老学者，即以此等书而合之老子书，别为一种因循诡随之言。

七、汉高、文、景诸帝，皆好黄老术，不喜儒术。以窦太后(景帝之母)为甚，当她听到儒生说黄老之学，不过是“家人言”(即僮隶之言) 时，就大怒骂人：“安得司空城旦书乎！”并命令该人下圈刺猪。那时的猪，是可以伤人的。那人得到景帝的暗助，才得没有丧命。

延安整风时，曾传说，知识分子无能为，绑猪猪会跑，杀猪猪会叫。

“文革”时各地干校，多叫文弱书生养猪，闹了不少笑话。看来，自古以来，儒生与猪，就结下了不良因缘。然从另一角度，亦反映肉食者鄙一说之可信。本是讨论学术，当权者可否可决，何至如此恶作剧！

三

夏曾佑还指出：司马迁在自序中引其先人所述六家指要，归本道家，此老学也。

在这段著名的文字中，司马谈以为：阴阳家多忌讳，使人拘而多所畏；儒者博而寡要，劳而少功；墨者俭而难遵；法家严而少恩；名家使人俭而善失真。

而道家能使人精神专一，动合无形，赡足万物。其为术也，因阴阳之大顺，采儒墨之善，撮名法之要，与时迁移，应物变化，立俗施事，无所不宜，指约而易操，事少而功多。

司马迁遵循了以上见解，形成他的主要思想和人生观,这是没有疑义的。他这种黄老思想,当然已经有别于那种民间的占卜书,也有别于窦太后的那种僵化和固执。是思想家的黄老思想,作家的黄老思想。这种思想,必然融化在他的写作之中。

黄老思想,很长时期,贯穿在中国文学创作长河之中。这种思想,较之儒家思想,更为灵活开放一些,也与文学家的生活、遭遇,容易吻合。更容易为作家接受。

耕堂曰:作家必有一种思想,思想之形成,有时为继承传统,有时因生活际遇。际遇形成思想,思想又作用于生活,形成创作。此即所谓天人之际。

人心不同,即思想各异,文人、文章遂有各式各样。然具备自身的思想,为创作的起码条件,具备自身的生活经历,则为另一个基本条件。两相融合、激发,才能成为作品。

然文场之上,亦常出现,既无本身思想,亦无本身生活的人。从历史上看,此等文人,约分数型:有的,呼啸跳跃,实际是喽罗角色。或为大亨助威,或为明星摇旗。有的,以文场为赌场,以文字为赌注,不断在政治宝案上押宝。有时红,有时黑,有时输,有时赢,总的说来,还算有利可图,一般处境不错。但有时,情急眼热,按捺不住,赤膊上阵,把身子也赌上去，就有些冒险了。有的，江湖流氓习气太盛，编故事，造谣言，卖假药，戴着纸糊的桂冠，在街头闹市招摇。有的，身处仕途，利用职权之便，拉几位明星作陪，写些顺水推舟，随波逐流，不痛不痒的文章发表，一脚踏在文艺船上，一脚踏在政治船上，并准备着随时左右跳跃的姿态。此种人，常常一举两得，事半功倍。然都是凑热闹，戏一散，观众也就散了。

四

历代研究《史记》的学者，对班固的论点，也并不是完全同意的。裴骃说："班氏所谓'疏略抵捂'者，依违不悉辩也。"比较含蓄。张守节的《史记正义》，则对班氏进行尖锐反批评，并带有人身攻击的气味。他认为："作史之体，务涉多时；有国之规，备陈臧否；天人地理，咸使该通。"他认为这是司马迁的著述精神。

"班固诋之，裴骃引序，亦通人之蔽也。而固作《汉书》，与《史记》同者，五十余卷。谨写《史记》，少加异者，不弱即劣。何更非薄《史记》？乃是后士妄非前贤！又《史记》五十二万六千五百言,叙二千四百一十三年事。《汉书》八十一万言,叙二百二十五年事。司马迁引父致意;班固父修而蔽之,优劣可知矣！”此即有名的“班马优劣论”,多为后人好事者所称引, 其实是没有道理的。班固指出的缺点,并非诋毁;多少年写多少字,是因为今古不同、时间有远近,材料有多少造成。并非文章繁简所致。称引先人与否,不能决定作品的优劣。张守节因治《史记》,即大力攻击《汉书》,殆不如裴骃之客观公正矣。

“正义” 并时有矛盾。在后面谈到班固指出的这三条缺点时,他又说:“此三者,是司马迁不达理也。”使人莫名其妙。

先黄老,上面已经谈过。序游侠,羞贱贫,前人多以为,司马迁所以着意于此,多用感情,是与其身世有关。如遭到不幸,无人相助,家贫不能自赎等等。这都是有道理的,通人情的。但我以为,并非完全是这么回事。司马迁以续《春秋》自任,六艺之中,特重史学。史学之要,存实而已,发微而已。时代所有者,不能忽略;世人不注意,当先有所见,并看出问题。他对游侠、货殖,都看做是社会问题,时代症结。游侠在当时已形成能影响政治的一种势力,从缓解大政治犯季布的案子,即可明显看出。在货殖方面,司马迁详细记录了当时农、工、商各界的生产流通情况，它们之间的关系，以及对政治的影响。都是做了深入调查，经过细心研究，才写出的。两篇列传，都是极其宝贵的历史文献。

耕堂曰：以上所述，可以看出，班固指摘《史记》三点错误，实不足为《史记》病，反彰然表明，实为《史记》之一大特色，一大创造。

各行各业，均有竞争，竞争必有忌妒。学者为了显露自己，不能不评讥前人。如以正道出之，犹不失为学术。如出自不正之心，则与江湖艺人无异矣。

近人为学者，诋毁前人之例甚多，否定前人之风甚炽。并非近人更为沉落不堪，实因外界有多种因素，以诱导之，使之急于求成，急于出名，急于超越。如文化界之分为种种等级，即其一端。特别是作家，也分为一、二、三等，实古今中外所从未闻也。有等级，即有物质待遇、精神待遇之不同，此必助长势利之欲。其竞争手段，亦多为前所未有。结宗派，拉兄弟。推首领，张旗帜。花公家钱，办刊物，出丛书，培养私人势力，以及乱评奖等等。

以上，均于学术无益，甚至与学术无关，亦不能出真正人才。但往往能得到现实好处，为浅见者所热中。

读《史记》记(中)

一

《太史公自序》:

迁生龙门,耕牧河山之阳。年十岁则诵古文。(耕堂按:包括古文《尚书》、《左传》、《国语》系本等书。)二十而南游江、淮,上会稽,探禹穴,窥九疑,浮于沅、湘;北涉汶、泗,讲业齐、鲁之都,观孔子之遗风,乡射邹、峄;戹困鄱、薛、彭城,过梁、楚以归。

于是迁仕为郎中,奉使西征巴、蜀以南,南略邛、笮、昆明,还报命。

以上是司马迁自叙幼年生活、读书,以及两次旅行所至地方。这些,都是《史记》一书,创作前的准备,即学识与见闻的准备。自司马迁创读书与旅行相结合,地理与历史相印证,所到一处,考察民风,收集口碑遗简,这一治学之道,学者一直奉为准则,直至清初顾炎武,都是如此去做。

后面接着叙述,他如何受父命、下决心,完成这一历史著作:

> “小子不敏,请悉论先人所次旧闻,弗敢阙。”卒三岁而迁为太史令,䌷史记(耕堂按:抽彻旧书故事而次述之、缀集之。)石室金匮之书。

这还是材料准备阶段,共用五年时间。《史记》正式写作,于武帝太初元年。又七年以后,司马迁遭李陵之祸,写作受到很大打击。在反复思考以后,终于继续写下去,完成了这部空前绝后的著作。

当时的汉朝,并不重视学术文化,他这部呕心沥血的著作,也没有人过问。《史记》的第一个读者,是著名的滑稽人物东方朔。东方朔确是一个饱学之士,文辞敏捷。但皇帝也只是倡优畜之,正在过着“隐于朝廷”、“隐于金马门”的无聊生活。志同道合,司马迁引他为知己,把著作先拿给他看。东方朔的信条是:“崛然独立,块然独处;与义相扶，寡偶少徒”。司马迁的信条是：“不趋势利，不流世俗”。两个人所以能说到一处。东方朔在司马迁的书上，署上“太史公”三个字。后人遂以《史记》为太史公书。班固说：

> 迁既死，其书稍出。宣帝时，迁外孙平通侯杨恽祖述其书，遂宣布焉。

据司马贞《史记索隐序》，司马迁的《史记》，因为“比于班书，微为古质，故汉晋名贤未知见重”。它的流传，以及研究注释，远远不及班固的《汉书》热闹。很长时间，是不为人知，处境寂寞的。

二

关于司马迁及其《史记》，原始材料很少，研究者只能根据他的自序。班固所为列传，只多《报任安书》一文，其余亦皆袭自序。

耕堂曰：后之论者，以为《史记》一书，乃司马迁发愤之作。然发愤二字，只能用于李陵之祸以后；以前，钦念先人之提命,承继先人之遗业,志立不移,只能说是一种坚持,一种毅力,一种精神。这种精神,遇到意外的打击、挫折,不动摇,不改变,反而加强,这才叫做发愤。发愤著书,这种人生意境,很难说得清楚,唯有近代"苦闷的象征"一词,可略得其仿佛。

凡是一种伟大事业,都必有立志与发愤阶段。立志以后,还要有准备。司马迁的准备,前面已经说过了。

人们都知道,志大才疏,不能完成伟大的事业。但才能二字,并非完全是天地生成,要靠个人努力,和适当的环境。努力和环境,可以发展才能,加强才能。

所谓才能, 常常是在一个人完成了一种不平凡的工作之后,别人加给他的评语,而不是在什么也没有做出之时,自已给自己作的预言。自认有才,或自称有才,稍为自重的人,多是在经过长期努力,在一种事业上,做出一定成绩的时候,才能如此说。

在历史上,才和不幸,和祸,常常联在一起。在文学上,尤其如此。所谓不幸、祸,并非指一般疾病,夭折,甚至也不指天灾;常常是指人祸。即意想所不及,本人及其亲友,均无能为力,不能挽救的一种突然事变,突然遭际。司马迁所遭的李陵之祸,他在《报任安书》中,叙述、描绘的,事前事后的情状,心理,抉择,痛苦,可以说是一个有才之士,在此当头，所能作的，最为典型、最为生动的说明了。

这种不幸，或祸，常常与政治有密切联系，甚至是政治的直接后果。姑不论司马迁在书信前面，列举的西伯以下八个王侯将相，他们之遭祸，完全是政治原因，他们本身就是政治。即后面他所引述的文王以下，七个留有著作的人，其遭祸，也无不直接与政治有关。

司马迁把遭祸与为文，联结成一个从人生到创作的过程，称之为：

> 此人皆意有所郁结，不得通其道，故述往事，思来者。……以舒其愤，思垂空文以自见。

这是一个极端不幸，极端痛苦的过程，是一个极端令人伤感的结论。更不幸的是，这个结论为历史所接受，所承认，所延演，一无止境。

三

《秦始皇本纪》：

丞相李斯曰:“五帝不相复,三代不相袭,各以治,非其相反,时变异也。今陛下创大业,建万世之功,固非愚儒所知。且越(耕堂按:博士齐人淳于越)言乃三代之事,何足法也?异时诸侯并争,厚招游学。今天下已定,法令出一,百姓当家则力农工,士则学习法令辟禁。今诸生不师今而学古,以非当世,惑乱黔首。丞相臣斯昧死言:古者天下散乱,莫之能一,是以诸侯并作,语皆道古以害今,饰虚言以乱实,人善其所私学,以非上之所建立。今皇帝并有天下,别黑白而定一尊。私学而相与非法教,人闻令下,则各以其学议之。入则心非,出则巷议,夸主以为名,异取以为高,率群下以造谤。如此弗禁,则主势降乎上,党与成乎下。禁之便。臣请史官非秦记皆烧之。非博士官所职,天下敢有藏诗、书、百家语者,悉诣守、尉杂烧之。有敢偶语诗书者弃市。以古非今者族。吏见知不举者与同罪。令下三十日不烧,黥为城旦。所不去者,医药卜筮种树之书。若欲有学法令,以吏为师。”制曰:“可。”

耕堂曰:以上为秦始皇时,李斯著名之建言,焚书坑儒之原始文件。余详录之，以便诵习，加深对这一历史事件的准确印象。李斯说这段话之前，是一位武官称颂始皇的功德，始皇高兴；接着是一位博士，要始皇法效先王，始皇叫李斯发表意见。

这一事件的要害处，为“以古非今”。这事件的发生，是在秦始皇三十四年，即他的晚年，功业大著，志满骄盈之时。他现在所想的，一是巩固他的统治，一是求长生。巩固统治，李斯的主张，往往见效。长生之术，则只有方士，才能帮忙。看来，此次打击的对象是儒，重点是诗书(诗书，也不是全烧掉，博士所职，还可以保存)。但这时的儒生和方士并分不清楚，实际是搅在一起。始皇发怒，以致坑儒，是因为给他求仙药的人(侯生和卢生)逃走了，那入坑的四百六十余人，有多少是真正的儒生，也很难说了。

儒家的言必称尧舜，在孔子本身就处处碰壁，在政治上行不通。但儒家的参政思想很浓，非要试试不可。上述故事，是儒家在政治生活中，和别的“家”(表面看是和法家)的一次冲突较量，一次彻底的大失败。既然并立朝廷，两方发言，机会均等，即为政治斗争。后人引申为知识与政治的矛盾，或学术与政治的矛盾，那就有些夸大了。但这次事件是一个开端，以后的党锢、文字狱、廷杖等等士人的不幸遭遇，都是沿着这条路走下来的。这也算是古有明训吧！

四

政治需要知识和学术，但要求为它服务。历史上从未有过不受政治影响的学术。政治要求行得通见效快的学术。即切合当前利益的学术。也可以说它需要的是有办法的术士，而不是只能空谈的儒生。所以法家、纵横家，容易受到重任。

儒家虽热衷政治，然其言论，多不合时宜，步入这一领域，实在经历了艰难的途径。最初与方士糅杂，后通过外戚，甚至宦竖，才能接近朝廷。其主旨信仰，宣扬仍旧，其进取方式，则不断因时势而变易。既如此，就得随时吸收其他各家的长处，孔孟之道，究竟还留有多少，也就很难说了。所以司马迁论述儒家时，也只承认它的定尊卑，分等级了。

在儒学史上，真正的岩穴之士，是很少见的。有了一些知识，便求它的用途，这是很自然的。儒生在求进上，既然遇到阻力，甚至危险，聪明一些的人，就选择了其他的途径。《史记》写到的有两种人：一是像东方朔那样，身处庙堂，心为处士，虽有学识，绝不冒进，领到一份俸禄，过着平安的日子，别人的挖苦嘲笑，都当耳旁风。另一种则是像叔孙通这样的人。

《叔孙通列传》：

> 于是叔孙通使征鲁诸生三十余人。鲁有两生不肯行。曰："公所事者且十主，皆面谀以得亲贵。今天下初定。死者未葬，伤者未起，又欲起礼乐。礼乐所由起，积德百年而后可兴也。吾不忍为公所为。公所为不合古，吾不行。公往矣，无污我。"叔孙通笑曰："若真鄙儒也，不知时变！"

当叔孙通替刘邦定好朝仪以后：

> 于是高帝曰："吾乃今日知为皇帝之贵也。"乃拜叔孙通为太常，赐金五百斤。叔孙通因进曰："诸弟子儒生随臣久矣，与臣共为仪，愿陛下官之。"高帝悉以

为郎。叔孙通出,皆以五百斤金赐诸生。诸生乃皆喜曰:“叔孙生诚圣人也,知当世之要务!”

司马迁虽然用了极其讽刺的笔法,写了这位儒士诸多不堪的言词和形象,但他对叔孙通总的评价,还是:

希世度务,制礼进退,与时变化,卒为汉家儒宗。“大直若诎,道固委蛇”,盖谓是乎?

这是司马迁,作为伟大历史家的通情达理之言。因为他明白:一个书生,如果要求得生存,有所建树,得到社会的承认,在现实条件下,也只能如此了。他着重点出的,是“与时变化”这四个字。这当然也是他极度感伤的言语。

汉武帝时,听信董仲舒的话,独尊儒术,罢黜百家,并不是儒家学说的胜利,是因为这些儒生,逐渐适应了政治的需要。就是都知道了“当世之要务”。

一九九〇年三月六日

读《史记》记(下)

一

司马迁在写作一篇本纪,或一篇列传时,常常在文后,叙述一下自己对这个地方,或这个人物的亲身见闻。即自己的考察、感受、体验心得,以便和写到的人和事,相互印证,互相发挥,增加正文的感染力量,增加读者的人文、文史方面的知识、兴趣。兹抄录一些如下:

余尝西至空桐,北过涿鹿,东渐于海,南浮江淮矣。至长老皆各往往称黄帝、尧、舜之处,风教固殊焉。

《五帝本纪》

太史公曰:诗有之:高山仰止,景行行止,虽不能至,心向往之。余读孔子书,想见其为人。适鲁,观仲尼庙堂，车服、礼器，诸生以时习礼其家。余只回留之不能去云。

《孔子世家》

吾尝过薛，其俗闾里率多暴桀子弟，与邹、鲁殊。问其故，曰："孟尝君招致天下任侠，奸人入薛中盖六万余家矣。"世之传孟尝君好客自喜，名不虚矣。

《孟尝君列传》

太史公曰：吾适北边，自直道归。行观蒙恬所为秦筑长城亭障，堑山堙谷，通直道，固轻百姓力矣。

《蒙恬列传》

有时是记一些异闻，如：

太史公曰：世言荆轲，其称太子丹之命，"天雨粟，马生角"也，太过。又言荆轲伤秦王，皆非也。始公孙季公、董生与夏无且游，具知其事，为余道之如是。

《刺客列传》

他否定了一些关于燕太子丹和荆轲的传说。而他得到的材料，则是出自曾与夏无且交游过的人。夏无且，大家都知道,就是荆轲刺秦王,殿廷大乱的时候,用药囊投掷荆轲的那位侍医。这样,他的材料,自然就具有很大的权威性。

有时是见景生情,发一些感慨:

> 太史公曰:余读离骚、天问、招魂、哀郢,悲其志。适长沙,观屈原所自沉渊,未尝不垂涕,想见其为人。
>
> 《屈原贾生列传》
>
> 太史公曰:吾适丰沛,问其遗老,观故萧、曹、樊哙、滕公之家,及其素,异哉所闻!方其鼓刀屠狗卖缯之时,岂自知附骥之尾,垂名汉廷,德流子孙哉?
>
> 《樊郦滕灌列传》

二

对历史事件,司马迁有自己的见解;对历史人物,司马迁常常流露他对这一人物的感情。这种感情的流露,常常在文章结尾处,使读者回肠荡气。这是历史家的评判。但又绝不是以主观好恶，代替客观真实。最明显的例子，是对于刘、项。在《项羽本纪》之末，司马迁流露了对项羽的极深厚的同情，甚至把项羽推崇为舜的后裔。对他的失败，表现了极大的惋惜。但项羽的失败，是历史事实。司马迁又多次写到：项羽虽然尊重读书人，但吝惜官爵；刘邦虽多次污辱读书人，对封赏很大方，“无耻者亦多归之”，终于胜利。历史著作，除占有材料，实地考察，无疑也是很重要的。司马迁所到之处，都进行探寻访问，这种精神，使他的《史记》，不同凡响。后人修史，就只是坐在屋里整理文字材料了，也就不会再有《史记》这样的文字。

司马迁虽有黄老思想，但在一些伦理、道德问题的判断上，还是儒家的传统。他很尊重孔子，写了《孔子世家》，又写了弟子们的传记。记下了不少孔子的逸事和名言。他也记下了老子、庄子。对韩非子的学说，他心有余痛，详细介绍了《说难》一篇。其中所谓：“宽则宠名誉之人，急则用介胄之士。所养非所用，所用非所养。”今日读之，仍觉十分警策。在学术上，他是兼收并蓄的，没有成见的。析六家之长短，综六艺之精华，《史记》的思想内涵，是博大精深的。

耕堂曰：余尝怪：古时文人，为何多同情弱者、不幸者及失败者？盖彼时文人自己，亦处失意不幸之时。如已得意，则必早已脑满肠肥，终日忙于赴宴及向豪门权贵献殷勤去矣！又何暇为文章？即有文章，也必是歌功颂德，应景应时之作了。

三

耕堂曰：《史记》出，而后人称司马迁有史才。然史才，甚难言矣。班固“实录”之论，当然正确，亦是书成后，就书立论，并未就史才形成之基础，作全面叙述。

文才不难得，代代有之。史才则甚难得。自班马以后，所谓正史，已有二十余种，越来部头越大，而其史学价值，则越来越低。这些著述多据朝廷实录，实录非可全信，所需者为笔削之才。自异代修史，成为通例以来，诸史之领衔者，官高爵显；修撰者，济济多士，然能称为史才者，则甚寥寥。因多层编制，多人负责，实已无人负责。褒贬一出于皇命，哪里还谈得上史德、史才！

我以为史才之基础为史德，即史学之良心。良心一词甚抽象，然正如艺术家的良心一词之于艺术，只有它，才能表示出那种认真负责的精神。

司马谈在临死时,告诉儿子:

> “今汉兴,海内一统。明主贤君忠臣死义之士,余为太史而弗论载,废天下之史文,余甚惧焉,汝其念哉!”迁俯首流涕曰:“小子不敏……”

这就是父子两代,史学良心的发现和表露。

用现在的名词说,就是史学的职业道德。这种道德,近年来不知有所淡化否,如有,我们应该把它呼唤回来。

史学道德的第一条,就是求实。第二就是忘我。

写历史,是为了后人,也是为了前人,前人和后人,需要的都是真实两个字。前人,不只好人愿意留下真实的记载和形象;坏人,也希望留下真实的记载和形象。夸大或缩小,都是对历史人物的污蔑,都是作者本身的耻辱。慎哉,不可不察也。

史才的表现,非同文才的表现。它第一要求内容的真实;第二要求文字的简练。史学著作,能否吸引人,是否能传世,高低之分全在这两点。司马贞在《史记索隐后序》中,称赞司马迁:“其人好奇而词省,故事核而文微。”事核就是真实；词省、文微，就是简练。

添油加醋，添枝加叶，把一分材料，写成十分，乱加描写，延长叙述，投其所好，取悦当世，把干菜泡成水菜……等等办法，只能减少作品的真正分量，降低作者的著述声誉。

至于有意歪曲，着眼势利，那就更是史笔的下流了。

今有所谓纪实文学一说。纪实则为历史；文学即为创作。过去有演义小说，然所据为历史著作，非现实材料。现在把历史与创作混在一起，责其不实，则诡称文学；责其不文，则托言纪实。实顾此失彼，自相矛盾，两不可能也。

所谓忘我，就是忘记名利，忘记利害，忘记好恶，忘记私情。客观表现历史，对人对己，都采取："死后是非乃定"的态度。

当代人写当代事，牵扯太多，实在困难。不完全跳出圈外，就难以写好。沈约《宋书·自序》说：

> 进由时旨，退傍世情，垂之方来，难以取信。事属当时，多非实录。

班固能撰《汉书》，是史学大家。据说他写的"当代史料”，几不可读。这就是刘知几说的：“拘于时”的著作，不易写好。

能撰写好前代史传，而撰写不好当代的事，这叫“拘于时”。而司马迁从黄帝写到汉武帝，从古到今，片言只字，人皆以为信史。班固的《汉书》，有半部是抄录《史记》。就不用说，后代史学界对他的仰慕了。这源于他萌发了史学的良心。

四

我有暇读了一些当代人所写的史料。其写作动机，为存史实者少，为个人名利者多。道听途说，互相抄袭，以讹传讹，并扩张之。强写伟人、名人，炫耀自己；拉长文章，多换稿费。有的胡编乱造，实是玷污名人。而名人多已年老，或已死去，没有精力，也没有机会，去阅读那些大小报刊，无聊文字，即使看到，也不便或不屑去更正辩驳。如此，这些人就更无忌惮。这还事小，如果以后，真的有人，不明真伪，采作史料，遗害后人，那就造孽太大了。

这是我的杞忧。其实，各行各业，都有见要人就巴结，见名人就吹捧的脚色。各行各业,都有靠山吃山,靠水吃水的人。有时是帮忙,多数是帮闲,有时是吹喇叭,有时是敲边鼓。你得意时,他给你脸上搽粉;你失意时,他给你脸上抹黑。

但历史如江河,其浪滔滔,必将扫除一切污秽,淘尽一切泥沙。剥去一切伪装,削去一切芜词。黑者自黑,白者自白。伟者自伟,卑者自卑。各行各业,都有玩闹者,也不乏严肃工作的人。历史,将依靠他们的筛选、澄清,显露出各个事件,各个人物,本来的面目。

一九九〇年三月九日写讫

读《史记》记(跋)

清人有关《史记》之著述甚多,多为读书笔记。最有名者,为王念孙、王引之父子之《读书杂志》。我有金陵书局刻本。此书,我在中学读书时,谢老师即为介绍,极为推崇。然中学生《史记》原书,尚未读懂,更未全读。此师以己之所好,推及于学生,实无的放矢也。今日读之,兴趣亦寡。序言,略有情致,其他皆个别文字之考证,甚干燥无味。我尚购有王鸣盛、钱大昕、赵翼之著作,皆为中华书局近年排印本。其治学方法与王氏同,亦皆未细读。近人整理的郭嵩焘之《史记札记》,考据之外,还有些新意。一个时代,有一个时代的治学方法,治学爱好,终生孜孜,流连忘返。这种意趣,后人是难以想象的。此后,鲁迅先生于《史记》研究,颇有新的见解,惜《汉文学史纲要》一书中,论及司马迁者,文字不多。

其实,《史记》有集解、索隐、正义,再加上乾隆四年校刊时之考证,对于读这部书,文义上的理解,文字上的辨认,也就可以了。再多,只能添乱,于读原书,并无多大好处。所以,我读古书,总是采取硬读、反复读的笨法子,以求通解。

我有两种《史记》:一为涵芬楼民国五年影印武英殿本。一为中华书局四部备要本,此本也是据武英殿本排印的,余虑其有误植,故参照影印本。这两种本子,拿放都很轻便,字大清楚,便于老人阅读。

我没有购买中华书局近年标点的本子。我用的本子,都没有断句,更没有标点。此次引文,标点都是我试加的,容有错误。发表前,请张金池同志,逐条参照中华标点本,以求改正。这是很麻烦的事,应当感谢。

我以为:读书应首先得其大旨,即作者之经历及用心。然后,就其文字内容,考察其实学,以及由此而产生之作家风格。我这种主张,不只自用于文学作品,亦自用于史学著作。至于个别字句之考释,乃读书之末节。

黄卷青灯,心参默诵,是我的读书习惯。此次读《史记》,仍旧用这种办法。然而究竟是老了,昨夜读到哪里,今夜已不省记。读时有些心得,稍纵即又忘记。欲再寻觅,必需检书重读，事倍而功半。

但还是读下去，每晚躺在床上，读一卷，或仅读数页。本纪、世家、列传，及卷首卷尾部分，总算粗读一过。其他，实仍未读也。回忆自初中时，买一部《史记菁华录》，初识此书。时至今日，用功仅仅如此，时间之长，与收获之少，可使人惭愧。读书，读书，一个人的一生，究竟能真正读多少好书，只能自己心中有数了。

至于行文之时，每每涉及当前实况，则为鄙人故习，明知其不可，而不易改变者也。

一九九〇年三月十一日晨记

我的经部书

因为我特别爱好书,书就成了生死与共之物。

发还抄家书籍,好像是在一九七三年,那时我还住在佟楼。第二年春天,迁回多伦道旧居,书籍亦随之回归。那时我正在白洋淀,参加一个剧本的制作,搬家的事,由同居张氏照料,报社文艺组同人帮忙。后来文艺组同志们打扑克,谁要是牌运不佳,就说:孙犁搬家,总是书(输)。从这一谚语的形成,可见当时书的盛况。

等我回来以后,书籍还堆积在屋当中的地板上,如同一个土丘。冬季,稍事安排整理,我记录了一本“残存书籍草目”,是逐柜填写的,很杂乱无章。后又在一本《书目答问》上,用红铅笔,把我所有的,点一个记号,在书目之上。这是单凭记忆做的,那时对书籍的记忆犹新,很少遗漏,现在再想这样做,是做不到了。

从这些红点上,可以看出我藏书的大略。当然,《书目答问》以外的书,不在此列。也可以看出,进城以后,我读书的过程。

但经部书寥寥,在书目上,几乎看不到红点。有红点的,也是一些无关紧要的小书,如《考工记图》、《白虎通义》、《燕乐考原》之类。这证明我当时对经书,是没有多大兴趣的,买以上小书,也并非是为了"明经",而是当做杂记之类的书买的。

其实,几种主要的经书,我还是收藏了的,不知为什么没有画上红点。《周易》,王弼注,四部丛刊影印宋本。《礼记》,郑氏注,四部丛刊影印宋本。《论语》,何晏集解,四部丛刊影印日本正平刊本。《孟子》,赵氏注,四部丛刊影印宋本。

这些,都是古本古注,字大清楚,眉目整齐,翻翻看看,实在痛快,不能不叹古人印书之下工夫。

《春秋左传》,杜预注。商务印书馆大字排印本,油光纸,线装十二册。这是当时的一种普通读本,现在看起来,无论纸张、印刷、装订,都还是难得的。此书装修于一九七六年三月五日。时家庭有事,居室不安,我在新包书皮上,写有几段文字,实为当时个人私虑,一时心声。后念不雅,恐异日得此书者，不能理解，徒增疑闷，乃剪去之。用同类纸贴补，又嫌不好看，用近年一些青年人为我刻的图章，装饰了一下。这一切种种，都证明老年人的神魂颠倒，情意无聊。也证明我实在没有能从经书中，得到什么修养。

此外，书架上还有四部备要本的《毛诗正义》，《尚书古今文注疏》等等。

我自幼上的是洋学堂，没有念过四书五经，总觉得是个遗憾。上初中时，曾先后两次买过坊间石印的四书，和商务的大字排印本，好像也没有细读，这些书，后来也就都丢了。抗战时期，我赴延安，书袋里还装着一本线装的《孟子》。这说明，我是一直想补上这一课，而终于不能无师自通，没能补上。

过去的学龄儿童，真不知道是怎样对付四书五经的，靠死背硬记，逐渐领会，居然能读懂，并能学以致用，我想象不出这个过程。

崔东壁介绍他父亲教孩子们读经书的办法是：

> 教人治经，不使先观传注。必先取经文，熟读潜玩，以求圣人之意。俟稍稍能解，然后读传注以证之。

这就更玄了。“熟读”，是可以想象的；“潜玩”就有些莫名其妙。一个小孩子如何能够去“求圣人之意”呢？

但崔东壁绝不会是说诳话，他就是用这个办法，造就成的一位大经学家。

崔东壁又说：

> 奉先人之教，不以传注杂于经，不以诸子百家杂于经传。……然后知圣人之心，如天地日月，而后人晦之者多也。

以上两段文字，均见他的“考信录自序”。后面一段，是和上段相承，谈他自己治经学的方法的。

学问一事，确实是有多种方法，多种渠道，不能刻舟求剑的。我天性驽钝，基础差，读古籍，总是要靠注的。但也不喜欢过于繁琐的注，并相信古注。也发现有些注，确是违反了著作的原意。

我对经书，肯定是无所成就了。难道就是因为我没有上过私塾吗？

难道中国的经书，必须在幼年时背过，才能在一生中，得到利用吗？

当初,孔子向老子问道的时候,老子只简单地回答了几句话:

> 子所言者,其人与骨,皆已朽矣,独其言在耳。且君者,得其时则驾;不得其时则蓬累而行。

自古以来,经书对于人,人对于经书,不过如此而已,吾何恨焉!

一九九〇年六月十八日改讫。大热,挂蚊帐

我的史部书

按照四部分类法，史部包括：正史、编年、纪事本末、古史、别史、杂史、载记、传记、诏令奏议、地理、政书、谱录、金石、史评，共十四类。每类又分小项目，如杂史中有：事实、掌故、琐记。这显然不很科学，也很繁琐。但史书，确实占有中国古籍的大部。经书没有几种，占据书目的，不是经的本文，而是所谓“经解”。

历代读书界，都很重视史书，经史并重，甚至有六经皆史之说。我国历史悠久，史书汗牛充栋，无足奇怪。

人类重史书，实际是重现实。是想从历史上的经验教训，解释或解决现实中存在的问题。

我在青年时，并不喜好史书。回想在学校读书的情况，还是喜欢读一些抽象的哲学、美学，或新的政治、经济学说。至于文艺作品，也多是理想、梦幻的内容。这是因为青年人，生活和经历，都很单纯，遇到的，不过是青年期的烦恼和苦闷，不想，也不知道，在历史著作中去寻找答案。

进城以后，我好在旧书摊买书，那时书摊上多是商务印书馆的书，其中四部丛刊、丛书集成零本很多，价钱也便宜，我买了不少。直到现在，四部丛刊的书，还有满满一个书柜。丛书集成的零本，虽然在佟楼，别人给胡里胡涂地卖去一部分，留下的还是不少，它的书型和商务的另一种大型丛书——万有文库相同，现在合起来，占据半个书柜。剩下的半个书柜，叫商务的国学基本丛书占用。

此外，还买了不少中华书局的四部备要零本，都是线装——其中包括十几种正史。

这些书中，大部分是史部书。书是零星买来的，我阅读时，并没有系统。比如我买来一部《建炎以来朝野杂记》，认真地读过了，后来又遇到《建炎以来系年要录》，我就又买了来，但因为部头太大，只是读了一些部分。读书和买书的兴趣，都是这样引起，像顺藤摸瓜一样，真正吞下肚的，常常是那些小个的瓜，大个的瓜，就只好陈列起来了。

还有一个例子，进城不久，我买了一部《贞观政要》，对贞观之治和初唐的历史，发生了兴趣，就又买了《大唐创业起居注》、《隋唐嘉话》、《唐摭言》(鲁迅先生介绍过这本书)、《唐鉴》、《唐会要》等书。这些书都是认真读过了的。

还有一个小插曲:五十年代,当一个朋友看到我的书架上有《贞观政要》一书,就向别人表扬我,说:“谁说孙犁不关心政治?”其实,我是偶然买来,偶然读了,和“关心政治”毫无关系。

又例如:我买了一部《大唐西域记》,后来就又买了《大唐玄奘法师传》。这部书是大汉奸王揖唐为他父亲的亡灵捐资刻印的,朱印本,很精致,只花了八角钱,卖书小贩还很高兴。再例如,因为从《贞观政要》,知道了魏徵,就又买了他辑录的《群书治要》,这当然已非史书。

买书就像蔓草生长一样,不知串到哪里去。它能使四部沟通,文史交互。涉猎越来越广,知识越来越增加。是一种收获,也是一种喜悦。

我买的史部书很多,在《书目答问》上,红点是密密的,尤其是杂史、载记部分。关于靖康、晚明、清初、太平天国的书,如《靖康传信录》、《松漠纪闻》、《荆驼逸史》、《绥寇纪略》、《痛史》、《太平天国资料汇编》,都应有尽有。对胜利者虽无羡慕之心,对失败者确曾有同情之意。

但历史书的好处在于:一个朝代,一个人物,一种制度的兴起,有其由来;灭亡消失,也有其道理。这和看小说,自不一样。从中看到的，也不只是英雄人物个人的兴衰，还可看到一个时期，广大人民群众的兴奋和血泪，虽然并不显著。

经过抗日战争、解放战争、土地改革、全国胜利，进入天津以后，我已经到了不惑之年。本来可以安心做些事业了，但由于身体的素质差，精力的消耗多，我突然病了。

有了一些人生的阅历和经验，我对文艺书籍的虚无缥缈、缠绵悱恻，不再感兴趣。即使红楼、西厢，过去那么如醉如痴，倾心的书，也都束之高阁。又因为脑力弱，对于翻译过来的哲学、理论书籍，因为句子太长，修辞、逻辑复杂，也不再愿意去看。我的读书，就进入了读短书，读消遣书的阶段。

中国的史书，笔记小说，成了我这一时期的主要读物。先是读一些与文学史有关的，如《武林旧事》、《东京梦华录》、《梦粱录》、《西湖游览志》等书，进一步读名为地理书而实为文学名著的：《水经注》、《洛阳伽蓝记》。由纲领性的历史书，如《稽古录》、《纲鉴易知录》，进而读《资治通鉴》、《十六国春秋》、《十国春秋》等。

这一时期，我觉得历史故事，历史人物，比起文学作品的故事和人物，更引人入胜。《史记》、《三国志注》的人物描写，使我叹服不已。《资治通鉴》里写到的人物事件，使我牢记不忘。我曾把我这些感受，同在颐和园一起休养的一位同行，在清晨去牡丹园观赏时，情不自禁地述说了起来，但并没有引起那位同行的同调。

阅读史书，是为了用历史印证现实，也必须用现实印证历史。历史可信吗？我们只能说：大体可信。如果说完全不可信，那就成了虚无主义。但尽信书不如无书的古训，还是有道理的。

读一种史书之前，必须辨明作者的立场和用心，作者如果是正派人，道德、学术都靠得住，写的书就可靠。反之，则有疑问。这就是司马迁、司马光，所以能独称千古的道理。

一九九〇年六月二十一日写讫

我的子部书

子部书，在我的印象里，应该是那些古代思想家的书，例如周秦诸子，或汉魏时期，能成一家之言的著作。翻看《书目答问》，才知不然。子部的引首说：

> 周秦诸子，皆自成一家学术。后世群书，其不能归入经史者，强附子部，名似而实非也。

所以，这种旧的图书分类法，在子部表现得最为混乱。它包括：周秦诸子、儒、法、兵、农、小说、释道、医、杂各家。还包括天文算法、术数、艺术、类书。现把我所有的子部书，过去没有谈到的，择要叙述如下：

我的《荀子》，是王先谦集解本，思贤讲舍木刻本，字体工整，白纸。书的原主，还裱糊了一个极别致的书套，可以保护书的各个方面。《孔丛子》是万有文库本。《孙子》是近年中华印本。

我没有买到好版本的《管子》。《韩非子》现存的,是顾广圻校过的木刻本,远不如王先慎集解本阅读方便。这部书我青年时读过,“文革”后期,又抄录过重要篇章。《墨子》是孙诒让的《墨子间诂》,商务国学基本丛书本。书前有俞樾序,作于光绪二十一年。首称:

> 孟子以杨墨并言,辟而辟之。然杨非墨匹也。杨子之书不传,略见于列子之书,自适其适而已。墨子则达于天人之理,熟于事务之情。又深察春秋战国百余年间时势之变,欲补弊扶偏,以复之于古。郑重其意,反复其言,以冀世主之一听。虽若有稍诡于正者,而实千古之有心人也。尸佼谓孔子贵公,墨子贵兼,其实则一。韩非以儒墨并为世之显学。至汉世犹以孔墨并称,尼山而外,其莫尚于此老乎?

这说明墨学的重要,是晚清学者的一种见解。俞樾著述颇多,其《诸子平议》很有名,寒斋有之。我的这两本《墨子间诂》,虽是极普通的版本,但原主在书根上写的书名,秀整非常，可知也是很爱惜书的人，书保存得很干净。书后附有丰富的参考材料。

我的四部丛刊零本中，有《老子道德经》，是影印的宋本。此外有国学基本丛书本魏源撰《老子正义》，作为日常读本。《老子》一书，我虽知喜爱，但总是读不好，至今依然。《庄子》是影印明世德堂本的《南华真经》，共五册。此外有日常读本《庄子集解》。《庄子》一书，因中学老师，曾有讲授，稍能通解。

民国初年，夏曾佑著《中国古代史》，第二章第十二节，是《三家总论》，简单扼要地介绍了老、孔、墨三家学说的优缺。录其要点如下：

> 九流百家，无不源于老子。
>
> 道家之真不传。今之道家，皆神仙家。
>
> 老子于鬼神数术，一切不取，其宗旨过高，非多数人所解，故其教不能大。
>
> 凡学说与政论之变，其先出之书，所以矫前代之失者，往往矫枉过正。老子之书，有破坏而无建立，可以备一家之哲学，不可以为千古之国教。
>
> 孔子留数术而去鬼神，较老子近人，然仍与下流

社会不合,故其教只行于上等人。

墨子留鬼神而去数术,然有天志而无天堂之福;有明鬼而无地狱之罪。是人之从墨者,苦身焦思而无报;违墨子者,放辟邪侈而无罚也。故上下之人,均不乐之,其教遂亡。

我读古书少,不求甚解,面对玄虚深奥之作,常常不得要领。夏氏讲解通俗,遂笔记焉。然他说:

佛教西来,兼老、墨之长,而去其短,遂大行于中国。

这就有些过头了。民初学者的见解,已和晚清,大有不同。学术总是随时代而变化其研究动向。学者对古代文化的评价,也是适应当时的政治要求和社会意识的。

以上为周秦诸子。汉魏子书:我有《法言》(汉扬雄)、《新语》(汉陆贾)、《新书》(汉贾谊)、《盐铁论》(汉桓宽)、《论衡》(汉王充)、《申鉴》(汉荀悦)、《潜夫论》(汉王符)、《人物志》(魏刘劭)等书,版本不一,有几种是《两京遗编》本。此丛书除字大悦目外,并无多少优长之处。好在我还有一些商务出版的,便于阅读的本子。读子书的要点:一是文字;二是道理。

此外,考订的书,我买得不少,是作为笔记小品读的。至于小说家的书,买的就更多了,书目所列,几乎全有。其中有一些好版本,因在别的文章中提到过,这里就不重复了。

释道书,也在子部。《宏明集》、《广宏明集》,都是辩论性的。我买的佛书有:《般若心经》,短小,读过,觉得好懂。《大乘起信论疏》、《大乘入楞加经》、《维摩诘所说经》,无兴趣,未细读,都是佛经流通处刻本。《妙法莲花经》是常州一名寺的木刻大字本,似僧尼用过。念经时一些音义,不直接注在经上,而是用小白方纸块写好,贴在经文旁边,非常奇特。经虽不很污旧,但我不愿翻阅,一直放在那里。还有一部谢灵运参加翻译的《大般涅槃经》,读过一部分。《法苑珠林》,共三十二册,四部丛刊本,都是佛经故事,号称妇女的佛经。读过一些。对于佛经,我总是领略不到它的妙处,读不进去,证明我尘心太重。我以为佛教之盛行,并不在它的经义,而在于它的宗教形式的庄严。所谓形式,包括庙宇,雕塑,音乐和绘画等。

一九九〇年六月二十七日写讫

耕堂曰:周秦诸子,号称百家,不过形容当时学术之盛。书目著录,已不过三十家,且多有逸伪,盖多数已消亡矣。清末浙江官书局,印有所谓百子全书,余曾购置零种,其书版大而纸劣,墨色不匀,字大而扁,颇不悦目。甚不喜之,已送人矣。因未见全书,不能断言,想系连同后代子书,拼凑而成。闻近有重印者,亦未过问。

百家争鸣之说,亦后人渲染耳。儒家为诸子之首,其学术主要为政治与教育两项,孔孟首发之,为历代帝王所尊用。其他诸子,有争鸣者,亦有自鸣者;有得意者,有不得意者。然其著述,则皆哲理多于实用,理想强于现实,虽皆有为而作,皆难施于生活。文化日渐发达,生活需要增多,学者遂不得不改弦更张,趋向实用。汉魏以后,多议论经济之书,如《盐铁论》、《齐民要术》等。此等书不多见,宋代又以朱子理学为子书之要。稍实际者,则为见闻杂志,读书笔记,或就事论事,或吸取经验。其杰出者如《梦溪笔谈》、《容斋随笔》等书。生活用书,门类增多。这是子部著述的必然趋向。

张之洞在《书目答问》中,用极大篇幅,著录农、医、天文算术、艺术各家之书,就是适应当时政治、教育的需要。他作为儒门弟子,感到只是儒家那一套,已经不中用了。

我的藏书中，以上各家的书，也略有购置，曾已述及。唯天文算术一类，因一窍不通，一本也没有。

《四库全书总目提要》子部总叙曰：“自六经以外立说，皆子书也。”六经经儒家注释解说，实已成为樊篱。如上所言，子书实樊篱以外之说，笼外之鸣。总叙又说：“虽有丝麻，无弃管蒯”，“狂夫之言，圣人择焉。”表面上还是继承百家争鸣的传统的。这实是对修订四库全书这一政治行动的极大讽刺！这也说明：“凡能自鸣一家者，必有一节之足以自立。”有价值的学术、言论、著作，是可以不胫而走，流传万世，不会轻易被消灭的。

七月一日补记

我的集部书

汉魏六朝:

《蔡中郎集》,四部丛刊本

《曹操集》,中华书局近年印本

《曹子建集》,四部备要本

《嵇中散集》,四部丛刊本

《陆士衡集》,同上

《陆士龙集》,同上

《陶靖节集》,四部备要本

《鲍照集》,四部丛刊本

《谢宣城集》,丛书集成本

《昭明太子集》,四部丛刊本

《江文通集》,四部丛刊本

《何水部集》,四部备要本

《庾子山集》，湖北先正遗书本

《徐孝穆集》，四部丛刊本

此外还购有《汉魏六朝名家集》第一集，共四十人。因此，多有重本。《书目答问》所列，只差诸葛亮一集。该集旧本，曾于旧书店遇到过，一时犹豫，交臂失之，并非忽视也。近日友人送《前后出师表字帖》一本，翻到："亲贤臣，远小人，此先汉之所以兴隆；亲小人，远贤臣，此后汉之所以颓败"一节，掩卷唏嘘，几至流涕。汉魏文章之可贵，即在于此。身世与政治相关联，作家情感，密切国家民生，责任感很强。非同后来文人之只知哀叹自己也。另有《东汉文纪》一部，故宫印宛委别藏抄本。盖从后汉书辑录。两汉文章，多赖史书以存，班、范有功焉。

唐、五代：

《王子安集》，木刻本

《骆临海集》，中华书局近年印本

《幽忧子集》，四部丛刊本

《陈子昂集》，中华书局近年印本

《张曲江集》，广东丛书本

《李太白集》，四部丛刊本，另有商务国学基本丛书本

《杜工部集》，湖北先正遗书本。另有《杜诗镜铨》，四川

木刻本，及傅正谷所赠中华书局排印本。又有《杜工部草堂诗笺》，丛书集成本。

《颜鲁公集》，四部备要本

《刘随州集》，同上

《昆陵集》四部丛刊本

《韩昌黎集》，涵芬楼排印本，两函

《柳河东集》，蟑隐庐影印本，国学基本丛书本

《刘宾客文集》，丛书集成本

《张籍诗集》，中华近年印本

《李长吉歌诗》，四部丛刊本，文瑞楼石印本

《沈下贤集》，观古堂汇刻书本

《李卫公会昌一品集》，丛书集成本

《元氏长庆集》，四部丛刊本

《白氏长庆集》，同上

《姚少监集》，四明丛书木刻本

《李义山诗文集》，石印两函

《温飞卿集》，四部备要本

《浣花集》，中华近年印本

《甲乙集》，四部丛刊本

《桂苑笔耕集》，四部丛刊本

《才调集》，同上

我藏唐集，与《书目答问》所列相校，互有出入，所差无几。

此外有四部丛刊缩印本：《玉川子诗集》、《司空表圣文集诗集》、《玉山樵人集》、《皮子文薮》、《甫里先生集》、《白莲集》、《禅月集》、《浣花集》、《广成集》。

又有《唐四家诗集》，包括：王辋川、孟襄阳、韦苏州、柳柳州。胡丹风刻本。《宋本唐人合集》，包括高常侍、岑嘉州、王摩诘、孟浩然。医学书局影印本。商务据汲古阁本《唐四名家集》，包括：窦群、李贺、杜荀鹤、吴融。《五唐人诗集》，包括：孟浩然、孟郊、李绅、温庭筠、韩偓。《唐六名家集》，包括：常建、韦应物、王建、鲍溶、姚合、韩偓。商务书印刷精良，带有布套，书亦颇新。此外尚有《唐人选唐诗》及近年科学院文研所的《唐诗选》。总集有《全唐诗》、《唐文粹》。

其实，这些年，我很少读诗词。说不喜欢诗词，是假的，但比起青年时期，是差一些了。我愿意读一些与我当前思想感情吻合的，有真实记载的书，读一些能消愁解闷的，历史经验的书。按说在唐诗中，是可以找到一些篇什的。有时翻翻杜诗，也读不下去。买了那么多诗集，有很多是重复的，不是为了读，而是为了藏。有些是慕名(汲古阁)，有些是好古(宋本),有些是贪图大而全(全唐)。

我的经验是:人在书籍极端缺乏时,才能精读、细读,才能受益。古人借书、抄书,终于有成,这是有道理的。农村有句俗话,儿多不如儿少,儿少不如儿好。可以移用于读书。儿少、儿好,反可以得济,书的道理相同。

对于唐文,还是读了一些,可谈些看法:

一、读唐文,还是先读一些有代表性的作品,如韩、柳、元、白的文章。元,诗不如白,但文章可读。韩文虽以载道自居,而时见真感情,有时表现得很强烈、直率。这一点,与柳文不同。文章重比较,一比较就可以看出,他的弟子们,如李翱之辈,望尘莫及。

二、读选本,过去我也反对过。其实,人生时间,实在有限,只能读一些选本。选本读细,也就很不容易。《唐文粹》, 编选得还是不错的。姚铉在序文中说:“文有江而学有海,识于人而际于天。”又说:“志其学者,必探其道;探其道者,必诣其极。然后,隐而晦之,则金浑玉璞,君子之道也。发而明之,则龙飞虎变,大人之文也。”我一直是当做座右铭的。新的选本,常常注解不明,校对不精,弄不好还要终生受害。

三、对代表作家,有可能,要读其全集。零碎文章,也不放过。这样才能真正了解一个作家,一个时代。

四、要读唐人传奇,这是唐文的一种极致。

宋:

《苏舜钦集》,中华书局近年印本

《司马温公文集》,丛书集成本

《欧阳文忠集》,商务国学基本丛书本

《元丰类稿》,四部丛刊本

《嘉祐集》,同上

《东坡七集》,四部备要本,另有施注苏诗,小木刻本

《栾城集》,四部丛刊缩印本

《临川集》,四部丛刊本

《山谷内外集》,小石印本

《淮海集》,四部丛刊缩印本

《诚斋集》,四部丛刊本

《渭南文集》、《剑南诗稿》,四部备要本

《叶适集》,中华近年印本

所藏与书目相校,相差已很多。北宋不到三分之一,南宋几乎无有,只存三人。

宋之苏氏父子,号称文学大家。然清代学者王夫之,于所著宋论,屡屡讥评之,以为所学为申、商之术,志在显

达。然存此心以为文，则有违艺术之道，如同水火之不相容。挟此术以从政，官亦很难做得好。多次失意，成就了苏轼的文学事业。东坡在海南期间，在田间曾遇一送饭的老妇人，她对东坡说："苏内翰，你做了一场春梦！"春梦指的就是官场沉浮。苏洵、苏辙，虽有文集遗世，然于文学，均无多大建树。秦、黄气魄，亦无多少惊人之处。

文章一事，时代气运，天人合一之说，不能不信，作家于天地(社会)接触不广，于义理(哲学)，承受不深，则文章甚难做好。元明(元以异族统治，明以流氓政治)以后，文章已渐露浮浅，文人亦多轻薄。归有光明代大家，只有《项脊轩志》、《寒花葬志》少数篇章流传。至明末，乃不得不推侯方域、钱谦益为文首。诗词，小说，戏曲，尚可驰骋，深厚文章，则甚难寻觅矣。元、明、清文集，我收藏寥寥，不赘。

一九九〇年六月二十八日

耕堂曰：今人之文集、文章多矣，余择善而从。亦有三不读。

一、言不实者不读。例如昨天还在为了某种目的，极力在历史垃圾中，去搜求、探索、描述、研讨、渲染、暴露"民族弱点"的人，今天又大言不惭地声称：要"弘扬"民族文化了。这样人的文集、文章，不读。

二、常有理者不读。(常有理为赵树理小说里的人物。)这种人，“文革”时造反有理；动乱时，动乱有理；安定团结时，还是有理。常有理的人，最可怕，文章也最不可读，因其随时随地在变化也。

三、文学托姐们的文章，不可读。她们把不正确的，说成是正确的；把不对头的，说成是对头的；把没有个性的，说成是有个性的；把没有影响的，说成影响很大；把赔钱的，说成销路很广，或是已经脱销，或是已行销国外……这种人的文章，尤其不可读，最没有价值。

六月二十八日清晨附记

我的丛书零种

把几种书合起来印行,起个书名,叫作丛书。这种做法,据说宋代已经有了,明季渐渐多起来,至清朝而大盛。我们在顾修编的汇刻书目,傅云龙和罗振玉的续汇刻书目上见到的,大部分是丛书。其中书的部数多至数千种。

清代的学者,如钱竹汀、李莼客、张之洞辈,都提倡丛书,鼓吹丛书。张之洞甚至劝有钱有力的人刻丛书,以为既对古人有好处,又惠及今人,自己也可名留千古。这就是要求别人赞助。

清人刻书之风,嘉庆道光时已盛。同光之际,达到了高潮。这是有原因的:一、太平天国平定以后,政治暂时表现安定。朝廷为显示“中兴”,学者为粉饰太平,遂大做其学问。二、文禁已经松弛,很多“秘籍”,开始流传。三、西洋文化如潮水涌进来,一些保守之士,期以固有文化抵御之。

四、人们希望政治维新,在文化上作些促进。

有以上几种原因,丛书乃形成大观。但持续的时间不长,民国以后,因印刷技术进步,石印、铅印书大行。文化内容,以介绍新文化、新知识为主向,刻印古书之事,遂不多见。偶然有,也是一些遗老、遗少所为,已引不起读书界的普遍注意。

商务印书馆,一向以介绍新文化,与流通古书两手经营为己任。民国二十四年,在张元济的提议下,王云五又编纂丛书集成。"综计所选丛书百部,原约六千种,今去其重出者千数百种,实存约四千一百种。"(见王云五所作缘起)是为初编,以后也未有继续。所选丛书,起自宋,至清末为止。

大商家做大生意。有了这部书,零零碎碎的丛书,遂不足道。

进城以后,我买了很多丛书集成的零本,已经谈过。其实,那时买一整套,带着书柜,也花不了几个钱。我有两个同行朋友,经常到一家餐馆吃饭,那里有几个书柜,里面放的是丛书集成。主人知道他们是作家,就问他们买书不买书。他们说:不想买书,看这几个书柜不错,倒有意想买。主人说,这是商务印书馆,特为这套丛书制造的书柜,是一套。后来经过几次商量，结果是主人把书从柜子里掏出来，卖给收破烂的，把书柜卖给了作家们。这真是典型的买椟还珠。说明我们那时刚刚打完游击，对大部头的书，是没有兴趣的。

那一时期，我也只是买一些零散的丛书，但我注意的是丛书的原刻本，我想借一斑窥全豹，约略知道一下这部丛书的版式字体、纸张和印刷。

在我现存的一些木刻本书中，有不少是丛书的零本。例如我有一本《冷床夜话》，是明季毛氏津逮秘书的原刻。一本《瓮牖闲评》，是清武英殿聚珍版丛书原本。一本《封氏闻见记》，是雅雨堂丛书的原本，版式、字体，古朴大方，是在冷摊上买的。《梁溪漫志》，是知不足斋丛书原刻，其纸张、格式，和翻刻本大不相同。知不足斋丛书，是乾隆年间鲍廷博校刊，出到三十集。鲍氏编辑态度非常严肃，每书前后有序跋，校对精审，印刷精良，原版已甚难得。各地翻刻者甚伙，后又有石印本，我也买了不少。他选择书，很有眼光，都是有用之书，版本大小也适中，被称为清代丛书之翘楚。

功顺堂丛书原刻，我有《广阳杂记》，字型很大。海山仙馆丛书原刻，我有《酌中志》和《读书敏求记》，纸张很好，字体稍差。畿辅丛书，我有《典故纪闻》。民国以后的木刻丛书，如峭帆楼，我有《鸡窗丛话》。嘉业堂，我有《顾亭林年谱》等。刘承幹的书，刻印的真不错，无怪鲁迅先生闻讯后，千方百计地去买。

丛书最重校勘，最精者，莫如黄荛圃的《士礼居丛书》。我有天圣明道本《国语》和姚氏本《战国策》。惜非原本，且系油光纸印。然宋本风神，跃然纸上，黄氏风格，略无消减。只去真迹一等。

其实有很多丛书，编得很杂乱，且多有重复，有删节。出书也没有计划，编者、校者，都不是高手。这样的丛书，买全了，也没有多大用处。买零本书，可以选择有用的书，买回来看着也方便。所费无几，是一种乐趣，但也得遇到书籍散落街头的时候，现在，是没处去买这些书了。

"文革"以后，有一位和我熟识的书商，曾到我家中说："现在，丛书集成的零本，有多少，我们买多少。"他知道我有这种书，大概也听到，我家里的人，在佟楼卖过这种书。他以为我手头上一定很紧，所以找上门来。我没有说什么，就把他打发走了。我虽潦倒，但还没有到衣食不继的地步。另外，我已经发现这个人，不是一个老实买卖人。年老无力与宵小争，不管哪行哪业，不老实的人，我都会敬而远之。

我保存了一本丛书集成初编目录，除有全部细目外，还有所用百部丛书的提要,很有价值。

一九九〇年七月五日写讫。北京有客来

附　记：

余向无大志,心中无规模,做事无气魄。表现在购书上,也只是零敲碎打,抱残守阙。此次为文,检阅顾修汇刻书目,原书套已虫蛀残破,余买回时,用妻子包袱中的同色破布,给书套打上无数小补丁,呈鹑衣百结之状。今日面对,不只忆及亡人,且忆及一生颠沛,忧患无已,及进城初期,我家之生活状态。呜呼,逝者如斯夫!及至衰暮之季,稍有余裕,余又飘飘然以为自己能作诗;懵懵然以为自己会写字;残存些破书烂纸,有时又自诩为藏书家。此实余晚年不自量力,无自知之明,三件极可笑之事,宜深戒也!

六日补记,闷热,挥汗作

暑期读书漫录

《太平广记》

拟写《我的小说书》一文，检《太平广记》。

此一九六一年印本，从所用纸张，可看出国家处于困难时期。建国以来，印书用纸，几度变化，是政治经济在文化上的反映。至今尚有人言：文化与政治无关，可以脱离政治。直梦呓耳。近日印书，更不堪言，有些学术著作，印得不堪入目，竟有脸拿出来发行。有先进技术，而无先进思想，尚有何精神文明可言！

《太平广记》，共五百卷。宋李昉奉敕建修，编辑共十二人。分五十五部，采书三百四十五种。

《四库总目提要》对它的评价：

古来轶闻琐事，僻笈遗文咸在焉，卷帙轻者，往往全部收入。盖小说家之渊海也。

其书虽多谈神怪，而采摭繁富，名物典故，错出其间，词章家恒所采用，考证家亦多所取资。又唐以前书，世所不传者，断简残编，尚间存其什一，尤足贵也。

这部大书，太平兴国二年三月开始编纂，至次年八月结束。六年正月雕印。即不到一年半编成，不到四年就印成书了。工作效率，可谓高速。北宋条件，当然落后。九十年代现代化，又是激光，又是胶印，如果出这样一部书，需要多少时日？就不用说编辑和校印质量了。在古人面前，我辈宁无愧乎！

当今编一部大型类书，则必设正副总编、正副主编若干人，编委会若干人。而正副总编、正副主编、编委，多不亲自动手。下面办事的人，又多不学之士。所以近年编纂的这类书，无多精彩者，读者亦不重视。印出来，办一个首发式，也就万事大吉了。

在《太平广记》中，杜甫及其祖杜审言，被列入轻薄类。其狂诞事实，亦多可笑。例如杜审言病，宋之问去看他，他竟对人家说："也好，我死了，你们也就不受压了，文章有出头之日了。"这像话吗？他有一个儿子名并，年十三，愤激杀人，盖遗传乎？然甫终成诗圣，文学与性格，关系至大。

温庭筠"以文为货"，亦被列入轻薄。

八月二日晨记

蒲松龄杂文

我有路大荒所编《蒲松龄集》，本大，未细读。近山东邓基平寄赠《聊斋佚文辑注》一本，蒲氏纪念馆编。文短书薄，粗读一过。

书中有《聊斋制艺》一组，即蒲氏幼年所作八股文章。第一篇题为《早起》，写一富贵人家，主妇早起，跟踪她的丈夫，看看是否有外遇的故事。文中多心理描写，很有趣味。据注解，这是蒲松龄的入泮之作，曾得到宗师施愚山的好评。其批语为："首艺空中闻异香……"云云。可见即在科举时代，八股文章，也是允许题材多种多样，并非都是代圣人立言的。

这篇八股文章，实际是一篇精神分析小说。它的形式，今天看来,够新颖奇特的了。如果拿到刊物上,有些新潮批评家,没准把它封为现代派,认为是弗洛伊德的真传呢。

真是开卷有益。在我的印象里,八股文字,一定是忌讳很多的。像蒲氏所写,闺阁之间的琐事,一定会遭到摈斥的。其实,考官还是够宽容的。

这篇文章的行文、笔法、命意,和蒲松龄以后所写《聊斋志异》,可以说是一脉相承、息息相通的。可以说是《聊斋志异》的一个雏形,一枝嫩草。

人具有一种素质,一种天才,常常在幼年时的某一事迹中,就显露出来,如生物之胚胎,可异也。

其《与诸侄书》,以为作文之法与用武之法同。以为“乘间、翻空、逆振、旁搜曲引”可以取胜。而“攻坚、摭实、硬铺直写”,则不能佳。此理论家之言,非小说家之言也。此塾师之法,非作家之法也。考之蒲氏创作,亦断非如此。教人作文,必先教以写实。无实际,何处可以翻空?任何文章,不摭实,何以能写作?何能有佳作?蒲之所云,写八股犹可,写小说则绝不能成功。

观蒲氏所作碑文、祭文,不脱学究秀才气。所作公文及应酬文字,亦多平平。如无小说,他的文集,实不足流传。

然其生活知识颇丰富,此对创作有利。艺术趣味亦广泛,其所记《石谱》,为我所见最完备者。分观赏、砚材、器用各项,可称大观。

一九九〇年八月九日记

商文之间

郑振铎著文学史,有商人与士子之争一章。以为士子非商人的对手,特别表现在争取妓女的欢心上。士子不平,乃写戏曲小说糟蹋商人,自鸣得意,云云。

当今已有商业诗人,或商业小说家。可直接与商人抗衡,不必败北矣。

梁章钜著有《楹联丛话》一书,余有商务印本。梁氏所作笔记小说甚佳,余甚尊崇其著述。书中收集对联无数,但我能记住的,只有两副。

一副是江淮大盐商,贴在门口的:"岂有文章惊海内,何劳车马驻江干。"梁氏以为商人出此,是大言不惭,不伦不类,作为笑料录存。

据我看,商人的意思还是很明显的,是有针对性的,并不是胡乱贴的。他是说:你们这些文人,整天车马不断地来找我,当然不是因为我有好文章。能够使你们不辞辛劳的,是因为其他缘故……这样解释,对联就有了无穷无尽的意味。

另一副对联,是纪晓岚写给一位医生的:“新鬼烦冤旧鬼哭,他生未卜此生休。”据说纪家颇受庸医之苦,故有此戏。

八月十一日晨起无聊记

《夷坚志》

宋洪迈所著《夷坚志》一书,在小说史上很有名。一是因为作者名声大;二是因为卷帙多。据说,当时可与《太平广记》的篇幅相当。但在宋时,就已逐渐减少,明以后流传甚罕,民间已不易得。到清光绪年间,藏书家陆心源重印时,就只有甲乙丙丁四集了。

我有的是商务民国三十七年排印本,共四册。

鲁迅《中国小说史略》称:

奇特之事，本缘希有见珍，而作者自序，乃甚以繁伙自憙。耄期急于成书，或以五十日作十卷，妄人因稍易旧说以投之，至有盈数卷者，亦不暇删润，径以入录。

其中可吸取的教训：一、老年著书，不要贪多求快，以取“宝刀不老”之名。二、如果不是自己亲笔写的，而是“编辑”别人作的，就要仔细看看，其中是否有重复。

这部书，我慕名很久，特别是作者，他的《容斋随笔》我最喜欢读，买了几种版本。他兄弟三人，都是南宋的饱学之士。然而这部书，我取出又放回，不知有多少次了，就是读不下去。读过的，也没有任何印象。

就文字来说，都很简练，叙述也明白，其中也有一个完整的故事。效果为何这样呢？我想了很久，才找出一个原由：就是太“淡”了。

它好像只是为了讲故事，而讲故事。作者没有感情，听者如何，也不考虑。它是没有目的写作，唯一的目的，就是多写。

这种没有功利观念，实际是玩文学的写作(功利还是有的，《夷坚志》曾进上阅览)，民间是不接受的，不管它卷帙多么浩繁，它是要逐渐消失的。现在，已经很少有人印和看这部书了。

他这种写作方法，在当时，有识之士，已经认为不妥。陈振孙讥之为：“谬用其心”。

陆心源序中说：

> 至于文思隽永，层出不穷，实非后人所及。自甲志至四甲凡三十一序，各出新意，不相复重。赵与旹《宾退录》，节录其文，推挹甚至。信乎文人之能事，小说之渊海也。

这是藏书家的话，不可信。赵与旹的《宾退录》，幸好我有一本，找出来看了看，那些序也并没有什么独创之见。即使序文好，也说明不了本文好，何况是自序！总之，这部书，无论从哪一方面说，是绝不能和《太平广记》相提并论的。自然淘汰，就是明证。

一九九〇年八月十四日

读唐人传奇记

一

鲁迅论唐传奇：

(一)小说亦如诗，至唐代而一变。源出于志怪。(二)虽尚不离于搜奇记逸，然叙述婉转，文辞华艳。与六朝之粗陈梗概者较，演进之迹甚明。(三)而尤显者，乃在是时则始有意为小说。(《唐宋传奇集·序列》，首引胡应麟说："凡变异之谈，盛于六朝，然多是传录舛讹，未必尽幻设语。至唐人，乃作意好奇，假小说以寄笔端。"先生称：其言盖近是矣。)(四)餍于诗赋，旁求新途，藻思横流，小说斯灿。文人往往有作，投谒时或用之为行卷。(五)实唐代特绝之作也。而大归究在文采与意想。(六)然而后来流派，实亦不昌。宋好劝惩，摭实而泥，飞动之致，眇不可期，传奇命脉，至斯以绝。

以上综录先生论及传奇之言，稍加穿插，共得六则。余以为对唐传奇之研究，可谓发其端而尽其意矣。

二

鲁迅说唐人“始有意为小说”。胡应麟说“作意”、“幻设”，都是有意识的创造之意。

唐人的小说，已经超越单纯的记录，进入复杂的创作活动。小说的境界，已经不只是客观世界的描绘，而涌进了作家主观的想象。

主观包括两方面：“文采与意想”。文采与意想，是文学创作的精魂。但这两点，在唐人传奇上，表现得非常突出。这不只使它明显地区别于过去的小说，也使它明显地区别于以后的传奇。在中国文学史上，独放异彩。

任何现象，都有其由来，有其基础。唐代文人的文化素质，实不一般。表现在诗歌创作上，已经有目共睹。这些文士，多是从幼年就用功于此，有些人，甚至是几代相传。他们重读书，重旅行，重交友，重唱和。互相鼓励，互相帮助，共同提高。文化素质的提高，必然引发道德、道义的提高。必然引发丰盛的想象力，引发出高尚的意象。高尚的人品，才能有高尚的想象；卑劣者，只能有卑劣的想象。其文章内容、风格、理想，自不相同。

唐代文人，在一种较高的文化素质根基上，创作小说，自有可观。又因为在诗歌领域的想象力，已经非常发达旺盛，表现在小说创作上，亦必不同一般。

三

这可以从比较上说明。此前不论矣。宋代传奇，胡应麟的话是："宋人所记，乃多有近实者，而文采无足观。"鲁迅的话，已见上文，谓其主要缺点，是失去了"飞动之致"。

"飞动"二字，自幼即深印我心，以为是文学之命脉所在。然究竟什么是飞动，如何才能做到飞动，则一直不甚了了。壮年以后，从事此业，见闻稍多，反复思考，所谓飞动即日常所谓神来之笔，得意文章。然此尚为玄虚之谈，未能得其要领。

后来读李白《谢朓楼诗》："蓬莱文章建安骨，中间小谢又清发。俱怀逸兴壮思飞,欲上青天揽明月。”才有所领悟。所谓飞动,就是“逸兴”和“壮思”的出现。就是在事实之上,出现的创造。或是在描述现实时,突然出现的奇思妙想。这些奇思妙想的连续,就形成了作品的“飞动之致”。只有富于想象,诗作最飞动的李白,才能这样透彻地帮助我把问题解释清楚。凡是伟大的艺术品,都必具备“飞动之致”。雕塑、绘画如此。音乐、诗歌亦如此。文学名著《阿Q正传》、《红楼梦》、《水浒传》,都因富于此“致”,而得为小说上乘。

四

历来对宋人传奇的评价,意见也不完全一致。胡应麟把“近实”看作是宋传奇的优长之处,所以鲁迅说他的那一段话,只能是“几近是”。

近人吕思勉说:“惟小说究以理致为主。唐人所为,好用辞藻,故其品实不逮宋人。”并说,“……小说也,皆唐人启其端,至宋而后臻于大成,唐中叶后新开之文化,固与宋当画为一期者也。”(《隋唐五代史》第二十一章)这只能说是历史家的一种见解,不必深辩矣。因为文学的飞动,不只靠奇思妙想，而且还要靠足能传达这种奇思妙想的词藻。这一点，较之唐，宋传奇就大大失色了。

词藻——语言的作用，绝不可忽视。此文人之法宝，久炼而成；小说之精华，非此莫属。

宋人并非不追求词藻，有时还常常在文中点缀诗词。不过总的说来，它的文词呆滞，不传神韵。失去魅力，失去读者。读者不能无精神食粮，平话小说乃乘运而兴。

五

唐人传奇之漂亮词句，幼年初读时，即拍案叫绝，至今仍能背诵。如《虬髯客传》之“张氏发长委地，立梳床前。”“不衫不履，裼裘而来，神气扬扬，貌与常异。”《柳毅传》：“蛾脸不舒，巾袖无光，凝听翔立，若有所伺。”《霍小玉传》：“引谕山河，指诚日月。句句恳切，闻之动人。”“时春物尚余，夏景初丽，酒阑宾散，离思萦怀。”都非强作美词，眩人眼目。而是逐景生情，发自作者心中，所以能感人，并呈飞动之致。

唐人做诗做惯了，善于推敲，遣词造句，变化神奇，有如魔术。这自然影响到小说的修辞上。

六

唐人传奇的形式,多种多样,有长有短。其内容,也包罗万象。就其主要作品来看,已从记述怪异逐渐进入现实人生。即如写梦幻,实亦为写人间。彰彰者如《南柯太守传》与《枕中记》,写的就是官场的沉浮,人生的荣辱。鲁迅说,唐代文人,"歆羡功名"。所以写这种题材多。名为警世,实亦渲染。

有的是写政治。《虬髯客传》,目的在于政治,即天命不可违,神器不可夺,为李唐着笔,虽有男女间的相遇相慕,只是陪衬, 最终是为政治服务的。《东城老父传》、《开元升平源》两篇,更是直言不讳地写政治,写国家的治乱兴衰。而《庐江冯媪传》,实际上是一篇现实性很强的农村小景。

完全进入现实生活,目的在于描绘世态的,是《李娃传》。这是唐人传奇中的一篇杰作。白行简不愧为大作家。它的优长之处,在于布局的完整、舒展,行文的自然、大方。对比之下,沈亚之等人的作品,则有些局促。鲁迅所说的

“施之藻绘，扩其波澜”，它兼而有之。《霍小玉传》，虽亦缠绵，而波澜不敌。《无双传》，虽有波澜，而不自然。结尾处，为报一己之私情，草菅人命，伤害多人，以增传奇之意，虽步司马迁游侠遗意，然过于残酷，有失人道，不可取也。

《莺莺传》，作自名家，后人锦上添花，声名最显赫，然鲁迅谓“文章尚非上乘，篇末文过饰非，遂堕恶趣。”有贬义。但在唐传奇中，仍为佼佼。至于后来施之弹唱，演为戏曲，则文章之遭遇，亦如人生，有幸有不幸矣。

这篇小说，故事本极平淡，人物除红娘外，性格亦各平平。然千百年来，家传户诵，其理即在于爱情二字。悲欢离合之情。固通于千家万户，通于群众之心。以平淡之造意，获传奇之硕果，元稹之文字工力，究不可没也。

唐人之创作传奇，态度严肃，每有所作，必于篇前篇后，记录自己以及友朋姓名，写作缘起，以及事件发生年月，虽为小说，亦取信于人之意。

七

然记有人名、地址者，不一定皆为传奇，有的则是寓言。

余幼年时,不明这种区分,曾把韩愈的《圬者王承福传》和柳宗元的《种树郭橐驼传》,也视为唐人传奇。鲁迅则说,这种文字,“无涉于传奇”,因为它是“以寓言为本,文词为末”的。

这也很难分。从道理上说:作者宣传一种思想,一种见解,借用一个人物的事迹,或通过他的语言,把一种思想和见解宣扬出来,这就是寓言。传奇当然有时也是为了宣扬一种思想,但采取的方式,不是直接说教,而是用具体形象。

我看,寓言和传奇,就是在文学史上,也很难分得清楚。读者会把它们,一样看作是小说。

跋

我在中学读书时,在保定“马号”一家兼营文具的小书铺,买了一本“毛边”的《中国小说史略》(一九三二年七月第八版,版权页有鲁迅印章),现在还在我的身边。这真可以说是一个奇迹。抗战前所有书籍,都已化为灰烬。这本书是我在土改时，从家中带到饶阳大官亭，在贫农团办公的大院里，拣了一小块办丧事用的黄绫子，把书脊糊裱了一下，又带进天津来了。

一九五二年二月，人文出版了《唐宋传奇集》，三月，我就买了一本。此后，我还买过一本，旧日中华书局为中学生选的《唐宋传奇》。还买过一本神州国光社的《唐人传奇》。前者，“文革”后回故乡时，带着路上看，被同村的一位教书先生拿走了。此人已逝去，书不知流落何方。后者，则忘记送给谁了。

以上两件事，说明我对中国小说及其历史，很早就发生了兴趣，并从鲁迅的著作，得到一些知识。但自己并没有什么研究成果。直到今天，写这篇稿子，还是以先生这两本书，为主要依据，自己也没有什么发明与增补。这同时说明，先生的论述，非常精确，是历久不刊之论。因为他是从作家的角度，研究古代小说的。

不过，因为眼下我的藏书多了一些，为文时，又按照先生的指引，参阅了：

一、《太平广记》一九六二年中华书局排印本。

二、《顾氏文房小说》上海涵芬楼影印本。

三、《资治通鉴考异》同上。

四、《文苑英华》近年中华书局影印本。

五、《说郛》涵芬楼排印张宗祥抄本。

实际也未细读，翻翻而已。

呜呼，晚年无聊，侧身人海。未解超脱，沉迷旧籍。虽古人称，优于博弈，实亦如鲁迅所云：“顾旧乡而不行，弄飞光于有尽，此亦岂所以善吾生？”有可悲者矣！

一九九〇年八月二十九日记

读《前汉书卷六十四·朱买臣传》

家贫好读书,不治产业,常艾(读刈)薪樵卖以给食,担束薪行且诵书。其妻亦负戴相随,数止买臣毋歌呕(讴)道中,买臣愈益疾歌。妻羞之,求去。买臣笑曰:我年五十当富贵,今已四十余矣,汝苦日久,待我富贵报汝功。妻恚怒曰:如公等终饿死沟中耳,何能富贵?买臣不能留,即听去。

以上,是夫妻离异之因。其后,买臣独行歌道中,负薪墓间。故妻与夫家俱上冢,见买臣饿寒,呼饭饮之。

以上,说明其妻对买臣仍有情义。其后,上拜买臣为会稽太守,荣归故乡:

会稽闻太守且至,发民除道,县吏并送迎,车百余乘。入吴界，见其故妻、妻夫治道，买臣驻车，呼令后车载其夫妻到太守舍，置园中给食之。居一月，妻自经死。买臣乞其夫钱令葬。

耕堂曰：此京剧“马前泼水”之故事根据也。此剧演出，使朱买臣之名，家喻户晓，其妻遂亦在群众心目中，成为极不堪之形象。然细思之，此实一冤案也。

夫妻一同劳动，朱买臣干多干少，还是小事。在大街小巷，稠人广众之中，一边挑着柴担，一边吟哦诗书，这不是出洋相吗？好羞臊的妇女人家，哪里受得了？劝告你，不喊叫了也罢，却“愈益疾歌”，这不是成心斗气吗？嫁汉嫁汉，穿衣吃饭。跟着你，既然饥饿难挨，又当众出丑，且好心相劝，屡教不改。女方提出离异，我看完全是有道理的，有根据的。而且，以后见朱买臣饥寒，还对他进行帮助，证明这位妇女，很富同情心，慈善心，品质性格还是不错的。

而朱买臣做官以后的举动，表面看来很宽容，却大有可议之处。羞耻之心，人皆有之，何况是在封建时代？又何况是一个弱小女子？在很多修路工人面前，把她和她的丈夫，载在官车上，拉到府中，安置在花园里。这不是优待，确是一种别有用心的精神镇压，心理迫害。在这样的环境中,心情中,她如何能活得下去?所以她终于自经了。

这种叫别人看来,是糊里糊涂死亡的例子,在封建时代,是举不胜举的。

朱买臣后来也没得好下场。他告别人的密,皇帝把那个人杀了。后来也把朱买臣杀了。

一九九〇年十一月二十五日

读《前汉书卷五十七·司马相如传》

卷六十四,《严助传》:

司马相如的时代背景。

> 是时征伐四夷,开置边郡,军旅数发,内改制度,朝廷多事,屡举贤良文学之士。公孙宏起徒步,数年至丞相,开东阁,延贤人,与谋议。……其尤亲幸者:东方朔、枚皋、严助、吾丘寿王、司马相如。相如常称疾避事,朔、皋不根持论,上颇俳优畜之。唯助与寿王见任用,而助最先进。

以上,说明司马相如,进入官场,同伴数人,表现各有不同,朝廷待遇也不一样。东方朔和枚皋,因“议论委随,不能持正,如树木之无根柢”(颜师古注),而被轻视。严助、吾丘寿王,勇于任事,虽被重用,而后来都被杀、被族。司马相如的表现,却是“常称疾避事”。这是他的特点。

但如果一点事也不给朝廷做,汉武帝也不能容他。他曾以很高贵的身份,出使巴蜀,任务完成得不错。

又据本传:

> 后有人上书,言相如使时受金,失官。居岁余,复召为郎。相如口吃,而善著书,常有消渴病,与卓氏婚,饶于财。故其事宦,未尝肯与公卿国家之事。常称疾闲居,不慕官爵。

以上,说明司马相如,既有生理上的缺陷,又有疾病的折磨。家境不错,不像那些穷愁士子,一旦走入官场,便得意忘形,急进起来。另外,他有自知之明,以为自己并非做官的材料。像严助等人,必须具备如下的条件:既有深文之心计,又有口舌之辩才。这两样,他都不行,所以就知难而退,专心著书了。

他也不像一些文人,无能为,不通事务,只是一个书呆子模样。他有生活能力。他能交游,能任朝廷使节,会弹琴,能恋爱,能干个体户,经营饮食业,甘当灶下工。这些,都是很不容易的,证明他确是一个多才多艺的人。一个典型的,合乎中国历史、中国国情的,非常出色的,百代不衰的大作家!

《前汉书》用了特大的篇幅,保存了他那些著名的文章。班固对他评价很高,反驳了扬雄对他的不公正批评。

他也并不重视自己的那些著作。本传称:

> 而相如已死,家无遗书。问其妻,对曰:长卿未尝有书也。时时著书,人又取去。

耕堂曰:司马相如之为人,虽然不能说,堪作后世楷模。但他在处理个人与环境,个人与时代,文艺与政治,歌颂与批评等等重大问题方面,我认为是无可非议的,值得参考的。

一九九〇年十一月二十六日

读《义门读书记》

在我大量购书那些年，我买了多种名人的读书记，就是没有买《义门读书记》。也不是没有遇见过。有一次在天津古籍书店，见到一部木版的，但看来书品不佳，且又部头大，就放过了。

近年，已经很少买书，因为已经看不了多少。但有时听说有合意的书，还是想买一点。傅正谷告诉我，他买了一部中华新印的《义门读书记》。我托人去买，天津却买不到。又叫在北京工作的女孩子，到中华书局的门市部去问，才买到了。

书分上、中、下，共三册，是前几年出版的，定价八元，还算便宜。

翻阅一过，知为何焯读书时，随时记在书册之上的文字，又经后人从他读过的书册上，摘抄下来，整理成书的。

都是零碎的考定、评语，毫无统系，谈不上著述。

这类书，我一向没有兴趣。所买的清人王念孙、王鸣盛、钱大昕、赵翼等人的著作，都一直放在那里，没有细读。其实，较之何氏，他们的书，还算是有些统系的。

但何氏是很有名的人物，他的这部书，也为考据家所重视。所校《两汉书》、《三国志》尤有名。

我先细读了书后有关他的身世的附录材料。这是我一向的读书习惯。从中得知他一生经历坎坷，并能看出清初读书人的特殊遭际。即使不读正文，钱也不算白花了。

何氏少年时即好学不倦，读书特别细心用功。他曾选印《四书文》、《历代程墨》，并评定坊社时文行世。全祖望说他，"是以薄海之内，五尺童子皆道之。"这种工作，就像目前编印儿童少年读物一样，既出名，又有利可图，且不会有什么问题。后来，他由拔贡，选送太学，渐渐有了点名声。

人一有了名声，便充满了危险。先是一些要人，开始对他注意，拉拢他，想叫他出于自己的"门下"。如果能坚持淡泊，不去上钩也好。无奈读书人，又羡慕富贵，不耐清苦。他先后依附过徐乾学、翁叔元、李光地，一直被荐到康熙皇帝身边。不久，又奉旨侍读皇八子贝勒府。这表面光荣，实际已被推到火山口上去了。

果然:“康熙在热河,有人构谗语上封事。康熙返京,何焯于道旁拜迎,即被收系,驰送狱中,并籍没其邸中书。”他能活下来,已经是万幸了。

耕堂曰:文人与官人,性格多不同。官人与官人之间,矛盾又很多。因此名士多与贵官相处日久,必争论失欢。贵官或被仇家告讦,名士则易成为“东家”的替罪羊。伴皇子读书,则很容易被看作参与了皇统之间的明争暗斗。雍正皇帝上台,何焯幸已早死,不然,确实要够他受的了。

一九九〇年十一月三十日

读《胡适的日记》

因为长期不入市，所以见不到新书。过去的书店，总印有新书目录送人，现在的出版社，是忙着给别人登广告，自己的出版物，也很少印在书的封三、封底上。过去商务、中华都是利用这些地方，分门别类地介绍自己的出版物。对人对己，都很有利。这一传统，不知道为什么，不被当代出版家留意。

《胡适的日记》也是宗武送来的。上次他送我一部《知堂书话》，我在书皮上写道：书价昂，当酬谢之。后来也没有实现。这次送书来，我当即拉抽屉找钱。宗武又说：书很便宜，不必，不必。我一看定价，确实不贵，就又把抽屉关上了，实在马虎得很！后来在书皮上写道：书价不昂，又未付款。可笑，可笑。

这书是中华书局前些年印的，但我一直不知道。我现在不能看长书,所以见到此书,非常高兴。当晚,就把别的功课停了,开始读它。

《胡适文存》和他写的《中国哲学史(半部)》、《白话文学史(半部)》,在初中时,就认真读过了。现在已经没有多少记忆。因为,很快思想界就发生了变化,胡适的著作,不大为当时青年所注意了。

文化,总是随政治不断变化。"五四"文化一兴起,梁启超的著作,就被冷落下来;无产阶级文化一兴起,胡适的文化名人地位, 就动摇了。就像他当时动摇梁启超一样。这是谁也没有办法的,无可奈何的。

这只是就大的趋势而言。如果单从文化本身着眼,则虽冷落,梁启超在文化史上的地位,胡适在文化史上的地位,仍是存在的,谁也抹不掉的。

我以为胡的最大功绩,还是提倡了白话文,和考证了《红楼梦》。近来听说他晚年专治《水经注》,因为我孤陋寡闻,没有见到书,未敢随便说。但专就一部旧书,即使收集多少版本,研究多么精到,其功绩之量,恐怕还是不能和以上两项相比。

提倡白话,考证红楼,都是一种开创之功。后来人不应忘记,也不能忘记。提倡白话,又是一种革命行动。考证红楼，则是提供了一种新的方法。

不过，什么事，也不能失去自然。例如，《胡适的日记》，这个“的”字，加上好，还是不加上好，是可以讨论的。文字是工具，怎样用着方便，就怎样用。不一定强求统一，违反习惯也不好，会显得造作。

我还以为，近年的红学，热闹是热闹了，究竟从胡适那里走出了多少，指的是对红楼研究，实际有用的东西，也是可以讨论的。

一九九〇年十一月三十日下午，大风竟日未停。

昨晚不适，夜半曾穿衣起床，在室内踱步

读《高长虹传略》

文载《新文学史料》一九九〇年第四期。作者言行。

我认为这是一篇很好的传记。关于高长虹,过去人们所知甚少,现在,差不多都忘记了。他的同乡人士,近年出版了他的文集,我尚未见到,读了这篇传记,却有些感触。过去,人们乡里观念重,常有一些有心人,把地方文献征集出版,不埋没人才,原是一件好事。现在山西一些同志,也注意到这方面的工作,引起我的兴趣。

我开始留心文坛事迹之时,狂飙运动,已经过去了。我倾心的是当时正在炽热的左翼文学运动。狂飙运动,这一名词虽然响亮得很,鲜明得很,但在社会上,甚至在文艺界,似乎并没有留下多少使人记忆的事迹和影响。我知道高长虹这个人名,不是从他的著作、文章,而是从鲁迅和别人的文章。有一次,我在北平的冷摊上,遇到一本狂飙周刊的合订本,也没引起购买的想法。这说明,热闹一时的狂飙,已被当时的文学青年所冷落。

任何运动的兴起,都必有时代思潮做基础,狂飙运动,不过是“五四”运动的一个余波。它体现的还是爱国精神和民主科学两个口号,但时代思潮,继续向前发展,狂飙的主将,没有这方面的准备,也没有这方面的热情,很快就被“时代的狂飙”,吹到了旁边,做了落伍者。因此,他们的运动,也就成了尾声。

高长虹书读得是多的,文笔是锋利的,也有股子干劲,也具备一种野心。但据我看,他是个个人主义者,也有些英雄色彩。但不与时代同步,不与群众结合,终于还是落到无用武之地的寂寞小天地里去了。

他的一生,追求探索,无书不读。只身一人,一囊一杖,游历数国,也不知他是如何生活的。他好像没有固定的信仰,也不做任何实践,甚至也不愿系统地研究一种学问。一生栖栖皇皇,不禁使人发问:夫子何为?

最后,终于感到,这样大的天地,这样多的人民,竟没有一个安身立命的落脚之地。这不是时代的悲剧,只能说是一个人的、一个性格的悲剧。

耕堂曰:一九四四年至一九四五年,我在延安,住桥儿沟东山。每值下山打饭,常望见西山远处,有一老人,踽踽而行,知为高长虹。时距离远,我亦无交游习惯,未能相识。另,我长期在晋察冀边区工作,山西之盂县,曾多次路过。以当时不知为高氏故乡,故亦未加采访。今读此传,甚为高夫人行为所感动。以她的坚贞死守之心,高唯一的一张青年时照片,得以留存,使后人得睹风采。高紧闭双唇,可观其自信矣!

一九九〇年十二月二十七日

传略引高氏文章:军阀是些被动的东西,他们被历史、制度、潮流夹攻着而辨不出方向,他们没有自觉,没有时代,他们互相碰冲而无所谓爱憎,他们所想占据的东西是实际上并没有的东西,他们冲锋陷阵在他们的梦想里,他们全部的历史便是,短期的纷扰与长期的灭亡。

读着这段文章,我不知为什么,会想到文艺界的一些英雄豪杰身上去。

次日又记

读《文人笔下的文人》

岳麓书社出版,凤凰丛书的一种。

最近,孙玉蓉女士,送我这样一本她参与编辑的书。在鲁迅条目下,有郑振铎、夏丏尊、林语堂、郁达夫,写的四篇悼念鲁迅的文章。

青年时,我对有关鲁迅的文章,是很有兴趣的,见到必读。

我在抗日时期,还编写过一本小书,题名《鲁迅、鲁迅的故事》。上部是我改写的鲁迅的小说,使它更通俗一些,简短一些。下部,就是凭借我记忆的,别人写的有关鲁迅的材料,编写成鲁迅日常生活、日常言行的小故事。这本小书,一共有五六万字,在晋察冀边区铅印出版,沙可夫同志还给我写了一篇序。

书中所记材料,是我在北平流浪时,有机会读到的。

一九三六年暑期以后,我就到农村教书去了,阅读杂志报刊的机会就少了。尤其是在一九三七年以后,上海出版的书籍刊物,在敌后就很难见到了。

所以这四篇文章,我过去都没有读过。现在年老无事,每晚在灯下,总是看点书解闷,在得到这本书以后,就先读了起来。

这是有原由的。年老了,朋辈不断物故。自己舞文弄墨惯了,常常写些悼念文章。也加强了这方面的学习参考。最近把积存多年的《金石粹编》、《金石文钞》,以及字帖中的碑传墓志,都找了出来。翻翻看看,古人是如何写作这类文字的,知道其中问题不少,经验也很多。

耕堂曰:悼念文字,实亦传记文学之一种,或为传记文学之素材。然其写作,优劣差异甚大。传记重事实,重言行。熟悉者,当推死者的家属、亲戚、仆从。但自古以来,又以家属之言多亲情,仆从之言多忌讳,亲戚之言多掩饰,不为史家所重视。因此,又求之于与死者既有交往,所知较多,能够直言,且善于用文字表达者。此亦难矣!

综观以上四篇,文如其人。郑文重情感;夏文重事实;郁文重全面、系统。林文则重个人意气,以私情代事实,多臆想、夸张、推测之词。最不足取,且不足为训也。近日颇有人提倡反面文章、不同意见。但不管什么意见,也必根据事实,即死者生前之言行说话,以符天下公论。

古今传记文字之难,在于知者不言,言者不知。名人之传记文字尤难,在于谬托知己,借以自炫。或生前多倾轧,身后多颂词,虚伪之情,溢于言表。

夏氏之文,只记亲身所见、所闻,知道多少就记多少,不求惊人,不涉无稽,简单明了,实事求是。此乃教育家兼作家之文章,长者仁者之言语,是我们学习的范文。

一九九〇年十二月二十八日

读《船山全书》

这是岳麓书社近年正在进行的一件大工程，实际负责编校者为杨坚同志。每出一册，必蒙惠赠。书既贵重，又系我喜读之书，深情厚谊，使我感念不已。我每次复信，均望他坚持下去，期于底成，因为这是千秋大业，对读书人有很大功德。

过去，寒斋藏书中，有金陵书局，曾氏木刻本《读通鉴论》，上等毛边纸印，字大行稀，天地宽广，虽字体有些笨拙(就是后来常见的金陵刻经处所刻佛经那种字体)，然仍不失为佳本。

书有棕色大漆木板夹，全书有一尺多厚，搬动起来，很不方便，然分册甚薄，把持方便，甚便于老年人阅读，故为珍藏之一种。

此外，我还买过世界书局出版的《读通鉴论》，洋装厚本。因素不喜世界书局所印书籍的字型和版式,后送给邹明。今邹明逝世,彼家恐无人问津此类读物矣。

又在天津古籍书店,见过太平洋书店所印之《船山遗书》,平装,大字,分册多,阅读亦方便,当时尚不知重视王氏著作,疏忽未收,价钱不会太贵的,至今很是后悔。

我还藏有四部备要本《宋论》。

近年,我还陆续购买了中华书局印行的王氏零星小书,如《楚辞通释》、《黄书》、《噩梦》等。

现在,岳麓所印全书,我已经收到六册,王氏的主要著作,已包括在内。他们是在前人的工作基础上,再进行精细的工作,并用新发现的珍贵抄本作依据,重新进行编校。其优越之处,是不言自明的。

我对王氏发生敬仰之情,是在读《读通鉴论》开始。那是六十年代之初,我正在狂热地购求古籍。我认为像这样的文章,就事论事,是很难写好的。而他竟写得这样有气势,有感情,有文采,而且贯彻古今,直到《宋论》,就是这种耐心,这种魄力,也非常人所能有的。他的文章能写成这样,至少是因为:

(一)他有自己的政治思想,政治经验;(二)他有丰富的人生阅历,了解民情;(三)他有表达自己思想感情的文字能力;(四)他有一个极其淡泊的平静心态,甘于寂寞,一意著述。(五)这很可能是时代和环境造成的,无可奈何的人生选择。

等到我阅读了他另外一些著作后,我对他的评价是:

(一)他是明代遗民,但有明一代,没有能与他相比的学者;(二)他的著述,在清初开始传布,虽并没有得到应有的重视,但有清一代,虽考据之学大兴,名家如林,也没有一个人,能与他相比;(三)清初,大家都尊称顾炎武,但我读他的《日知录》,实在读不出个所以然来。他的其他著作,也未能广泛流传。人们都称赞他的气节,他的治学方法,固然不完全是吹捧,但也与他虽不仕清廷,却有一些当朝的亲友、学生,作为背景有关。自他以下的学者,虽各有专长,也难望王氏项背。因为就博大精深四字而言,他们缺乏王夫之的那种思想,那种态度,那种毅力。

他是把自己藏在深山荒野,在冷风凄雨,昏暗灯光之下,写出真正达天人之理、通古今之变的书的人。

他为经书作的疏解,也联系他的思想实际,文字多带感情,这是前人所未有的。即以楚辞而论,我有多种注释本,最终还是选中他的《楚辞通释》一书为读本。

一九九一年五月十日

读《刘半农研究》

载《新文学史料》一九九一年第一期。

材料共三篇:刘氏日记通读;徐瑞岳作刘氏研究十题摘读;其他一篇未读。

刘氏著作,我只买过一本良友印的他的《杂文二集》,精装小型,印刷非常精美,劫后为一朋友借去未还。

记得刘氏逝世后,鲁迅先生曾写一文纪念,我至今记得的有两点:一、刘氏为人,表现有些“浅”,但是可爱的;二、有“红袖添香夜读书”的思想,常受朋友们的批评。我一向信任鲁迅先生的察人观世,他所说虽属片面,可能是准确的。

红袖添香云云,不过是旧日文人幻想出来的一句羡美之词,是不现实的。悬梁、刺股,凿壁、囊萤,都可以读书。唯有红袖添香,不能读书。如果谁有这种条件,不妨试验一下。

但文人性格中,往往会存在这么一种浪漫倾向。以刘氏请赛金花讲故事为例:当时赛流落在北京天桥一带,早已经无人提起她。是管翼贤(《实报》老板)这些人发现了她,当作新闻传播出去。最初听赛信口开河的有傅斯年、胡适等人,听得欣然有趣。但傅和胡只是听听而已,不会认真当作一件事,去收集她的材料,更不会认真地为她树碑立传。因为这两位先生,城府都是深远的,不像刘半农那么浅近。

赛虽被写进《孽海花》一书,但并非正面人物,更无可称道之事。当时北京,经过八国联军入侵之痛的老一辈人还很多,也没人去恭维她。刘送三十元给她,请她讲故事六次,每次胡乱说一通,可得五元,在当时处于潦倒状态的老妓女来说,何乐而不为?

刘就根据这个谈话记录,准备为她立传,因早逝,由他的学生商鸿逵完成,即所谓《赛金花本事》一书,一九三四年出版。当时东安市场小书摊,都有陈列,但据我所知,很少有人购买。因为华北已处于危亡之际,稍有良知的,都不会想在这种人物身上,找到任何救国图存的良方。有人硬把赛金花的被提起,和国难当头联系起来,是没有道理,也没有根据的。

刘氏这一工作,是彻底失败了。当然,他成功的方面很多,这也不值得大惊小怪。

使我深受感动的,是徐瑞岳文章中,引叙齐如山对刘的劝告。齐说:“赛金花自述的一些情况,有些颇不真实,尤其是她和瓦德西的关系,似有生拉硬扯和修饰遮掩之嫌,撰稿时要多加谨慎。”并说:“以小说家、诗家立场随便说说,亦或可原,像你这大文学家,又是留学生,若连国际这样极普通的情形都不知道,未免说不过去。而且你所著之书,名曰本事,非小说诗词可比,倘也跟着他们随便说,则不但于你名誉有关,恐怕于身份也有相当损处。”朋友之间,能如此直言,实属不易。

同样,我也佩服钱玄同对商鸿逵的训教。徐氏原文称:“时在北大研究院的钱玄同听说此事后,甚为生气,把商鸿逵叫去狠狠训了一顿,认为一个尚在读书的研究生,不应该去访问什么赛金花,更不应该为风尘女子立传。商鸿逵从钱玄同那儿恭恭敬敬地退出来,又跑到时任北大文科主任的胡适之处,向胡氏详尽地汇报了撰书的起因和经过,并得到了胡适的首肯。”

从这一段文字,可同时看出:钱、商、胡三个人的处世为人的不同。

耕堂曰：安史乱后，而大写杨贵妃；明亡，而大写李香君；吴三桂降清，而大写陈圆圆；八国联军入京，而大写赛金花。此中国文人之一种发明乎？抑文学史之一种传统乎？不得而知也。有人以为：通过一女子，反映历代兴亡，即以小见大之义，余不得而明也。当然，文学之作，成功流传者亦不少见。《长恨歌》，《桃花扇》，《圆圆曲》，固无论矣。即《孽海花》一书，亦不失为佳作，然失败无聊之作，实百倍于此，不过随生随灭，化作纸浆，不存于世而已。而当革命数十年之后，人民处太平盛世之时，此等人物，又忽然泛滥于文艺作品之中，此又何故使然欤？

一九九一年五月二十三日上午

读《东坡先生年谱》

王宗稷编，在“东坡七集”卷首。

一

此年谱字数不多，非常简要。记述精当，绝不旁枝。年月之下，记东坡居何官，在何地曾作何诗文，以相印证。东坡诗文，多记本人经历见闻，取材甚便。诗文有不足以明，则引他人诗文旁证之。余以为可作文人年谱之楷模。

二

据年谱：苏东坡二十一岁举进士；二十五岁授河南府

福昌县主簿；二十六岁授大理评事、凤翔府签判；三十岁判登闻鼓院，直史馆；三十四岁监官告院；三十六岁，因与王安石不和，通判杭州；四十岁，通判密州；四十二岁，知徐州；四十四岁移湖州。

此间出事，年谱云：是岁言事者，以先生湖州到任谢表以为谤。七月二十八日中使皇甫遵到湖追摄。按子立墓志云：予得罪于吴兴，亲戚故人皆惊散，独两王子不去，送予出郊曰：死生祸福天也，公其如天何？返取予家，致之南都。又按先生上文潞公书云：某始就逮赴狱，有一子稍长，徒步相随，其余守舍皆妇女幼稚。至宿州，御史符下，就家取书，州郡望风，遣吏发卒，围船搜取，长幼几怖死。既去，妇女恚骂曰：是好著书，书成何所得，而怖我如此，悉取焚之。

耕堂曰：余读至此，废卷而叹。古今文字之祸，如出一辙，而无辜受惊之家庭妇女，所言所行，亦相同也，余曾多次体验之。

然宋时抄家，犹是通过行政手段：有皇帝意旨，官吏承办，尚有法制味道。自有人提倡和尚打伞以来，抄家变成群众行动，遭难者受害尤烈矣。司马相如死后，汉武帝令人至其家取书，(是求书不是抄家。)卓文君言：相如无书也，有书亦为人取去。所答甚得体，有见识，不愧为文君也。朱买臣之妻尤有先见之明，力阻其夫读书，不听，则与之离婚，盖深明读书无益，而为文易取祸也。此两位妇女，余甚佩服，故曾为两篇短文称颂之。

四十五岁责授黄州团练副使。五十一岁哲宗元祐元年，入侍延和，迁翰林学士，知制诰。——这是苏东坡一生中最得意的几年，曾蒙太皇太后及哲宗皇帝召见，命坐赐茶，并撤御前金莲灯送归值所。

耕堂按：这在旧日官场看来，是一种殊荣。但令不喜官场的人看来，这不过是妇人呴呴之恩，买好行善而已。

> 五十四岁，出知杭州。五十七岁在颍州。五十八岁再入朝，任端明、侍读二学士。五十九岁，即绍圣元年，又不利，出知定州、英州，再贬宁远军节度副使，惠州安置。过虔州，又责授琼州别驾，昌化军安置。即过海矣。六十三岁在儋州。六十六岁，放还，死于常州。

耕堂按："安置"即管制。后之"随意居住"，即解除管制矣。

三

纵观东坡一生为官，实如旅行，很少安居一处。所止多为驿站、逆旅、僧舍，或暂住朋友处，亦可谓疲于奔命矣。其官运虽不谓佳，然其居官兴趣未稍减。东坡幼读东汉书，慕范滂之为人，为母所喜，苏辙作墓志，及宋史本传均称引之。可知其志在庙堂，初未在文章。古人从不讳言：学而优则仕，因士子于此外，别无选择。如言：学而优则商，在那时则不像话。既居官矣，则如骑虎，欲下不能，故虽屡遭贬逐，仍不忘朝廷。

东坡历仁、英、神、哲、徽五朝，时国土日蹙，财政困难，朝政纷更多变，虽善为政者，亦多束手，况东坡本非公卿之材乎。既不能与人共事，且又恃才傲物，率意发言，自以为是。苏辙作墓志，极力罗列其兄政绩，然细思杭州之兴修水利，徐州之防护水灾，定州之整顿军纪，亦皆为守土者分内之事，平平而已，谈不上大节大能。此外，东坡两度在朝，处清要之地，亦未见其有何重大建树。文章空言，不足据以评价政绩也。

远古不论，中国历史上，在政治上失意而在文学上有成者：唐有柳宗元，宋有苏东坡。柳体弱多病，性情忧郁，一贬至永州，即绝意仕途，有所彻悟。故其文字，寓意幽深，多隐讳。苏东坡性情开放，乐观，体质亦佳，能经波折，不忘转机，故其文字浅近通达，极明朗。东坡论文，主张行所当行，止所当止，并以为文止而意不尽，乃是文章极致。然读其文章，时有激越之词，旁敲之意，反复连贯，有贾谊之风，与柳文大异。然在宋朝，欧公之外，仍当首选。其父与弟，以及王安石、曾巩，皆非其匹。以上数人，在处理政事上，皆较东坡有办法，有能力，因此也就不能多分心于文学。人各有秉赋、遭际，成就当亦不同。

苏东坡生活能力很强，对政治沉浮也看得开，善于应付突然事变，也能很快适应恶劣环境。在狱中，他能吃得饱，睡得熟；在流放中，他能走路，能吃粗饭。能开荒种地，打井盖屋。他能广交朋友，所以也有人帮助。他不像屈原那种人，一旦失势，就只会行吟泽畔，也不像柳宗元，一遇逆境，便一筹莫展。他随时开导娱乐自己，可以作画，可以写字，可以为文作诗，访僧参禅，自得其乐，还到处培养青年作家，繁荣文艺。然其命运，终与柳宗元无大异，亦可悲矣！

四

《宋史》本传，全袭苏辙所作墓志铭，无多新意，唯末尾论曰：

> 呜呼！轼不得相，又岂非幸欤？或谓轼稍自韬戢，虽不获柄用，亦当免祸。虽然，假令轼以是而易其所为，尚得为轼哉！

还是有些见解的。

一九九一年八月十一日

读《后汉书》小引

任何事情，都难以预料。比如历史吧，前汉的刘邦，不事生产，后来做了皇帝；后汉的刘秀，一心事田业，后来也做了皇帝。于是历史学家就说，光武皇帝本来胸无大志，为人平平，他之所以成功，完全是机遇。比起汉高祖，他太渺小了。

这也许是事实。我读《后汉书·光武本纪》，就遇不到像《史记·高祖本纪》中，那些惊心动魄的故事，总提不起精神来。

这部中华书局聚珍版的《后汉书》，原是进城初期买的，想不到竟成了我老年的伙伴。它是线装大字本，把持省力，舒卷方便。走着、坐着、躺着，都能看。我很喜爱它，并私心庆幸购存了这么一部书。

但近几年来，拿拿放放，总读不下去。去年打开了，结果只写了一篇关于著者范晔的读书笔记,又放下了。今年夏天又打开,有了些进展,本纪算读完了,没有什么收获。后纪也读了,知道一些女人专政的故事。接着是“志”。志分:律历,礼仪,祭祀,天文,五行,郡国,百官,舆服。这都是专门的学问,也读不懂,几乎是翻过去了。

下面才是列传。这是史书的中坚部分,应该细读。

列传，前边都是大人物。我发见后汉开端时的人物，光武那些功臣，和汉高祖时不同。他们多是一些宦家子弟,都读过一些书,甚至做过小官,有些政治经验。像马武那样的草莽之人很少。

这是经过西汉很长时期的休养生息，文化教育的结果。

例如邓禹,“年十三能诵诗”。寇恂,“初为郡功曹”。冯异,“好读书,通左氏春秋,孙子兵法”。岑彭,“王莽时守本县长”。贾复,“少好学,习尚书”。吴汉,“家贫,给事县为亭长”。盖延,“历郡列掾,州从事”。陈俊,“少为郡吏”……

光武也读书,“乃之长安,受尚书,略通大义。”这样一个领导集团,驱使或对付那些乌合之众,自有它的优胜之处。

但在这些功臣传记里,我还是读不出个所以然来。读到列传第十三,《窦融传》,才渐入佳境。写得最好的,是它后面《马援传》。

我们知道,范氏的《后汉书》,是根据好多种后汉书写成的。《马援传》的原始材料,可能就写得好。马援是东汉的一个名人,事迹当然不少,但人以文传,还得有人给他写好才行。

耕堂曰:我读《二十四史》,常常有一史不如一史,每况愈下之感。这虽然不能说就是九斤观点,至少也违反进化论。每代都是先有史实,然后有史才,加以撰述。有时有重大史实,而无相当史才,加以发挥;有时虽有史才,而无重大史实,可供撰述。此遇与不遇,万事皆然,非独创作。班马之作,已成千古绝唱,再想有类似作品,实已困难。艺术一事,实在是有千古一人的规律,中外皆然,不可勉强。

平心论史,各史皆有其长。即如后汉一书,范晔之才,亦难得矣。他的语言简洁,记事周详,有班固之风,论赞折衷,而无偏激之失,亦班氏家法。时有弦外之音,虽不能与司马迁相比,亦非后史所多见。范氏在自序中,对自己的论赞,颇为得意,不是没有根据的。这部书,一直列为史学经典,也不是没有原因的。

惜我年老精衰,读书已无计划。加以记忆模糊,边读边忘。旷日持久,所得无多,甚感愧对此书耳。

现将读书时零碎心得,粗记如下,供同好者参考。

一九九一年十二月二十一日

读《后汉书卷五十八·桓谭传》

一个音乐家的悲剧

桓谭的父亲，西汉成帝时为太乐令，是个管音乐的官。谭因此也好音乐，善鼓琴，嗜倡乐。他还遍习五经，能文章，常和刘歆、扬雄等人辨析疑异。他为人简易，不修威仪，好非毁俗儒，因此多被排挤。哀、平间，他的官位，不过是个“郎”。

他也有些见识，他认识傅皇后的父亲傅晏。当时傅皇后失宠，傅晏处境很不好。桓谭给他作了两项建议：一是请傅晏背地告诉女儿，千万不要因为嫉妒，“驱使医巫，外求方技”。二是傅晏本人，要“谢遣门徒，务执谦悫”。傅晏照办，终于保住了一家人的平安。

另外，在王莽掌权时，“天下之士，莫不竞褒称德美，作符命,以求容媚。谭独自守,默然无言”。这在当时,就很不容易了。

光武皇帝即位,他曾“上书言事,失旨不用”。后来大司空宋弘荐他为“议郎给事中”,他又“上书陈时政”。其中有一段是反对“图谶”,另一段是说皇帝用兵不当。触犯了大忌,皇帝非常不高兴。

谁都知道,光武帝是靠图谶起家的。而这个图谶是光武在长安时一个“同舍生”捏造的。其词为:“刘秀发兵捕不道,四夷云集龙斗野,四七之际火为主。”不只言词粗鄙,而且作伪显然。但当时群臣都说:“受命之符,人应为大。万里合信,不议同情。周之白鱼,曷足比焉!”(卷一光武纪)现在皇帝已经坐稳了,而桓谭竟说图谶不可信,这真是书呆子的头脑发昏了。

于是悲剧开始:

> 其后有诏会议灵台所处。帝谓谭曰:吾欲谶决之,何如?谭默然良久曰:臣不读谶。帝问其故,谭复极言谶之非经。帝大怒曰:桓谭非圣无法,将下斩之!谭叩头流血,良久乃得解。出为六安郡丞,意忽忽不乐,道病卒,时年七十余。

耕堂曰:皇帝召集的这次会议,如果说是一种预谋,是“引蛇出洞”,恐怕也不是瞎猜。他心里先有了一个“不悦”,然后指名问桓谭:“如何?”如果桓谭聪明些,对答一个:“臣以为很好”,这悲剧也许就无从发生。桓谭还是犹豫了一下的,这一犹豫,即是“默然良久”,本来是他的一个生命转机。但皇帝又接着来了一个“问其故”。桓谭沉不住气,又犯了老病,“复极言”起来,就中了皇帝的圈套,自己走上了死亡之途。他中“五经”之毒太深,以为皇帝总不会不相信“五经”。这是他的一个大错误!不错,皇帝有时信“五经”,但在当前,他更信图谶!桓谭得罪后,“忽忽不乐”,是对自己这一次失言的,无可挽回的痛惜!更使人惋惜的是,他本来是一个音乐家,他本来可以伴音乐而始终,平安度日。他做的官,是给事中,是皇帝身边的一个小官,皇帝喜欢,他弹琴,关系处得并不错。如果就这样干下去说不定还会得到皇帝的宠爱,享受荣华富贵哩。

可惜的是,他那位荐举人宋弘,也是一个古板守旧的人。他见桓谭常常给皇帝弹琴,皇帝又喜爱“繁声”,他就非常不高兴。他召见桓谭,非常严厉地教训了他一顿。说荐他来是“辅国家以道德”的,不是叫他演奏流行歌曲。要治他的罪。这样,当桓谭再为皇帝弹琴时,一看见宋弘,就神色大变,很不自然,以致皇帝后来就不再叫他弹琴了。

桓谭自此以为应“忠正导主”,就屡屡上书言事。皇帝一想,你不过是个“倡优”,也敢如此,就恨上他了。这也是桓谭无自知之明,忘记了自己的身份和在皇帝眼中的地位。同朝中,有一个叫郑兴的,就比桓谭聪明些:

> 帝尝问兴郊祀事,曰:吾欲以谶断之,何如?兴对曰:臣不为谶。帝怒曰:卿之不为谶,非之邪?兴惶恐曰:臣于书,有所未学,而无所非也。帝意乃解。(卷六十六郑兴传)

和皇帝对答,可不是小事,郑兴如果不说这样滑头的话,就会有桓谭同样的下场。

桓谭还著有《新论》一书,共二十九篇,多言“当世行事”,大部都不存。《书目答问补正》说有“说郛本”,我有张宗祥抄本《说郛》,但多次查阅,都没有找到。

一九九一年十二月十日

读《后汉书卷五十八·冯衍传》

一个文过其实的人

传称:“衍幼有奇才,年九岁,能诵诗。至二十而博通群书。”他原来忠于更始,很晚才归顺光武。光武对他没有兴趣,又有人谗毁他,得不到重用。

冯衍自己有个想法。他说古代有个故事:有人挑逗两个女子,长者骂他,幼者顺从。他选了长者为妻。他以为皇帝用人,也应该这样,不要摒弃反对过自己的人。这个想法太浪漫了。他屡次上疏陈情,光武终以“前过不用”;“显宗即位,又多短衍,以文过其实,遂废于家”。

耕堂曰:“文过其实”, 是什么意思呢? 不过是指冯衍的为人,并不像他写的文章那样好。这是可能的。很多文人,都不能用他的行实,同他的文字相比照。文章是做出来的,是代圣人立言,当然是正确的。一个人的行为,就很难说。它是一个人,一生之中的多种表现。是充满变化和矛盾的,要受社会现实、时代风尚的影响。“名不副实”,或“文过其实”,是历史的、自然普遍的现象。

另外,“文过其实”, 文章还是被肯定的。本传保存下来的,冯衍的几篇文章,从文字、见识、学问来看,就不是一般人所能做得出来的。

历史上,又常常有这样一种现象:本来,这个人的文章无可观,行为不足称,却不知为了什么,为当时权贵所重视,为小人所吹嘘。过不了几年,又证实:这个人,这个人的文章,这种重视,这些吹嘘,不过是一个连锁性的骗局。这当然不能叫做“实过其文”,只能说是文、实两空。在人民道德、文化素质普遍下降的时期,这种“人文”现象,是屡见不鲜的。

冯衍的为人,确是言行不一,文实相违。他一方面,在言志时,反复申述:“游精神于大宅兮,抗玄妙之常操;处清静以养志兮,实吾心之所乐”。一方面,又不安于贫贱,向皇帝求情不得,又频频给权贵上书,请求支援,帮他找个官位。言辞卑微,和文章大相径庭。

既无治国的机会, 也没有齐家的办法。他两次离婚,名誉受损。第一次，只是因为他的夫人，不让他纳妾。他非常气愤，在给妇弟的信中，竟胡言乱语地说："不去此妇，则家不宁；不去此妇，则家不清；不去此妇，则福不生；不去此妇，则事不成。"好像他的失败，都由于妇人。

休妻后，又娶了一个，这个更厉害，差一点没有把前妻留下的儿子毒死。结果又散了。只好自叹："贫而不衰，贱而不恨。年虽疲曳，犹庶几名贤之风，修道德于幽冥之路。"

他的命运，也只能说是不逢时，并不完全是自身的过错，还是值得同情的，应该原谅的。

耕堂曰：古之所谓少年奇才，因专心读书，遂丧失生活技能。即俗话所说：肩不能担担，手不能提篮。既不能耕，又不能牧。只剩"学而优则仕"一窄途。仕有遇，有不遇；有达，有不达。要看社会环境，要分时代治乱。所以说，士人的命运和前途，是很不乐观的。

"惟吾志之所庶兮，固与俗其不同；既倜傥而高引兮；愿观其从容。"这样说说，或是写写，都是容易做到的。如果遇到衣食不继，或子女号寒，甚至老婆闹着要离婚的时候，那就得另谋出路了。

即使还没有闹到这种地步，念了若干年书，又被人称做"奇才"，也是不甘清苦的。他会看到比他得志的人，吃的什么,穿的什么,住的什么,坐的什么。为什么他能这样,我就不能呢?他是怎样得到的呢?我不会学习着来试试吗?于是冯衍之所为,就无需责怪了。

一九九一年十二月十六日

读《后汉书卷七十·班固传》

一个为政治服务的文人

传末，范晔论曰：

司马迁、班固父子，其言史官载籍之作，大义粲然著矣。议者咸称，二子有良史之才。迁文直而事核；固文赡而事详。若固之序事，不激诡，不抑抗，赡而不秽，详而有体，使读之者，亹亹而不厌，信哉其能成名也。

耕堂曰：范蔚宗之论班固，已成定论。其所谓：不激诡，不抑抗，就是对人、对事，不作主观的扬或毁，退或进。客观地记述其本来。这在史学上，是一个准则。

古来论述班马异同者，甚众。然多皮毛之见，又多出于个人爱好。范氏对两人的两句评语，实在明确恰当。

传载：班固“年九岁，能属文诵诗赋，及长，遂博贯载籍，九流百家之言，无不穷究。所学无常师，不为章句，举大义而已。性宽和容众，不以才能高人，诸儒以此慕之”。

他的《汉书》：

> 固自永平中始受诏，潜精积思二十余年，至建初中乃成。当世甚重其书，学者莫不讽诵焉。

传中保存了他写的几篇文章。其中《两都赋》的主题是，“盛称洛邑制度之美，以折西宾淫侈之论”。《典引篇》的主题是，“述叙汉德”。此外《窦宪传》里还保存了一篇《燕然山铭》。

班固的一生，他的全部著作，包括《汉书》，都是为政治服务的，是为一朝一姓服务的。

古代没有“为政治服务”这个口号，也没有人提出过这样的要求。但在中国古代文献中，存在大量为政治服务的作品。不是间接服务，而是直接服务。也没有人讳言或轻视为政治服务。文人都是自觉自愿的。这说明,文学可以为政治服务,文学和政治的这种关系,自古以来,就是很自然的。

自从有了这个要求,有了这个口号,问题就来了,议论也就多了。近的不说,稍远的有三十年代,成仿吾与鲁迅,钱杏邨与茅盾,左联与"第三种人",越到后来,越是争论不休。前几年,把这个口号变通了一下,还是有争论。这就叫:有口号,就有争论。

世界上,当然有不为政治服务的艺术。但近代历史,也在不断证明:一些大声疾呼"艺术圣洁"的人,常常又是另一种政治的热烈追求者。差不多在他们反对文艺为政治服务的同时,他们的作品,已经成为他们在政治生活中的晋身之阶。不只为"政治"服了务,也为经济服了务,使他们能够大发其财!

只要作家本人,不能完全与政治无关,那么文艺作品,就不能完全与政治无关。文艺为政治服务,并不一定就粗糙,就没有价值。不为政治服务,也不一定就高尚,就值钱。这要视作家而定。班固的作品,不是在永远流传吗?

关于班固和司马迁的比较,我也有些浅见。我以为,其不同之处有:

(一)家学、经历、气质之不同。司马谈和班彪留给儿子的思想遗产,并不相同。司马迁的任务是要继承《春秋》的事业;班固的任务,是整齐西汉一代之书。在为本朝服务这一点上,班固的思想比司马迁明确得多。司马迁在遭到不幸之后,生理和心理,都造成很大伤害。这不能不影响他的思想、感情,甚至精神、意识。文学是精神的产物,我们很难估计,这一不幸,在司马迁文学事业上的作用和影响。班固固然也遇到过不幸,但他在第一次入狱时,却因祸得福。著作得以上达朝廷,自己也弄了个兰台令史的官儿,有了个很好的写作学习的环境。

(二)两个人的哲学思想不同。哲学思想是一切著作的基础,史学、文学均同。司马迁的哲学思想,很大成分是黄老,而班固则是儒家,并且是经过汉代大儒发掘、整理过的,训诂、章句过的儒家思想。司马迁作《史记》,几乎没有政治目的,没有想到要为谁服务。他写秦、项和写刘邦,态度是一样的。而班固作《汉书》,政治目的很明确,就是为了表彰汉德。

其相同之处为结局悲惨。然此中亦有分别。司马迁的悲惨在成书之前,而班固的悲惨,在成书以后。

这两位文人之不幸,在于只熟悉历史,而不了解现实。

深信圣人之言，而泥古不化。处官场而不谙宦情。因此，其伤亡也，皆在国家政治动荡，权贵剧烈倾轧之际。文人不知修检，偶以言语及生活细故，遂罹大难，为可伤矣！

范晔论曰："固伤迁博物洽闻，不能以智免极刑。然亦身陷大戮，智及之而不能守之。呜呼，古人所以致论于目睫也！"范氏之言是矣，然彼亦终未能自全，言不旋踵，而身验之，此又何故欤！

一九九一年十二月十九日

读《后汉书卷五十四·马援传》

一篇好传记

在小引中，我说《马援传》，写得最好，其理由有三：

一、这篇传记，写了马援的一生，包括他的言行，他的政治活动，他的文事武功。写出了这个人的为人风格和一些精彩的言论。以上写得都很具体、生动，给人留下鲜明的印象。最后写了他奉命征五溪，师老无功，且遭马武等人的谗毁，以致死后都不能“丧还旧茔”。给这个人物，增加了悲剧色彩，使读者回味无穷。

二、马援与光武、隗嚣、公孙述，都有交往。这是当时互相抗衡的三种势力。传记通过写马援，同时也写了三个人的为人，行事，政治和军事上的见识和能力。传记用对比的手法：

> 援素与述同里闬，相善。以为既至，当握手欢如平生。而述盛陈陛卫，以延援入，交拜礼毕，使出就馆。更为援制都布单衣，交让冠，会百官于宗庙中，立旧交之位。述鸾旗旄骑，警跸就车，磬折而入，礼飨官属甚盛。

下面紧接着，写光武如何接见马援：

> 援至，引见于宣德殿。世祖迎笑谓援曰："卿遨游二帝间，今见卿，使人大惭。"援顿首辞谢，因曰："当今之世，非独君择臣也，臣亦择君矣。臣与公孙述同县，少相善，臣前至蜀，述陛戟而后进。臣今远来，陛下何知非刺客奸人，而简易若是？"帝复笑曰："卿非刺客，顾说客耳。

后面，又紧接着，写马援与隗嚣的一段对话，使隗嚣的形象，跃然纸上。

三段文字，写得自然紧凑，而当时的政治形势，胜败前景，已大体分明，这是很高明的剪裁手法。写人物，单独刻画,不如把人物,放在人际关系之中,写来收效更大。

三、记录马援的日常谈话,来表现这一人物的性格、志向、见识。

> 封援为新息侯,食邑三千户。从容谓官属曰:"吾从弟少游,常哀吾慷慨多大志,曰:'士生一世,但取衣食裁足,乘下泽车,御款段马,为郡掾吏,守坟墓,乡里称善人,斯可矣。致求盈余,但自苦耳。'当吾在浪泊西里间,虏未灭之时,下潦上雾,毒气重蒸,仰视飞鸢跕跕坠水中,卧念少游平生时语,何可得也!"

马援确是一个"说客",他说话非常漂亮,有哲理。"闲于进对,尤善述前世行事。""闻者莫不属耳忘倦。"他的《诫侄书》尤有名,几乎家传户晓。像"穷当益坚,老当益壮",这些成语,都是他留下来的。他言行一致,年六十岁,还上马给皇帝看看哩!

但据我看,光武对他一直不太信任,就因为他原是隗嚣的人。过来后,光武并没有重用他,直至来歙举荐,才封他为陇西太守。晚年之所以谗毁易人,也是因为他原非光武嫡系。

他兴趣很广泛，能经营田牧，还善相马。他留下的《铜马相法》，是很科学的一篇马经。

但好的传记，末尾还需要有一段好的论赞，才能使文气充足。范晔论马援："然其戒人之祸，智矣，而不能自免于谗隙。岂功名之际，理固然乎？"

耕堂曰：马援口辩，有纵横家之才，齐家修身，仍为儒家之道。好大喜功，又备兵家无前之勇。其才智为人，在光武诸将中，实为佼佼者。然仍不免晚年悲剧。范晔所言，是矣。功名之际，如处江河漩涡之中。即远居边缘，无志竞逐者，尚难免被波及，不能自主沉浮。况处于中心，声誉日隆，易招疑忌者乎？虽智者不能免矣。

至于范氏说的：

> 夫利不在身，以之谋事则智，虑不私己，以之断义必厉。诚能回观物之智，而为反身之察，若施之于人，则能恕；自鉴其情，亦明矣。

这种话，虽然说得很精辟，对人，却有点求全责备的意思了。

一九九一年十二月二十四日

读《后汉书卷六十六·贾逵传》

关于经术

两汉经学大盛。但《春秋左传》一经，并得不到共识。从西汉末年，就为是否为《左传》立博士，争论不休。所谓"立博士"，就是得到皇帝的承认，成为国家的一种学科。东汉初年，博士范升对《左传》持否定态度，他在光武帝亲自主持的讨论会上说：

> 左氏不祖孔子，而出于丘明。师徒相传，又无其人。且非先帝所存，无因得立。(同卷范升传)

他条奏"左氏之失，凡十四事"。和他辩论的人说：太史公多引左氏。他又"上太史公违戾五经谬孔子言，及左氏春秋不可录，三十一事”。

学者陈元，则主张《左传》，应立博士。他说范升的言论，不过是“断截小文，媟黩微词”。“所谓小辩破言，小言破道者也”。

皇帝又叫他和范升辩论，他占了上风。“帝卒立左氏学，太常选博士四人”。但诸儒“论议讙哗”，不久，“左氏复废”。

贾逵的父亲贾徽，从“刘歆受左氏春秋”。“逵悉传父业，尤明左氏传、国语，为之解诂五十一篇。永平中，上疏献之。显宗重其书，写藏秘馆”。后来，他又给皇帝作了一篇《神鸟颂》。

肃宗时，他“摘出左氏三十事，尤著明者。斯皆君臣之正义，父子之纪纲”。给皇帝看。然后又说“左氏与图谶合”。更重要的一点论据是：“五经家皆无以证图谶，明刘氏为尧后者，而左氏独有明文。”

这就一矢中的：

> 书奏，帝嘉之。赐布五百匹，衣一袭。令逵自选公羊严颜诸生高才者二十人，教以左氏。

从此,《春秋左传》一经的地位,就牢固地确立了。贾逵实为左氏功臣。

耕堂曰:学术受政治制约。此余幼年所学,至今不容变异。以上史实凿凿,亦非晚近新潮所能打破。学术受政治制约,首先表现为学者受政治约束。郑玄一代大儒,八方仰慕。当病重时,袁绍一命,逼玄随军,他就不得不载病而行,死于路途。学者不能离政治而自由,而能产生自由的学术,这就是梦话。

且一经之立,非只关系一经,能广泛流传。精熟此经者,可得立为博士。博士也是一种官位,可得诸多好处。我们不能把贾逵的这种做法,单纯看做是迎合,投机。因为皇帝选用人材、学术,主要是看能否为当前政治服务。贾逵所谈,多为“安上理民”之策,与皇帝的希望正相合,就容易被接受。左氏的整个著作,也沾了光,随之大行于世。这和一些儒家主张为人要委蛇行事,以求通显,道理是一样的。无可厚非。

但范晔并不这样看,他说:

> 郑贾之学,行乎数百年中,遂为诸儒宗,亦徒有以焉尔!桓谭以不善谶流亡,郑兴以逊辞仅免。贾逵

能附会文致，最差贵显。世主以此论学，悲矣哉！

好像我以上的看法，太庸俗了。范晔是一个理想主义者。

理想终归是理想，在历史上，从来没有实现过。

另外，学术也不等于政治。有些大儒，固然因学术而显达，在政治上顺利。有的却不是做大官的材料。郑玄虽然那样用功，学术成就那样大，但看来他性情有些孤僻，不愿做官。也可能是感到，自己做不来。他说："别人都去做了大官，吾自忖度，无任于此。但念述先圣之元意，思整百家之不齐，亦庶几以竭吾才。"他是有自知之明的，也是有识见的，因为当时天下已大乱。

范升争论得那样凶，后来为"出妻所告，坐系。得出，还乡里。永平中，为聊城令，坐事免，卒于家"。官做得很小，时间又很短。

贾逵，"然不修小节，当世以此颇讥焉，故不至大官"。

耕堂曰：

凡以知识学术干政者，贾逵可为师法矣。回忆"四人帮"时期，思想、文化界，此种人不少。率皆从经典中，寻章摘句，牵强附会，以合时势。迹其用心，盖下贾逵一等。其中，自然有人系迫不得已。但主动逢迎者，为多数。文艺创作亦如此。其作品，太露骨者，固已不为人齿，然亦有人，由此步入作家行列，几经翻滚，终于成为“名家”。此亦如范晔所言：“徒有以焉尔！”这个词儿很新鲜，也很俏皮。意思是说：也不过就是那么回子事罢了！

一九九一年十二月二十九日

读《后汉书卷七十三·朱穆传》

关于交友

古代主张绝交的人，大都性情孤僻。或处境不佳,遭遇悲惨。心情极度不好时,才这样做。

例如东汉的朱穆,就写过一篇《矫时》的绝交论。其中有:“绝存问,不见客,亦不答也。”这样不通人情的句子。

后来,著名学者蔡邕,以为朱穆这种见解是“贞而孤”。就是狭窄,偏激,不开明。“又作正交以广其志”。蔡邕论交的主旨为:

> 盖朋友之道,有义则合,无义则离。善则久要不忘平生之言;恶则忠告善诲之,否则止,无自辱焉。故君子不为可弃之行，不患人之遗己也。信有可归之

德,不病人之远己也。

《后汉书》的作者范晔,在《朱穆传》的后面,就交友问题,发了很长的议论。他引证了古来交友,正、反两方面的史实和教训,重申了孔子、老子两位圣哲对友道的主张,列举了当时一些善于交友的人物。

我以为,蔡氏和范氏的论述,很全面,也很正确,实在无懈可击。也正因为这样,他们的话,等于没有说。交朋友,是一种社会现象。人既不能脱离社会而生存,就像必须娶妻生子一样,交结朋友。但每个人的生活方式,每个人的生活能力,并不相同。所处时代、环境,也不一样。要求每人对待友道,持相同观点,是不可能的。

关于交友,孔子都说过了。“泛爱众而亲仁”,“以文会友,以友辅仁”,“益者三友”,是其要点,是千古不刊之论。

为什么在圣人门徒中间,又有很多人主张绝交呢?就是因为我前面所说的那些复杂情况。有些人生活能力差,应付能力小。想离群索居,又怕没有粥喝。想得到一时一刻的心境平衡,于是想到了绝交。朱穆所为,正是如此。他在梁冀这种人手下工作,劝说又不听。环境恶劣,前景茫茫,只能如此了。

他这个人，还有天生的病态：

> 及壮，耽学。锐意讲诵，或时思至不自知。忘失衣冠，颠坠坑岸。其父常以为专愚，几不知数马足。

这样的人，你叫他广交朋友，应付自如，岂不是打鸭子上架吗？他终于“愤懑发疽”而亡。

但有人，生理、心理都正常，通达世情，并热心公益，乐于帮助他人。对交友，也持消极态度。这就值得注意了。

《后汉书卷五十七·王丹传》：

> 丹子有同门生丧亲，家在中山。白丹欲往奔慰，结侣将行，丹怒而挞之，令寄缣以祠焉。或问其故，丹曰：交道之难，未易言也。世称管鲍，次则王贡。张陈凶其终，萧朱隙其末，故知全之者鲜矣。

范晔对他的评论是：“王丹难于交执之道，斯知交矣。”因为王丹这样做，不只是由于识见，也是根据经验，不能不令人信服。他的主张是：交友要慎重；朋友之间的来往，要清淡，不要过热。

耕堂曰:交友,是一种生活手段。幼时,在庙会上,见卖艺人开场,必言:在家靠父母,出门靠朋友。朋友与父母并论,可见其与吃饭穿衣有关。这种交友之道,可称做开放型,或进攻型。出门卖艺尚且如此,如果是出国卖艺,那交友一事,就更为重要了。相反,动不动就要与人绝交的人,可称封闭型,或保守型。要之,交友之道,从战术上说,要广交;从战略上说,要慎交。但凡关人事,变化莫测,不能自主。不是你要如何,便能如何的。

关于交友,我在《悼曼晴》一文的附论中,曾经胡扯过一通,这里就不再多说了。

一九九一年十二月三十一日下午

买《朱子语类》记

中华书局一九八六年版，共八册，价三十元五角。理学丛书之一。宋黎靖德编。王星贤点校。一九九二年四月二十七日上午，金梅从书市代购。

过去，从未想到买这种书，虽然我曾购有两种《朱子文集》及其年谱、《近思录》等。今春，卫建民开始寄赠"古籍整理情况"，其中有一篇文章，引证此书原文，印证南宋口语，我以为很有意思。也因为好久不买书了，旧习作怪，遂致函姜德明，请他到中华总店问问，有无存书，定价多少。姜复信：书已售完，因系前几年印，定价便宜。(第一册)

我又托金梅到天津古籍书库，找个熟人，问问书店中是否有存书，也说没有了。似绝望矣。忽然抱来，喜出望外。金梅今日到书市看了看，那位熟人竟给找到两部，叫挑选。金梅并说："你有很长时间不叫我买书了，所以我很当回子事。”实可感谢。

午饭后即裁纸包装,这很可能是最后一次买书。(第二册)

据出版说明,本书于明成化、万历,清同治、光绪年间,均有刻本。但我前逛书市时,未遇见过。想印数甚少。如此大部书,不易流传,而自辛亥革命后,此类书,不再为读书界注意。解放初期,尤非上架之品也。(第三册)

弟子记先师言行,成为一种著作,《论语》就是典型,朱子毕生为之集注。然只薄薄两册,孔子说话,也不过三言两语。像这样大规模的记录,可谓史无先例,朱子之幸也。当时师生关系,凝聚力大,接触者众,听讲者多,纸墨又方便,非同刀削竹木之时矣。(第四册)

语录之体,一直流传。近代尚有王湘绮的语录《王志》,章太炎的语录《菿汉昌言》,均薄薄一册。近世教育,课堂讲解,备有课本讲义。下课之后,各自走散,偶尔闲谈,亦言不及义,故此种形式,逐渐式微。当代科学进步,师长之声音容貌,均可录存映放,此体或将消失。(第五册)

鲁迅先生生前,曾有人提议,记录先生日常言行。先生言:如果那样做,最好把缺点也记上。后未闻实行。想亦甚难耳。家人不注意,外人难入室,入室难久坐,哪里就碰上重要有意义的事?先生死后,及门弟子多有记述,余当时颇留心读之,并于编《鲁迅、鲁迅的故事》一书时,多有采用。惜这本小书,虽于抗战时铅印一次,后来从未再版,许多史实,遂亦遗忘耳。(第六册)

由他人写文章,记录一个人的言行,多不可信。因他人写文章,有他个人的爱好,有他个人的功利,已非客观。且言行重当时当地, 及当事人感情心理。外人记之于异日,已隔一层,况各有不同之立场乎!

鲁迅的言行录,没有做成,人们了解他,就得去读他的书,此鲁迅之幸也。而有些人,愿意叫别人写写自己,盖不深知文墨者。(第七册)

引起我买这部书的动因,已如前述。读此书,可与宋人话本、宋元戏曲相对照,并可知明清白话小说用语行文之由来。一直到"五四"白话文学之兴起,均可从中找到源头。(第八册)

附　记:

语录之正体,为弟子"记录"先生之"话语"。记录因人而少异。记录如非一人,编辑者即应相互对照,就像后来的对笔记一样。故今之录音,虽更准确,已非语录之正体矣。

一九九二年六月十三日从书衣抄录,并附记

读《清代文字狱档》记

前　言

《清代文字狱档》,民国二十年五月,北平故宫博物院文献馆编印第一辑,六月出版第二辑。第三辑改题为故宫博物院北平研究院出版。至第九辑,又改为国立北平故宫博物院文献馆出版。此盖官场建制之变易,实际工作人员,并未改动。

我购到九辑原印本,张继题署,线装,粉连纸,有行格,四号字精印。近闻上海古籍书店有重印本,未见。

据凡例,其材料来源为:一、军机处档;二、宫中所存缴回朱批奏折;三、实录。其内容为上谕、奏折、咨文、供状等。前八辑皆为乾隆朝案件,第九辑曾静一案,则上连雍正一朝。

此书购于“文革”之前，我好像粗略读过。今春无事，乃逐辑细读，记各案大略，并加分析，略有评论。随读随记，不知能否卒业也。

一九九五年二月二十一日记

谢济世著书案
（乾隆六年九月起，七年正月止）

皇帝不喜欢做官的人著书立说，谢济世做官又注经书，有人告发。皇帝著湖广总督孙嘉淦查办。上谕说：

> 朕闻谢济世将伊所注经书刊刻传播，多系自逞臆见，肆诋程朱，甚属狂妄。从来读书学道之人，贵乎躬行实践，不在语言文字之间，辨别异同。况古人著述既多，岂无一二可以指摘之处？以后人而议论前人，无论所见未必即当，即云当矣，试问于己之身心，有何益哉！况我圣祖，将朱子升配十哲之列，最为尊崇，天下士子，莫不奉为准绳。而谢济世辈倡为异说，互相标榜，恐无知之人，为其所惑，殊非一道同风之

义，且是为人心学术之害。朕从不以语言文字罪人，但此事甚有关系，亦不可置之不问也。

此谕来势很猛。孙嘉淦随即从严办理，可能有些过头。皇帝又谕：

谢济世著书，识见迂左则有之，至其居官，朕可保其无他也。

这样一来，孙嘉淦就明白，皇帝是保谢济世的，他不便再投井下石，就也转口说：

谢济世为人朴直，颇知自爱，其居官操守甚好，奉职亦勤诚如圣谕，可保无他也。

只将书籍、板块销毁完事。

皇帝最后朱批：所办甚妥，止可如此而已。

耕堂按：这是皇帝对谢济世怀恨不深，只是听了一些人讲他的坏话。大概后来看到，说他坏话的人，也有私心偏见，于是就如此结案了。这是一次有惊无险的文字狱，皇帝转弯之快,也是很少见的。

王肇基献诗案
(乾隆十六年八月起,本年九月止)

山西巡抚兼管提督事务,臣阿思哈跪奏:为奏闻事,窃照乾隆十六年八月初九日,据汾州府知府李果禀称:有流寓介休县居住之直隶人王肇基,忽赴同知图桑阿衙门,呈献恭颂万寿诗联,后载语句,错杂无伦,且有毁谤圣贤,狂妄悖逆之处。佯做似癫非癫之状。现在押发介休县收禁,跟踪来历,研究确实,另行呈报等语。臣查借名献颂,妄肆狂言,大干法纪。未便以其佯作疯癫,少为轻纵。臣恐该府县不知轻重,办理不善,臣随密嘱按察使唐绥祖,饬令该府,将王肇基押解赴省,并将所献诗联,封送查阅,以便臣与藩臬两司,亲加研审,务必追究来历,查其如何狂悖,有无党羽,讯得确情,恭折具奏,另行委办。一面密谕介休县亲赴王肇基家中,逐细搜查,有无收藏别样字迹及违禁器物,并查其同居,有无父母伯叔兄弟妻子,及平日交结何人，祖籍直隶何县，逐一跟追，悉心穷究，不许该府县稍有讳饰。

我连篇累牍地抄录奏折，是想向读者说明，清朝定鼎以后，经历顺治、康熙、雍正三朝，大规模的文字之狱，已经有过多次。一些封疆大吏和一些老练的幕僚师爷，都从中吸取了不少的经验教训。最主要的有这样几点：

一、遇到有关文字的案件，当地大员要亲自抓，且要一抓到底。

二、处理案件的尺度，要宁严勿宽，用今天的话说，就是要宁左勿右。法网要撒得远，撒得密，就是要广泛株连，不使一人脱漏。

三、要立刻派人去犯人家抄查，财产入册上报。

我们现在看到的这篇奏折，可以说是写得颇为得体，无懈可击，一定是出自老练的师爷之手，当然也和这位巡抚的做官经验有关。

上折奏事，可不是一件简单的事，弄不好，轻则申饬，重则交部议处，可以把官帽丢掉。

所以，奏事时第一要弄清朝廷的基本政策，或者说是"精神"。第二要了解皇帝当时的心理状态，或者说是"感情”。不然，你严了，他会说你不识大体，甚至说你不懂人事；宽了，他会说你“瞻顾”；甚至说你“徇私”。这些词儿，在皇帝的“朱批”中，是经常遇见的。

人人都愿做官，人人都愿做大官。其实做官有做官的难处，大官更有大官的难处。像这里说的这位山西巡抚，大概也是皇帝派下来的心腹。这些人自称是“满洲世仆”、“奴才”，为皇帝所“豢养”，办事可谓忠心，但还是常常因处理案情不当，受到责骂。

明白了以上道理，然后再去读读这篇奏折，你就可以知道巡抚措施之得当，以及奏折措辞之得体了。

谈读书记(代后记)

在古时,读书记,或藏书题跋,都属于目录学。目录之学,汉刘歆始著《七略》,至荀勖分为四部。唐以后把书籍分为经史子集,藏于四库。这样的分类法,一直相沿到清代。无论公私藏书,著录之时,都对书籍的内容,作者的身世,加以简单介绍,题于卷首或书尾,这就是所谓提要、题跋。把此等文字,辑为一书,就是我们现在谈的读书记了。

我所收藏的读书记,最早的是宋晁公武的《郡斋读书志》(四部丛刊本)和宋陈振孙的《直斋书录解题》(武英殿聚珍版翻刻本)。这两部书,是读书记这类书的鼻祖。其中晁志,所记尤为详赡。因时代接近,记录的宋人著作,很是齐备,对作者的介绍,也翔实可信。有很多书,后来失传,赖此志得窥其梗概。后代藏书家,都很重视此书。

晁氏有些论述,也很有见地。如论文集之丛杂,他在集部引言中说：

> 昔屈原作离骚，虽诡谲不概诸圣，而英辩藻思，瑰丽演迤，发于忠正，蔚然为百代词章之祖。众士慕响，波属云委，自时厥后，缀文者接踵于斯矣。然轨辙不同，机杼亦异，各名一家之言。学者欲矜式焉，故别面聚之，命之为集。盖其原起于东京，而极于有唐，至七百余家。当晋之时，挚虞已患其凌杂难观。尝自诗赋以下，汇分之曰:《文章流别》。后世祖述之，而为总集，萧统所选是也。至唐亦且七十五家，呜呼盛矣！虽然，贱生于无所用，或其传不能广，值水火兵寇之厄，因而散落者十八九。亦有长编巨轴，幸而得存，其属目者几希。此无他，凡以其虚辞滥说，徒为美观而已，无益于用故也。

我不厌其烦地抄了这样一大段书，是因为其中说明了著书立说方面的一些规律。第一，历代作家的文集是很多的。至唐已有七百家，总集已有七十五种。第二，传流下来的却很少。第三，不能流传的原因，主要是虚辞滥说，无益于用。

这里的有用无用,当然不只是像他说的,能否“扶持世教”。晁氏生于宋朝,受理学家的影响,所以这样强调。集子能否流传,主要看它的社会功能。这种功能包括:作者的才智;说理的能辩;文字的美学感染;著作的真诚等等。哲学著作,以才智道理取胜;历史著作,以材料真实取胜;文学创作,以美的陶冶取胜。

作家结集自己作品,都是自信的,都以为自己的作品,已经具备这种功能,可以传之久远。在当时,即使多么无情的批评家,也不会预言这种文集不能传世,阻止他出版。作品能否流传,常常是不能预见的。只有在历史的江河中,自然淘汰。自然的冲刷淘洗,能使当时大显者,变为泥沙;也可以使当时隐晦者,变为明玉。更多的机会是,使质佳者更精粹,使质劣者早消亡。

既然如此,晁氏之所谓“自警”,就很难做到了。人之好名,是一种自然生态。尝见出土的古墓壁画或砖石上,刻有匠人名字。难道他当时不知道,他的作品要永埋地下,曾经想到,有朝一日,会被发掘,重见天日吗?这是创作冲动的满足。劳者歌其事,在自己的劳作成果上,缀上自己的名字,是一种原始现象。儿童就是这样,可以说是生而知之。

在论述传记的写法时，晁氏的见解，也很好。在传记类《韩魏公家传》条内，他说：

> 右皇朝韩忠彦撰，录其父琦平生行事。近世著史者，喜采小说，以为异闻逸事。如李繁录泌，崔胤记其父慎由事，悉凿空妄言。前世谓此等，无异庄周鲋鱼之辞，贾生鹏鸟之对者也。而唐书皆取之，以乱正史。由是近世多有家传、语录之类，行于世。陈莹中所以发愤而著书，谓魏公名德，在人耳目如此。岂假门生子侄之间，区区自列乎！持史笔其慎焉。

这一段话里的，“庄周鲋鱼之辞，贾生鹏鸟之对”两句，颇可玩味。这是说，人物传记，不同于故事，更不同于寓言。古人撰写人物传记，不满足于只用那些干枯的官方资料，愿意添进一些生动活泼的记述，乃参考一些野史、家乘，这是无可厚非的。司马迁的人物传记，那些生龙活现，读起来比文学作品还有兴味，就是因为他不只依据官方文献，还寻访了很多地方资料，口碑传说。后来司马光撰写《资治通鉴》，欧阳修撰写《新五代史》，都采用了许多私人的著述，增加了传记的生动性。

但运用这些材料，需要特有的观察、判断、取舍的能力。

历史作品，有时可以当作文学，但文学作品，却不能当作历史。历史注重的是真实。任何夸张、传闻不经之言，对它都会是损害。历史、事实，天然地连结在一起，把历史写得真实可靠，是天经地义的事。当然做起来并不是那么简单。历史，是天地间最复杂的现象。它比自然现象，难以观察，难以掌握得多。它的错综复杂，回曲反复，若隐若现，似有实无，常常在执笔为史者面前，成为难以捉摸，难以窥测的幻境。

撰述历史，时代近了，则有诸多干扰，包括政治的，人事的，名誉的，利害的。时代远了，人事的干扰，虽然减少，则又有了传闻失实，情节失落，虚者实，而实者虚，文献不足征，碑传不可信的种种困难。如果是写人物传记，以上情况就更明显，就更严重。

只根据实录、谱牒、碑碣去写历史，这是传统的做法，也是保守的做法。但开放的写法，即广采传闻野史的写法，也带来了另一种毛病，即晁氏指出的“故事化”或“寓言化”。

特别是人物传记，用开放的写法，固然材料会多一些，事件会生动一些。但材料如果是从亲属得来，其中就有感情问题;如从友朋得来,其中就有爱憎问题。况人之一生,变幻无常,虽取决于本身,亦受制于社会。是非难以遽定,曲直各有其说。盖棺论定,只能得其大概。历史评价,又恐时有反复。要把一个人物的传记写好,确不是容易的事情。

传记一体,与其繁而不实,不如质而有据。历史作品要避免文艺化。现在,有很多老同志,在那里写回忆录。有些人多年不执笔,写起来有时文采差一些,常常希望有人给润色润色,或是请别人代写。遇到能分别历史和文艺的人手还好,遇到把文学历史合而为一的人,就很麻烦。他总嫌原有的材料不生动,不感人,于是添油加醋,或添枝加叶,或节外生枝,或无中生有,这样就成了既非历史,也非文学的东西。而有的出版社编辑, 也鼓励作者这样去做。遇到文中有男女授受的地方,就叫他发展一下,成为一个恋爱的情节。遇有盗窃丢失的地方,就建议演义成一个侦探案件。遇有路途相遇,打抱不平的地方,自然就要来一场“功夫”了。

现在有一种“传记小说”的说法,这真是不只在实践上,而且要在理论上,把历史和文学混为一谈了。这种写法和主张, 正如有人主张报告文学, 允许想象和虚构一样,已经常常引起读者,甚至当事人或其家属的不满。因为凡是稍知廉耻,稍有识见的人,谁也不愿意在自己身上,添加一些没踪没影的事迹的。

当然,野心家是例外的。从历史上,特别是“四人帮”时期,我们可以看到,野心家分为两种。一种是受别人吹捧,坐在轿子里的;一种是抬轿子,吹捧别人的。他为什么鼓吹得那么起劲,调门儿提得那样高,像发高烧,满口昏话?这是有利可图,可以得到好处的。弄好了,他可以从抬轿子,变成坐轿子,又有一帮人起哄似的吹捧他了。

元、明两朝人,不认真读书,没有像样的读书记。到了清朝,重考证,这类的书就多起来,除很多已成为专门学术著作,如《读书杂志》、《十七史商榷》等书外,标以读书记名目的就不少。《何义门读书记》,寒舍不存;《东塾读书记》,存而未详读之。我最感兴趣的是黄丕烈的《士礼居藏书题跋记》。黄是藏书家,以藏有百种宋版书而著名。他所藏书,也远远不限于宋本。他对书有一种特殊的感情,好像接触的不是书,而是红颜少女。一见钟情,朝暮思之,百般抚爱,如醉如痴。偶一失去,心伤魂断,沉迷忘返,毕其一生。给人一种变态的感觉。这种感情,前代不能有,后代也不能有,只有他那样的时代,他那样的生活,既不能飞黄腾达,又不甘默默无闻,才会有这样的心境,和这样的举动。

他的藏书记，被后人一再辑印。我有三集，前二集是上海医学书局影印，后一集是木板蓝色印本。同样是藏书家，陆心源的《仪顾堂题跋》，读起来就干燥无味。

其次是李慈铭的《越缦堂读书记》，他的读书记，散见在他的日记中，由云龙辑录出来，商务印书馆出版，白文没有标点，也未详细分类。有一年，我在北京国子监买了一部，纸张很好，共四册。后经中华书局整理、分类、标点，重新出版。

他读书仔细认真，读的书也广泛，非只限于经史，杂书很多。但对像《红楼梦》这样的书，还是有些不好意思，总是说病了闷了才拿出来看看。并说，这部书是托名贾宝玉的那个人，自己写了家世，其他社会风物，则是别人代为完成。这真是奇怪的说法，可备红学家参考。

和他的读书记类似的，有周中孚的《郑堂读书记》，舍间所藏，为万有文库本。此人读书也多也杂，也很认真，我通读一遍。此外，有《鲁岩所学集》，也是读书记，较通俗易读，我有的是木刻本。我另有叶德辉的《郎园读书志》、邓之诚的《桑园读书志》等。

一九八四年十月十五日晨改讫